U0721229

图书在版编目(CIP)数据

清朝就是如此有趣 / 丁振宇著. --北京：台海出版社,2012.9(2023.4 重印)

(微历史)

ISBN 978-7-5168-0018-8

Ⅰ.①清… Ⅱ.①丁… Ⅲ.①中国历史-清代-通俗读物 Ⅳ.①K249.09

中国版本图书馆 CIP 数据核字(2012)第 211172号

清朝就是如此有趣

著　　者:丁振宇

责任编辑:王　品

装帧设计:青华视觉　　　　版式设计:通联图文

责任校对:唐　霁　　　　　出版人:蔡　旭

出版发行:台海出版社

地　址:北京市景山东街 20 号，邮政编码：100009

电　话:010-64041652(发行,邮购)

传　真:010-84045799(总编室)

网　址:www.taimeng.org.cn/thcbs/default.htm

E-mail:thcbs@126.com

经　销:全国各地新华书店

印　刷:北京一鑫印务有限责任公司

本书如有破损、缺页、装订错误,请与本社联系调换

开　本:640×960　1/16

字　数:160 千字　　　　印　张:16

版　次:2013 年 4 月第 1 版　　印　次:2023 年 4 月第 2 次印刷

书　号:ISBN 978-7-5168-0018-8

定　价:58.00 元

版权所有　翻印必究

前　言

微历史即是用“微博体”的形式来记录历史。微博的特点是短小、及时，适于传播，近年来，微博成为国内一种最便捷的交流方式，对于记录历史来讲，它同样是一个好工具。因为当今社会生存竞争激烈、生活节奏奇快，人们没有时间、没有精力、也没有耐心静下心来通过阅读冗长繁杂的历史巨著来获取知识，因而造成当下人们尤其是年轻一代人历史知识匮乏的窘况。

而《微历史》的出现，除了“微时代”自身的推动之外，更是民众自身的一种诉求。因为它将微博体与历史事实进行了有机的结合，在有限的字数里以精当的内容浓缩精华，言简意赅、字字珠玑，为广大读者提供了一种新的解读历史的可能性。读者无需非常集中的阅读时间和持久的专注，无需专门的历史或理论素养，茶余饭后，公交车上，花费五分钟翻阅一下，就会有良多收获。

中国的最后一个封建君主专制王朝——清朝，是一个颇有争议的王朝。因为在这个历史时期，所涌现出的皇帝是各具特色的：有的让我们为之赞叹，有的让我们扼腕叹息，有的让我们为之倾洒一腔热泪，有的让我们怒其不争，有的让我们哀其不幸……

1616年，努尔哈赤称汗，国号大金，史称后金，年号天命，定都于赫图阿拉。努尔哈赤从一个小小的家奴奋斗成一个大汗，是一个小屌丝到大福大贵的蜕变。在他统治时期，明朝正一步步地走向衰亡。

清太宗皇太极可以说是清初的政治家与改革家。皇太极不仅武艺超群，领兵打仗是一流的。他在位期间，实施的很多政策都是很有利于中华民族的团结与统一的。在他统治的时期，大清渐渐地被汉人所接受。

清世祖顺治帝是一个爱感情用事的皇帝。他是一个爱江山更爱

美人的皇帝。在他统治时期，虽然也提出了很多有利于国家发展的政策与措施，但是他却为了一个死去的妃子而痛苦欲绝，早早地撒手西去了。

清圣祖康熙皇帝是一个有雄才伟略的皇帝。在他统治时期，国家逐渐安定、富强。

清世宗雍正帝被公认是一个勤劳的公务员。雍正帝是颇有心计与政治才能的皇帝。在他统治时期，革除积弊，整饬财政，开一代清廉之风。

清高宗乾隆帝是一个好大喜功的诗人皇帝。他与他的爷爷康熙一生的作为有很多雷同的地方。

清仁宗嘉庆帝是一个悲催的皇帝，在盛世的虚名下，可真苦了嘉庆帝，他压力山大啊。

清宣宗道光帝是一个虚伪的皇帝，也是一个奇怪的皇帝。他的一生总是在倡导清廉，自己也穿得破破烂烂，但是还向老百姓收银子。可让人又搞不明白，他收的银子都弄哪里去了。

清文宗咸丰帝是一个苦命天子。咸丰帝统治时期，清朝已经变得千疮百孔，所以他也只能哀叹时运不济了。

清穆宗同治帝是一个短命的皇帝。同治帝统治时期，幼年丧父，又有一个“权力控”的老妈。女人当家，日子不好过啊！所以他早早地就死了。

清德宗光绪帝是一个可怜的、没有实权的皇帝。光绪帝统治时期，皇太后慈禧把持朝政，根本不给光绪帝掌握实权的机会。好不容易想夺一回权——戊戌变法，变法没成功，又搭上了自己的性命。

清宣统帝溥仪是中国历史上最后一位傀儡皇帝。溥仪在位时期，是中国自己人的傀儡皇帝倒也罢了，可他后来还当了外国人的傀儡皇帝。这是中国历史上前所未有的！

清王朝的覆灭，民国的成立，标志着统治中国2000多年的封建王朝终结了。前车之鉴，后事之师。清王朝虽然已成历史，但这一段历史却留给我们无尽的思考与启迪……

CONTENTS

第一章

由家奴到可汗

——清太祖努尔哈赤时期

明嘉靖三十八年(1559年),努尔哈赤出生。

明万历二年(1574年),努尔哈赤与其弟舒尔哈齐被俘,收在李成梁帐下,充当幼丁。

明万历十一年(1583年),努尔哈赤以父、祖所遗十三甲起兵,开始统一建州女真各部的战争。

明万历二十七年(1599年)二月,努尔哈赤命额尔德尼与噶盖始创满文。

明万历二十九年(1601年),建黄、白、红、蓝四旗,此即八旗之始。

明万历三十六年(1608年),努尔哈赤与明边将立碑划界,从此自称为国。

明万历四十三年(1615年),设立政听讼大臣五人、扎尔固齐十人,佐理国政,建立八旗制度。

天命元年(1616年即明万历四十四年)正月,努尔哈赤于赫图阿拉御八角殿称汗,建元天命,定国号为金,史称后金;始行元旦受贺之典,始制卤簿用乐。

天命三年(1618年即明万历四十六年)四月,努尔哈赤以“七大恨”誓师伐明。

天命四年(1619年即明万历四十七年)三月,后金军与明军决战于萨尔浒,明军大败。四月努尔哈赤致书朝鲜,自称“后金国汗”。八月,努尔哈赤灭叶赫部。

天命六年(1621年即明天启元年)八月,努尔哈赤命筑辽阳新城,即东京城,并迁都于此。

天命十年(1625年即明天启五年)三月,迁都沈阳,后定名为盛京。

天命十一年(1626年即明天启六年)正月,努尔哈赤统兵攻明宁远城,遭受起兵以来唯一的败仗,负重伤而归。八月,努尔哈赤病逝。

清朝为什么以爱新觉罗为姓?这源于一个美丽的传说。传说有天和地的三个女儿在湖中游泳，一只神鹊将叼来的一枚果子放在三个仙女洗澡的地方，其中年龄最小的仙女把果子吃了,因而怀孕并且生下一个男孩,叫爱新觉罗·布库里雍顺。这个男孩被称为“天童”,正是努尔哈赤的老祖宗。

努尔哈赤到底姓什么?一般人可能会毫不犹豫地说姓爱新觉罗。关于努尔哈赤的姓氏,公说公有理,婆说婆有理,但大家都没有充足的证据证明自己推断的可信度。有文献记载的努尔哈赤的姓氏就有六种说法:佟、童、崔、雀、觉罗、爱新觉罗。

努尔哈赤相貌不凡,父母非常喜爱他。但是,在努尔哈赤十岁的时候,老妈突然病死了。他老爹又给他找了一个后妈。他的这位后妈尖酸刻薄,弄得家里“三天一大吵,两天一小吵”,简直是“鸡

犬不宁”。更气人的是,他的老爹还总是听信后妈的挑唆,使努尔哈赤的生活比较悲惨。

据说,努尔哈赤少年时代,曾在别人家里打工。一次主人宴请宾客,主厨是一名女子,努尔哈赤为其打下手,但在做最后一道菜的时候,主厨突然中暑晕倒了。那么,烧最后一道菜的重担就落到了努尔哈赤身上。他把肉浇上鸡蛋,放在锅里一炒便送上了桌。众人尝了都说好。宴会结束后有人问他这道菜的名字,他为讨吉利,答道:“叫黄金肉。”

努尔哈赤曾经当过自食其力的小商贩。由于努尔哈赤经历了血与火的现实,让他认识了无钱无权日子是无法过下去的。为了糊口,他每天去挖人参、采蘑菇、拣榛子、摘木耳、拾松子等等,然后再将这些东西运到各地去卖。而且,在这个时期,他还广交朋友,并学会蒙、汉语言文字,深受汉人文化的影响。

明朝辽东总兵李成梁曾把努尔哈赤收在帐下,而他正是杀害自己外公的凶手。可是,当时的努尔哈赤不能替外公报仇,况且李成梁又感觉这个小毛孩是个人才,非常赏识他,他也只好屈居李成梁大营中。一段时间后,他竟然做了李成梁的贴身随从和侍卫。

努尔哈赤是一个能屈能伸的人。当年,外公惨死,他很想替外公报仇,但想到“君子报仇,十年不晚”的道理,就表面上对杀外公的仇人李成梁很恭顺和效忠,心里却恨之入骨。在李成梁帐下生活了大概三年左右后,他才借机逃走。

努尔哈赤的祖父和父亲是被内奸害死的。努尔哈赤的祖父惨死后,他的舅舅阿台为了替父报仇,屡屡带兵袭杀明军。明军将领李成梁为了杀死阿台,就招诱了内奸,并诱惑阿台上钩。阿台不知是计,听信了内奸的话,结果上当了。努尔哈赤的爷爷和老爹赶紧去营救,并说服阿台投降。结果也被内奸陷害,三人全

都死于乱军之中。

努尔哈赤能够当上明王朝的官是沾了他爷爷的光。努尔哈赤的爷爷和老爹都被明军杀死后,努尔哈赤悲痛欲绝。他就向明王朝的官吏讨说法,并说自己的爷爷和老爹都是忠于朝廷的,不应该杀死的。明朝官吏自觉理亏,就送还了二人的尸体,还说这是误杀。后来,明王朝还为此让努尔哈赤承袭了祖父的职位。

明朝军队杀了努尔哈赤的爷爷和老爹后,派使者来安抚努尔哈赤,却让一个人生了闷气,这个人就是努尔哈赤的堂叔龙敦,这老头儿心想:李总兵竟然没抓这小子,反而让他接任城主,不但让自己的计划都泡了汤,还让努尔哈赤的气焰超过了自己,这肯定对自己以后的发展不利。他越想越闷,就把这笔账都算在了努尔哈赤身上。

努尔哈赤决定与明王朝为敌是从爷爷和老爹死后开始的。努尔哈赤自从接了爷爷的班,自己也开始在东北地区女真各部间出名了。但是,他一点儿也不享受这个光环,而是更加痛恨明王朝。因为自己的爷爷和老爹一向都是忠于朝廷的,却落得个惨死的下场,于是决定要与明王朝决裂,替爷爷与老爹报仇雪恨。

害死努尔哈赤爷爷与老爹的内奸是古勒城的城主尼堪外兰。尼堪外兰根本不把努尔哈赤放在眼里,气焰非常嚣张。其实呢,尼堪外兰也不过是个狗仗人势、狐假虎威的小人。由于他一直仗着自己有明王朝作为自己的靠山,整日饮酒作乐,逍遥自在。有一天,努尔哈赤突然带兵来攻打他,他早吓得屁滚尿流,连自己的部将也不要了,仓皇而逃。

万历十四年(1586年),努尔哈赤又一次攻打自己的仇人尼堪外兰。尼堪外兰知道自己打不过努尔哈赤,就赶紧向明王朝的边关守将求救。但是,这时明廷早对他“人走茶凉”了,迟迟不派兵来

救。于是，努尔哈赤的部下就把尼堪外兰砍死了。努尔哈赤终于报了爷爷和老爹的仇。

努尔哈赤是从自己杀死仇人尼堪外兰后开始大红大紫的。这之后，更刺激了他的野心与征服欲。他决定要统一整个女真族，甚至有更大的欲望在蠢蠢欲动。

女真族在明代中叶其实被氛围三大部：建州、海西、野人。野人部呢，简直就是所谓的"野人"部落。他们主要是以渔猎为主，没有市井，更没有城郭。哪里有水和草，就在哪里定居。而其他的两个部落呢，生产水平相对来说，比野人部高多了，他们主要是以农业为主，还学会了冶炼，会制造农具。

努尔哈赤是一个有大将风范的人，他能够临危不乱。努尔哈赤渐渐强大后，引起了以叶赫为首的海西四部的恐慌，他们成了惊弓之鸟，生怕哪一天被努尔哈赤生吞活剥了。于是，海西四部就联系其他部落一共九部三万人一起去攻打努尔哈赤。努尔哈赤是在半夜里听说这事的，他对此一点儿也不惊慌，并告诉部将天亮后再战。说完，就继续去睡大觉。

努尔哈赤不仅是一个武艺超群的人，还是一个身先士卒的好领导。每次遇到征战时，努尔哈赤都是率先冲阵，奋勇拼杀。也正是因为他的英勇气概和猛烈冲杀的作风，赢得了将士们的拥戴，非常有威信，部将们为此还竞相仿效，因而努尔哈赤能够做到令必行、行必从。

努尔哈赤是一个襟怀大度的人，从不与人斤斤计较。"常在河边走，哪有不湿鞋"。一次，努尔哈赤在带兵攻打其他城时，曾被守城的两位将领分别射中一箭。后来，射中自己的两位将领被努尔哈赤擒获。努尔哈赤因为爱才心切，竟然没有杀他们两个，并赏赐官职。

努尔哈赤是一个硬汉子。一次,他率兵与敌军对决时,被乱箭射中了头部,血一直流到自己的脚上。他竟然忍着疼痛把箭拔出来,反射敌兵,竟然有一人中箭而死。还有一次,他被乱箭射中了颈部,他又把箭头拔出,血肉都随着箭头往下掉。他竟然又强忍疼痛,慢慢地拄着弓从屋顶上下来,饮水数升,并且骑马而去。

努尔哈赤不仅是一个善于骑射,英勇善战的人,还是一个有政治头脑的人。他在统一女真过程中,制定了一系列正确的政策。他非常欣赏汉文化中诸葛亮的治军治国策略,并仿照诸葛亮的策略,触类旁通地创立了八旗制度。

努尔哈赤是一个善于用人的好领导者。努尔哈赤能够重用贤人和厚待功臣,从而招徕了许多机智忠贞武艺超群的猛将谋士。这些人才在政治上、经济上、军事上为统一女真各部,建立和壮大后金国,奠定了牢固的基础。

努尔哈赤针对对外关系问题,处理的非常好。他对邻国采取"远交近攻"的策略,与蒙古、朝鲜保持友好关系,与明朝保持君臣关系,尽力避免过早地与明朝发生正面冲突与摩擦。他这样做,有利于统一女真事业的顺利进行。

努尔哈赤这个在夹缝中生存的"小树苗",不断地吸取阳光和雨露,不仅没有遭到灭门之灾,而且从绝境里找到了出路,不断地由弱变强,由小到大,最终完成了统一女真各部的大业。但是,统一女真,不是他的最终目标,他的最终目标是明王朝这个"庞然大物"。然而,他深知,对付明王朝需要做好充足的准备。

满文是努尔哈赤命额尔德尼和噶盖创制的。很久以来,女真人只有语言而没有文字,发展到努尔哈赤时代的时候,仍然是借用蒙文和汉文。还出现了这种怪现象:女真人讲女真语,写蒙古文。这种怪现象非常不利于政令的通行,尤其是在战争时期,经常

贻误战机。于是，努尔哈赤为了方便交流，就命人用蒙古字母拼写满语，创制了满文。

万历四十四年(1616年)正月，努尔哈赤建立后金，自称自己是“天命皇帝”。随着努尔哈赤势力的一步步强大，他决定要建立自己的天下，不再受别人指使与摆布。于是，他建立了后金。自此，中国的东北地区出现一个辖地数千里、居民数十万的强大的后金国。而此时的明王朝势力却一天不如一天。

努尔哈赤决定与明王朝翻脸是在他六十岁大寿的宴席上。这天，努尔哈赤特别的高兴，他的儿子们都向他敬酒。酒过三巡后，他就板起了面孔，向儿子们宣布他要征讨大明。当然了，他这可不是喝醉酒了说胡话，他是有根据的。那是因为努尔哈赤此时已经看到了明朝的弱点并抓住了它的软肋，所以他才敢说出这样的大话。

革命尚未成功，做事仍需谨慎。虽然努尔哈赤现已羽翼丰满，一心想着与朝廷对抗，可打仗总需要个理由。努尔哈赤左思右想，终于列出了明政府的七条罪状，并还称之为“七大恨”。这“七大恨”已深深印刻在努尔哈赤的心上，但是对于明朝在北方所拥有的坚固城池，他还是得谨慎对待。

努尔哈赤善待降将，善于收服民心，很会做表面文章。努尔哈赤在攻打抚顺的时候，抚顺守将李永芳向他投降，致使抚顺不战而下。努尔哈赤大喜，不仅给李永芳升了官，还把自己的孙女嫁给了他。而且，努尔哈赤还赏赐降民大量牛、马、猪、犬、衣服、房、田等等。

努尔哈赤为了孤立大明朝，可谓是绞尽了脑汁，想尽了办法。努尔哈赤首先是拉拢了蒙古，他想让蒙古与明朝脱离关系，转向与自己友好。于是，他就用编旗、会盟、联姻、封赏、赈济、围猎、朝

觐、重教等政策，来拉拢蒙古与他联盟。

努尔哈赤是一个善于使离间计的人。他为了讨伐大明朝，生怕外部环境给大明朝提供有利因素。于是，他试图削弱朝鲜与明朝的关系。在一次战役中，朝鲜国王曾遵明朝之命，派兵攻打努尔哈赤。可是，竟然被努尔哈赤打败了。他顿时感觉机会到了，就赶紧给朝鲜国王写信，希望其归顺自己。但让他气得想吐血的是，人家根本不买他的账，反过来却劝他罢兵。

努尔哈赤自从与明王朝翻脸之后，总是连连得志，但他也碰到过对手。正当努尔哈赤自以为自己是"天命皇帝"，自己推翻大明江山简直是轻而易举之时，明朝也出现了一位镇辽大将熊廷弼。此人一到辽东，立刻改变了濒于溃散状态的军队，守备大固，功绩卓著。自此，努尔哈赤也不敢骄傲轻敌、掉以轻心了，自己总算遇着对手了。

正当努尔哈赤在辽东攻城掠地，春风得意的时候，明王朝内部也出现了大变故。万历四十八年(1620年)，明神宗死掉了。其长子即位，是为明光宗。谁知，这位皇帝是个短命鬼，刚登上皇帝宝座才一个月，就因吞红丸死于乾清宫，于是出现了一个月之内，死了两个皇帝的奇闻。无奈，就由明光宗的长子朱由校承袭皇位，这才"群龙有首"。

明熹宗统治时期"党争"激烈，熊廷弼正是这场"党争"中的一个牺牲品。熊廷弼是一个文韬武略、有胆有识、刚正不阿的人。也正是因为他的刚直，不会曲意逢迎，从而得罪了一些人。于是，自己在统治集团政治斗争中被挤下了台。

熊廷弼在"党争"中被挤下台之后，朝廷派袁应泰代替熊廷弼为辽东经略。袁应泰这个人虽然做官还像那么回事，算得上精明。但是，他对军事却是一窍不通。他一上任，就开始改变熊廷弼原来

的部署，并撤换了许多官将，造成了前线混乱不堪。他还收纳了许多蒙古和女真降人，致使军营里混入了大量的间谍。

贺世贤是在醉酒中被努尔哈赤打败、丢失沈阳的。努尔哈赤攻打沈阳时，决定要智取。这天，他首先派遣一些老弱士卒上阵挑战。贺世贤呢，是一个酒鬼。正好他当时正喝得大醉，就带领了家丁千余人出城了，还声称要杀尽敌人再回来。结果，金兵诈败，贺世贤就中计了，身中四箭后赶紧趁机逃走。后来，还是被追上来的金兵杀掉了，沈阳也失守了。

袁应泰是自缢而死的。其实，袁应泰的死是他自己自掘坟墓的。本来努尔哈赤攻打辽阳时，他的士兵们看到明军守备甚严，锐气就已经被挫伤了。可是，由于袁应泰没有军事头脑，先前都收降了很多努尔哈赤派的间谍。努尔哈赤是一个有勇有谋的人，他这回又派了细作做内应，辽阳城很快失陷，袁应泰只好自缢而死。

明王朝非常赏识熊廷弼的军师才能。当明王朝听说辽、沈失陷后，恐慌至极。只好“病急乱投医”，再次起用努尔哈赤独怕的那个“熊蛮子”。于是，就将熊廷弼从原籍召回，希望他能够守住辽西这个烂摊子。明熹宗命熊廷弼为兵部尚书兼右副都御史，驻守山海关，经略辽东军务。

熊廷弼是衔冤而死的。努尔哈赤是一个善于使用间谍的主儿，他利用间谍把明朝守城将领们的情况摸得清清楚楚。正是“知己知彼，百战百胜”，人家努尔哈赤早就把明朝军队的底细摸清楚了，明朝的军队不败才怪。很快，努尔哈赤又攻下了军备废弛的广宁。广宁失陷后，明朝却把熊廷弼等作为替罪羊，熊廷弼衔冤而死。

后金差点毁于辽东汉民的反抗之下。后金军进驻辽东以后，八旗贵族官将大量掠民为奴，本来在战乱中老百姓就过着“苦胆

拌黄连”的日子，现在又要受这些贵族的压迫。于是，不愿做奴隶的兵民们就起来反抗了。自此，后金的全部辖区风起云涌，反抗此起彼伏。努尔哈赤也认识到了问题的严重性，赶紧颁布一系列新政策。

要想让两个民族其乐融融地一起生活，其实并不容易。后金进占辽沈后，汉人无法容忍满族人的欺压和蹂躏，大批进入朝鲜。后来，后金屡次向朝鲜要求将过江的汉人驱赶回来。朝鲜心想，你又不是我老板，我干吗听你的？便把汉人送回了明朝，气得努尔哈赤直跺脚。

努尔哈赤的政治头脑是比较好使的。努尔哈赤进驻辽阳之后，认识到没有汉族地主阶级代表人物的支持，是很难再辽东站稳脚跟的。于是，努尔哈赤开始大量任用汉官。并且还多次宣布，只要是尽忠效劳的汉官，会破格提升的。为此，有不少官吏，为了升职简直是不择手段地欺压老百姓，向努尔哈赤献媚。

努尔哈赤在晚年时期由于听信谗言，犯下了严重的错误。晚年时期的努尔哈赤听说他统治的复州地区汉民人数不断增加，而且这些人中也混入了很多明朝的间谍们。这还了得，善于安插间谍本来是他的强项，现在明朝“以其人之道还治其人之身”。努尔哈赤最讨厌背叛他的人。这下，他不再信任和任用汉官了，开始派兵屠杀复州兵民。

努尔哈赤在晚年时期的疑心非常重，尤其是不信任汉官们，连他的“抚顺额驸”李永芳也不信任了。由于李永芳阻止努尔哈赤屠杀复州兵民，努尔哈赤大发雷霆，革去了李永芳的总兵官职，还把人家的儿子也捕捉来审讯。后来，李永芳虽然复官了，但却从此失去了努尔哈赤的信任。为此，汉官们都成了惊弓之鸟。

明朝时期的党争斗争非常的激烈，连天启帝的老师、大学士

孙承宗也受到排挤，辞官回京。广宁失陷之后，明廷派帝师孙承宗为辽东经略。孙承宗颇有军事才华，他还任用袁崇焕修筑宁远城。但是，孙承宗却是东林党的领袖，与以大太监魏忠贤为首的阉党水火不容。别看孙承宗身为帝师与大学士，照样在党争中被排挤出去了。

天启五年(1625年)，努尔哈赤决定迁都沈阳，但是却遭到贝勒诸臣们的反对。努尔哈赤气得眼睛喷火，责怪诸臣们鼠目寸光，连野心都没有。并且还说了一堆大道理，把沈阳说得简直是独一无二的风水宝地。诸臣们感觉他们的头儿说得非常有道理，纷纷赞同。自此，沈阳第一次在中国历史上称为都城。

努尔哈赤是中国“老而奋”的代表之一。这年，努尔哈赤六十八岁，按说年近七十的老人就是到了古稀之年，也可以说黄土都埋到脖子了。但是，努尔哈赤却野心勃勃，一直保持着超人的自信。他还想问鼎中原，夺取全国政权呢。更让人不可思议的是，这位老人家还决定御驾亲征。不愧是“老当益壮”的代表之一。

天命十一年(1626年)，努尔哈赤亲自统率诸贝勒，八旗劲旅6万人，号称是20万大军，征讨大明。努尔哈赤充满信心地向明朝展开了第四次大决战。努尔哈赤带领的后金官兵，在征讨大明的前几日，简直是“如入无人之境”，没有遇到任何抵抗。努尔哈赤的心里为此乐开了花。但是，却苦了战乱中的老百姓，哭声连天，民怨沸腾。

努尔哈赤从二十五岁同额赫库伦打仗开始时，就擅长用兵。每次打仗，敌军还没有集合，努尔哈赤就已经想出妙招战胜敌军了。努尔哈赤还擅长射箭，敌军还没出箭就已经被努尔哈赤射死。为此，努尔哈赤在将士们的心中非常有威信，将士们也都受了他的感染，作战非常英勇。

努尔哈赤是一个很会随机应变、心胸很开阔的人。一天深夜，努尔哈赤抓到一刺客。他知道刺客是敌军派来刺杀自己的，但刺客却说“俺只不过是想顺手牵头牛”，努尔哈赤也顺势说刺客是偷牛的，把刺客给放了。

努尔哈赤是一个很有经济头脑的人。当时，明朝派来使者商议互通有无，保证每年给满洲相当多的金币。努尔哈赤觉得这样对后金的发展是有利无害的。于是他就决定以经济为中心，开设抚顺、清河、宽甸、合阳四地通商，可以交易的商品数不胜数，没有限制。这样一来，就促进了后金的经济发展。

一次，努尔哈赤外出打猎时，雪刚刚融化，因为早上有很多露水，努尔哈赤便撩起衣服走，侍卫说：“皇上您什么都有，怎么还这么珍惜这一件衣服？”努尔哈赤笑着说我不是要珍惜这件衣服，我经常把衣服赐给你们，与其让它被露水弄脏，倒不如保持整洁，做人要勤俭节约，这就是八旗臣民没有人敢穿华服的原因啊！”

努尔哈赤大摆筵席宴请各位军官，犒劳军官。他说：“明朝的万历皇帝子民众多土地广阔却不知道满足，还来侵犯我们的领土，到头来却把自己的领土丢掉了，这是老天爷对其的惩罚啊，我能走到这一步全靠的大家的努力，在此向大家表示感谢，是大家的拼搏才让我们取得今天的成就的。”军官们听后，感动得热泪盈眶。

努尔哈赤不信任汉官是有原因的。一次，他对众汉官说：“我让你们当中归降的人返回家乡，你们不照做，却收人钱财，不关心农作物的生长，同时也不办理国事，不听我的意见，坐等国家败落。各位皇子贝勒都没有草料，你们的院子里却堆满了草料，而且都是免税的，得到的财宝数不胜数，却不为民做事，祸国殃民，我再也不信汉人了！”

一天，努尔哈赤巡视衙门，并召集贝勒大臣说："自古以来奢华无度的人都必然亡国。人的祸患，不是来自外在，都是自己造成的，所以我才小心谨慎，不敢肆意妄为，你们大臣贝勒要各司其职，不能徇私枉法，要秉公执法，有罪的人要治罪，该杀的人要杀，希望你们不要把我的话当成耳旁风。"

努尔哈赤巡视八角殿，看见众部落的皇妹和郡女骄奢无度，十分生气。他对她们说："你们这样让我很生气，如果百姓都像你们这样，国家早就灭亡了。你们只知道享受荣华富贵，不遵守法度，让我痛心疾首，如果以后你们还这样奢侈无度，无视法度，只要被查出有罪，我一定严惩不贷。"

努尔哈赤发现儿子们都很骄纵，感到很痛心。一天，他把四贝勒皇太极叫到身边说："你是一个贤能的孩子，兄弟们对你也是敬爱有加。光知道独善其身而却放任诸兄弟的所作所为，你这样做让老爹我很痛心。但是，你现在也学会了享受，让诸兄弟大张旗鼓地护送你回家，你说你还算贤明吗？现在我听到了很多人都开始议论了，老爹希望你重新变得贤明起来。"

纳林布禄原本是东北的老大。眼看着努尔哈赤的实力一天天壮大，他便希望这个小老弟有一天可以归顺自己，为自己服务。但他等来的却是努尔哈赤对自己的不屑与蔑视。忍无可忍之下，纳林布联合了八个部落，向努尔哈赤发起攻击。谁知，与纳林布禄的一战，努尔哈赤却以少胜多。纳林布禄自从再也不敢嚣张了。

继纳林布禄之后，努尔哈赤当上了东北老大的消息传到大明朝廷，大明朝廷十分害怕，派军队去灭努尔哈赤。谁知，明朝军队被努尔哈赤打得落花流水。可见，已经统一了女真的努尔哈赤这时已不是一头任人宰割的羔羊了，他已经成长成一匹"狼"了。

努尔哈赤的妻子佟佳氏是他的贤内助。一天，见老公为招兵

买马的事情发愁。就说她们的佟家有些积蓄。努尔哈赤说:“我怎么能用老婆家的钱。”“钱就要使在大事上,都是自己家的客气个啥。”

兄弟可以同患难,能同享乐吗?从起兵之初舒尔哈齐就跟着努尔哈赤南征北战,绝无二话,可以说是创立满清的二把手。赫赫的战功给他带来了赫赫的荣耀,各部酋长拜见的时候,都是两兄弟是同时受贺,分南北落座。但当二把手无法满足舒尔哈齐的雄心,他可是心比天高,是要当一把手的。有努尔哈赤这个一把手在,结果可想而知。

要成就千古功业,远大的志向必不可少。在当时已包括努尔哈赤在内的人,对明朝的打击都是形式上的小打小闹,他们还未曾想到要结束明朝。在明朝承认努尔哈赤的地位之后,舒尔哈齐本人自认为本族和明朝的事就算就此了结了。但那时努尔哈赤的梦想已变成了要吃掉明朝,取而代之。

随着努尔哈赤势力范围的一步步扩大,他和舒尔哈齐的矛盾一步步加深,直到不可调和的地步。舒尔哈齐在得知大哥的心思之后,想脱离大哥,自立门户,这可惹恼了努尔哈赤。此后,他以各种各样的理由不断清理舒尔哈齐的部众,终于没收了舒尔哈齐的全部家产。

本是同根生,相煎何太急?在惹恼努尔哈赤之后,舒尔哈齐的家族不断受到打击,直到舒尔哈齐家族发誓不敢背叛可汗,努尔哈赤才停止了对舒尔哈齐家族的迫害。

子承父业是中华民族的传统。褚英是努尔哈赤的长子,老子打仗,小子也逃脱不了打仗的命。褚英特别能为老爹争光,十七年的戎马生涯,历经了大大小小一百多场战役,他变得骁勇善战、文韬武略,成为满洲数一数二的勇士,在开国的年代里,褚英立下的

显赫军功使其在爱新觉罗家族中享有盛誉。

褚英的成名战是乌碣岩战役。当时，褚英、代善、舒尔哈齐、费英东、扈尔汉等人率三千人去蜚城接应城主策穆特赫的家属，途中，遭遇乌拉贝勒布占泰的埋伏，情况很危急，舒尔哈齐想临阵脱逃，便随便找了个借口不同意出兵交战。这时，褚英坚决主战，并获得大胜。

战功赫赫之后必定会有奖赏，何况褚英还是大汗的儿子，赏赐更不会少。努尔哈赤赏赐褚英为“阿尔哈图图门”。当时褚英是满洲最早获得“洪巴图鲁”称号的人，相当于现在的英雄。集诸多荣誉于一身的褚英得到了族人的热爱和追捧，成为汗位的有力竞争者。

褚英是一个做事不淡定、沉不住气的人。褚英总认为自己是长子，将来肯定要继承老爹的家业，于是就开始骄傲自大起来。他不仅背着老爹干了许多错事，还逼迫弟弟们对天发誓，誓词要求兄弟们必须无条件地服从自己。还声称将来老爹归西后，他要继承老爹的家业，凡是不服从自己的人都要被杀掉。他的嚣张气焰引起了弟弟们的痛恨。

无论是做人还是做事，都有得必有失。褚英获得巨大名声之后，努尔哈赤有意将其作为自己的接班人，主持朝廷事务。虽然褚英在战场上立下了汗马功劳，但是，在处理朝廷政务上却没有一点儿经验和能力，水平远远低于其弟皇太极。再加上皇太极在努尔哈赤面前不断告状，努尔哈赤逐渐对褚英产生了反感。

伤不起的褚英含恨而死后，他的两个儿子杜度、尼堪由努尔哈赤抚养。杜度军功很大，是努尔哈赤孙子辈中少有的名将，也是满清的开国功臣之一，和皇太极一样自领一旗，这在当时的爱新觉罗家族中是很显赫的，排名第六位。

褚英死后，权力争夺进入白热化。代善和皇太极是当时势力最大的两个，其他的兄弟也有很大的实力来争夺皇位。但是，代善其人优柔寡断，犹豫不决，谋略水平远不及皇太极。为得权力，皇太极告发代善和努尔哈赤的大妃乌拉阿巴亥有剪不断理还乱的关系，使得努尔哈赤大为震怒，代善就此失宠。

失宠过后地位一定会有所下降，代善就是个鲜明的例子。代善的地位已降到和皇太极同等。之后，皇太极通过自己高人一等的谋略，拉拢大汗身边亲近的重臣，极力让他们散布一些对代善不利的消息，让努尔哈赤逐步对代善产生不信任感。此后，拥护代善的人逐步被贬斥，逐出大臣之列。

多尔衮从小就不被努尔哈赤喜欢，阿济格、多铎、多尔衮与努尔哈赤同在两黄旗，阿济格和多铎是旗主贝勒，而多尔衮连“统治贝勒”都不是。因而多尔衮的地位要比他哥阿济格和他弟多铎低得多，这种待遇让多尔衮从小就少了“妄自尊大”的底气，少了些狂傲。至于干了什么让自己没有受钟爱，或许也只有努尔哈赤自己知道了。

皇帝的婚姻基本不是因为爱情，而是出于政治目的，努尔哈赤也不例外。据说，努尔哈赤有妻妾共十四人，其中一半是政治联姻，而另一半是为了联合其他部落。虽然这在统一女真部落的过程中起到了不容小觑的作用，但对他本人来说，何尝不是一种损失和悲哀呢？

作为一个皇帝，能遇到一份真挚的感情是十分不容易的，哈哈纳扎青算是一位与努尔哈赤情投意合的女子。哈哈纳扎青是努尔哈赤的第一位正式夫人，她的家族曾为努尔哈赤建国出过力，她本人也与努尔哈赤在一起度过了一段危险但甜蜜的艰难岁月，然而令人不解的是，哈哈纳扎青竟神奇地人间蒸发了。

舒尔哈齐是努尔哈赤的弟弟，从小一起跟着大哥四处奔走，养成了坚毅顽强的性格，后来，投奔了李成梁。见过大风大浪，经历过风风雨雨，所以能成就一番伟业。但是，历史总爱和人开玩笑，晚年的舒尔哈齐被软禁在高墙之内，直至病死。

从一个边远小镇的小屁孩成长为一个身经百战、战无不胜的大汗，努尔哈赤从未想到自己会遇到像袁崇焕这样的对手，是他一手毁掉了努尔哈赤的梦想。努尔哈赤无奈地退回到了自己的大本营。这一仗下来，已经六十八岁高龄的努尔哈赤终于扛不住了，至此，一代英豪努尔哈赤归天。

努尔哈赤死后，整个明朝大为欢喜。明朝为了了解后金的下一步动向，派遣使者去悼念努尔哈赤。实际上，双方的心思都不在悼念上，明朝是想了解后金的动向，后金是想了解明朝对自己的意图。双方表面上相处融洽，背地里都在打着自己的小算盘。

努尔哈赤临终前没有明确选出自己的接班人。后金建国前，努尔哈赤曾想让长子褚英接班，后来又有意使次子代善嗣位，均半途而废。天命六年正月十二日，努尔哈赤与代善、皇太极等对天焚香发誓，让子孙互相辅佐，不要再大开杀戒了。到了二月份，他又令代善、阿敏、莽古尔泰、皇太极四大贝勒，“按月分直”。到了最终也没有定下自己的接班人。

努尔哈赤死前没有选出接班人，倒是给儿子们留下了无限的争权夺利的空间。在整个皇宫、东北辽东地区，都掀起了滔天巨浪。对于爱新觉罗氏的皇族来说，这份偌大的家业到底会落到谁的手中，肯定会演绎成一部激烈复杂的大戏。

第二章

清代的政治家与改革家

——清太宗皇太极时期

万历二十年(1592年)十月,皇太极出生。

天命十一年(1626年即明天启六年)九月,皇太极即位于大政殿,以明年为天聪元年。

天聪三年(1629年即明崇祯二年),皇太极亲自率军绕道内蒙古,奔入关内,袭击明朝,巧设反间计,除掉后金心腹大患——明将袁崇焕。

天聪十年 (1636年即明崇祯九年), 皇太极即皇帝位,称"宽温仁圣皇帝",定国号为大清,改元为崇德元年。

崇德四年(1639年即明崇祯十二年),武英郡王阿济格率师入关征明,皇太极亲统大军继之。

崇德八年(1643年即明崇祯十六年)八月,皇太极坐逝于寝宫清宁宫,无疾而终。礼亲王代善及诸王文武群臣定议,拥立皇太极第九子福临为嗣皇帝,郑亲王济尔哈朗、睿亲王多尔衮辅政,明年改元顺治。

皇太极的老妈叶赫那拉氏是努尔哈赤基本削平建州各部，统一大业初具规模时娶的。叶赫那拉氏是女真叶赫部首领杨吉砮的女儿。杨吉砮为了巴结努尔哈赤，就把小女儿许配给他了，还说他们是天生的“佳偶”。结婚那天，努尔哈赤在自己的住处举行了盛大的宴会，婚礼办得非常风光奢侈。

孟古是个非常适合做老婆的人，努尔哈赤对她很待见。努尔哈赤有很多老婆和儿女，孟古很聪明伶俐，知道要想在这样的家族里生存，就必须识“眼色”。她把全部精力用在侍奉老公身上，很会讨老公欢心，而且从来不干预政事。在家族里，她待人宽厚，恪守妇道。

万历二十年(1592年)，孟古生了皇太极。皇太极生来就是个小正太，行动稳健，举止端庄。他聪明伶俐，耳目所经，一听不忘，一见即识。努尔哈赤既有孟古这样美丽贤淑的老婆，又有皇太极这样可爱的儿子，心里是美滋滋的。只要自己有空，就要和叶赫那拉氏母子共享天伦之乐。

皇太极是中国的小鬼当家。由于父兄长年累月地在外征战，根本没有精力顾家。于是，年方七岁的皇太极便接受了父亲的命令，在家主持一切家政。并且，这个小鬼干得还非常出色。不管是日常家务，财政收支，送往迎来，大事小情等等，更不论头绪如何繁多，事情如何细碎，皇太极这个小鬼都能安排得井井有条，处置得非常得当。

皇太极的老妈死后，就由老爹努尔哈赤亲自教导。皇太极老妈死的时候，他才十二岁。由于满族及先世女真人都以尚武著称，皇太极就向他老爹学习本民族的传统风俗和骑马射箭。果然虎父无犬子，皇太极步射骑射，矢不虚发。

皇太极继承了他老爹的思想作风和优点。皇太极吃苦耐劳，

不怕流血牺牲，意志顽强，体格健壮，这都是遗传他老爹努尔哈赤的。据说皇太极曾用过一张弓，矢长四尺余，不仅一般人不敢问津，就连一个壮士也很难拉开。而这对皇太极来说，能够运用自如，根本不是事儿。

皇太极的老爹努尔哈赤很待见他。后金建立伊始，努尔哈赤就让皇太极留在自己身边参与重大决策，他被称为和硕贝勒，是八旗的旗主之一。由于天天在老爹身边参与大事，也为他以后掌握政权并取得卓越成就奠定了基础。

皇太极还是贝勒时就已经显示出了成熟政治家的锋芒。沈阳失陷后，明朝守城的巡按御史张铨被活捉。皇太极派李永芳去劝降，结果被骂个狗血淋头。皇太极对这位大明忠臣非常敬仰，他就亲自去劝降。虽然他动之以情，晓之以理，直说得唾沫星子乱飞，也没能打动张铨。后来，张铨被努尔哈赤派人勒死。

皇太极在战场上作战非常英勇。辽沈大战时，皇太极是此次大战的策划者与前线指挥官。后金的一位将领雅松面对这种大场面早吓得双腿如筛糠一般，悄悄地撤退了。而皇太极却勇敢地冲上去，最终打败了明军。这事被努尔哈赤知道后，把雅松骂得想钻地缝。后来，雅松下岗了。

莽古尔泰的死一直是清朝的大疑案之一。其因被指责为“御前露刃”，被免职，之后不久，就暴病身亡。他的死令皇太极极为开心，之后，皇太极便对他生前掌管的正蓝旗进行全面进攻，使正蓝旗的实力大大减弱。皇太极还对正蓝旗中忠于莽古尔泰的人进行大屠杀，屠杀时间延续了半年。

萨哈璘英年早逝，年仅三十三岁。他是满清少有的政治家，秉公执法、忠于王室，向来为皇太极所尊敬，被视之为股肱。皇太极为他停朝三日，四次下跪临哭，深切哀悼。萨哈璘是皇太极一朝独

一无二的没有受到任何责罚的亲信子弟,死后被皇太极追封为和硕颖亲王。

硕托自小与他老爹意见不合,与皇太极的关系也极为不好,但他跟随多尔衮,这使他成为一个说话比较有分量的人物,即使是他老爹也不敢妄自对他下评论。硕托的威信在正红旗中不可小觑,所以,当他的两个大哥过世后,他的话语权在正红旗中显得至关重要。

有时候,老子的想法未必和小子的想法相同。萨哈璘是皇太极的亲信,但他的儿子阿达礼却是多尔衮的忠实亲信。爷俩儿闹得不可开交。萨哈璘的妻子多次被皇太极责罚,阿达礼怀恨在心,所以坚定地紧跟多尔衮。

权力的斗争带来的不是你死就是我亡。努尔哈赤宁远战败,死于沈阳远郊,汗位争夺进入白热化,皇太极原本打算联合代善的儿子来限制代善,却没想到后来代善的儿子拥有了和自己同样的权力,这令他心里极其不爽。皇太极不可能与他俩共同位于权力的顶峰,消灭他俩已成为必然。

老当家的死了,空着位置也不是办法,所以由谁来接替努尔哈赤的班是一件火烧眉毛的事情。在努尔哈赤的儿子们当中,除了悲催死去的褚英,济格、多尔衮和多铎年龄都尚幼。"四大贝勒"代善、阿敏、莽古尔泰、皇太极无疑是非常有实力的"集团"。但是,这四位贝勒中,最有可能继承汗位的就只有四贝勒皇太极。

皇太极是一个非常有野心的人,他为此也算是心狠手辣。皇太极对自己的竞争对手都是了若指掌的。皇太极知道老爹非常宠爱大妃乌拉纳喇·阿巴亥。阿巴亥总共生了三个孩子,努尔哈赤最喜欢多尔衮。阿巴亥也是一个有心机的女人,她也想让自己的儿子继承汗位。于是,皇太极趁老爹刚咽气,就施计让阿巴亥为努尔

哈赤生殉。

济尔哈朗的老爹和兄长都被努尔哈赤、皇太极整死，但是，济尔哈朗从小就和皇太极关系很好，皇太极在灭掉阿敏之后，就让济尔哈朗做镶蓝旗的一把手，满清八个和硕贝勒之一，并在崇德元年首封其为郑亲王，是军功最少的一位。但是，皇太极特别信任济尔哈朗，济尔哈朗也紧跟皇太极的步伐。

皇室家族为了争权夺位都会不择手段，皇太极也不例外。皇太极对哥哥褚英一向恨之入骨，所以，即使褚英的两个儿子立下赫赫战功，皇太极也没有给他们相应的荣誉，这导致他们一个抑郁而终，一个战死沙场。两个人直到乾隆朝才得以平反，得到了应有的声名和威望。

争夺权力是任何一个朝代都不可回避的事件，皇太极为了打击代善可谓不择手段，处心积虑。他通过各种方式，各种手段来打击代善，比如，在努尔哈赤生前，大肆宣扬代善与妃子间的暧昧关系，使代善的名声受到很大的损害；努尔哈赤死后，他又削弱代善的势力，从而压制代善。

皇太极是在努尔哈赤战败身亡后继承汗位的。虽然皇太极为了当上汗王不择手段，但是，他却有这能力来治理这个国家，是个非常优秀的候选人。在文学上，他博闻强识，博览群书；政治上他极富改革精神；军事上他拥有远大抱负，军事思维极为缜密。

皇太极是一个具有雄才大略的人，根本不满足目前的局面。他不仅是一个讲究实际、懂得治国之道、为君之道的人，还是一个善于开拓创新的好领导者。因此，在治理国家方面，他总是能够大胆革新，并且能够取得显著的成就。

皇太极即位之初，后金的国情并不乐观。由于汉人自古以来对少数民族都有一定的偏见和歧视。如今，后金却大肆压迫汉

人，掠夺大量的汉人做奴隶，民族矛盾相当的白热化。当然了，满族人也不断地受到汉人的袭击与反抗，后金在辽东的统治变得摇摇欲坠。

由于汉人不断地反抗后金的统治，尤其是经过战争蹂躏的辽沈地区，经济破坏非常严重。皇太极即位刚半年的时候，就遇到了大荒年，粮食奇缺，物价飞涨，社会秩序混乱，整个国家乱成了一锅粥。皇太极叹息说："国民都快要饿死了，国家的经济也将要破产了！"

皇太极是一个杰出的政治家与改革家。皇太极凭着自己敏锐的政治眼光，很快就找到了自己即位之初国家贫穷与混乱的根本原因。找出原因后，他针对时弊，对症下药，终于让他老爹留给自己的烂摊子得以修整与完善。同时，皇太极也通过调整政策，顺应民心，终于得到了汉族人民的认同。

一个人的成功离不开领导的器重，多尔衮就是一个。在皇太极即位之后，多尔衮很受皇太极的器重，多尔衮对皇太极也是忠心耿耿，极力辅佐，为皇太极的事情奔走效劳，从无怨言。

皇太极下令除皇室祭祀，从大内贝勒到平民都不可以屠宰马骡牛驴，只可食用羊猪，且卖家不可以哄抬猪羊的价格，一旦有违反被查出，照例治罪。下该例令的原因是汉人、朝鲜族人、蒙古族人都善养畜，而满族人不擅长，若一味地宰杀，将来就没有用于战事负载的牲畜了。

明朝屡次背弃盟约，皇太极极为生气，亲自统领军队驻守到距关口仅两里的地方。各大将贝勒请求攻城，皇太极说："我得上天眷顾，攻城肯定可以攻破，可是即使攻破城池却失去一两位良将，得到百座城池也不足以高兴"。可见皇太极对人才的珍惜。

皇太极想要讨伐明朝。他先和明政府的巡抚袁崇焕交换书

信,讲求言和。袁崇焕信以为真,对崇祯帝夸下海口说五年内恢复辽国疆土。皇太极趁其不备,假借科尔沁部落的道路,从洪山攻入明,长驱直入,直抵明京师燕,将明军围困数月。众将士请求攻城,皇太极说:“此地易守难攻,即使现在取了也不一定可以常守。”就领兵回去了。

皇太极是个非常有政治远见的人。皇太极深谙“唇亡则齿寒”的道理。他更深刻地知道大明朝已经走到了山穷水尽的地步,只要自己再加一把劲,夺取明朝天下就指日可待了。但是,毕竟大明朝在中原地区绵延了数百年,并不是那么容易就拿下的。于是,他就先拿明朝的同盟国朝鲜开刀,解除后顾之忧。果然,朝鲜被打败,还签订了“兄弟之盟”。

皇太极和他老爹一样,非常重视学习汉族文化,他还是一个“三国迷”。皇太极非常喜欢读明朝罗贯中所著的《三国演义》,他认为此书对指挥打仗很有借鉴作用。他还命令将这部书翻译为满文,使之培育了一代又一代清朝的杰出将领。

皇太极虽然懂得“得民心者得天下”,但对待汉族和蒙古族人还是有区别的。皇太极比较待见蒙古人,并且着力于笼络蒙古贵族,并且进行联姻来达到合作结盟的政治目的。皇太极所设立的“一后四妃”,还有自己的“亲友团”中所娶的老婆大都是蒙古人。可见,他是有意构成错综复杂的姻盟,以达到联合蒙古的目的。

皇太极非常重视风俗习惯的改革。他下了禁令:永远禁止老爹死了娶后妈,或者是娶伯母、叔母、兄嫂、弟妇、侄妇等等。

皇太极非常重视农业生产,他认识到农业是国计民生的根本。所以,他下令:停止妨碍农业生产的建筑工程,禁止屠杀牲畜,禁止满人擅取汉人财物,禁止放鹰糟蹋庄稼。并且还实行了“三丁抽一”政策,就是说一家三个劳动力,一人出去打仗,两人留下来

从事农业生产，以此来保证劳动力的充足。

皇太极告诉金、汉、蒙古官员说："汉人的书籍，深明大义，我听说你们都不让自己的孩子读书，认为我们历代取得胜利，不是靠读书取得的。但去年滦州失守，遵化、迁安、永平弃城，都是因为那里的人不读书，不知道尽忠守节之道所致。金、汉等官，有孩子八岁以上，十五岁以下都得报名读书，如有不令读书的人，那么他的父兄不能出征，与孩子一同在家闲处作为惩罚。"

皇太极曾下谕旨：因贫困而不能娶妻的人，由国家支给银两，作为娶妻的花销。这年八月，他听说驻防开城的博尔惠牛录中有兄弟俩没有妻室，便召集诸王贝勒大臣说："现在各处俘获的妇女很多，而这兄弟俩还没成家，你们也不报告。从今以后，务必要查清没有妻室的人，给其许配媳妇，安抚他们的生活。"

1632年，皇太极颁布《隶主条例》。这一条例，限制了满洲贵族特权，有利于奴仆争取自己的地位。为了促进农业生产，皇太极体恤民力，凡有阻碍农业的工程，一律不复兴筑，使百姓能"专勤南亩，以重本务"。经过几年的努力，农业有了较大发展，粮食基本上能够自给，社会矛盾得到缓和。

1633年初，归降的明朝士兵迅速增加，解决安置他们生活的问题显得十分紧迫。皇太极批准，将汉民女子或寡妇许配给他们为妻，由国家掏钱，给他们衣服，资助他们安家。这么做的目的，是为了使日益增多的归附人安下心来，实现安定的生活局面，以求得政权的稳定。

1633年正月，阿鲁部之特木德赫力士与土尔班克库克特之杜尔麻在阅兵的地方比武，杜尔麻胜，特木德赫负。皇太极却不论输赢，给了他们不错的赏赐和很好的封号，并且让别人见了他们必须称呼自己所赐的名字，如果不叫就治罪。

1634年，皇太极向全国下达了一个农业生产指导意见。在这个指示里，皇太极着重强调了农业的重要性，他认为农业是生产的根本，脱离农业，一切都免谈。同时他还提出了改进农业耕作技术的方法。皇太极关心农民的生活现状，提出要改善农民生活，并要求各地方官员尽职尽责，发展好农业生产，共同构建小康社会。

1636年，总兵官尚可喜上奏“皇上对待新人，每事都从宽处理，有些百姓无知，逐渐生性骄纵起来，与其犯了罪再惩罚，还不如严加防范。”皇太极要求遵从从前的法令，他说：“我和满汉蒙不分新旧，一视同仁，有满汉、蒙汉打架斗殴事件就一起处罚。”之后赏了一部分官员，也惩罚了一部分官员。

1636年8月，千山大安寺僧人何大峰重修古寺的任务结束后，向皇太极进献了松花饼。他说：“亲爱的皇帝啊，这个饼是可以延年益寿并且护眼的！”皇太极说：“要我勤于政事，让百姓生活安康，国家安泰，是上天对我的爱戴，怎么可以说是因为服用了松花饼而导致的一片祥瑞之气？”他就不接受。

皇太极要求贵族的生活也要遵循生产规律。因为满洲贵族的祭祀要大量宰杀牛马，政府发现大量宰杀牲畜不利于农业生产，便宣布：除大祀、大宴用牛外，其余宰杀牛、马、骡等牲畜的行为要予以制止。崇德元年，政府再次下令重申：祭神、嫁娶、发丧、上坟等活动，都不许屠宰牛、马、骡、驴，违者治罪。

国家的发展离不开基础部门的发展。皇太极十分重视饲养牲畜，尤为重视养马，因为要满足战争、生产和生活的需要，不管是做官的还是平民百姓都要养马，只是官大的家庭养的马数量多，平民百姓养的马数量少而已。皇太极把养马作为一种国家奖励，谁有功劳就奖励谁家马。

皇太极深知少数民族在轻工业方面的生产能力极其低下，肯

定需要明朝的帮助，于是极力倡导与明朝进行大范围的商业活动，换来少数民族所缺少的货物和商品。同时，他还和明朝进行边境贸易，促进商业活动的发展。经过持续几年的发展，百姓的物质生活被大大充实。

手工业是从农业生产中分离出来的。努尔哈赤当政时期已经意识到手工业的重要性，但是手工业在当时的发展水平并不高。从皇太极当政开始，当地百姓从明朝百姓那里学到了大量的先进生产经验，手工业水平发展很快，而手工业的发展为军事能力的提高起到了至关重要的作用。

理想是美好的，现实却是残酷的。皇太极的理想是要建立一个繁荣的社会，但这多少都有点自欺欺人。即使是自欺欺人，皇太极也为此付出了极大的努力，他关心百姓疾苦，时不时走基层，深入一线，切实了解百姓生活，以采取措施提高百姓生活水平。

后金扩张势力时期，在满蒙政治联姻下，皇太极后宫中地位尊贵的妃子大多是蒙古女子，而其中两个女人最为特殊，她们都是众蒙古部落之主察哈尔林丹汗的妻子。在林丹汗死后，她们率所属部众归顺，先后在天聪八年和天聪九年，被皇太极纳入宫中。

皇太极也会做些令人纠结的事情。一个已经为皇太极生下两个女儿的妃子博尔济吉特氏，地位应该是比较稳定的，但出乎意料的是皇太极竟然让其改嫁，这种做法即使是在当今社会也让人难以接受，皇太极这种做法令人匪夷所思。

君子报仇，十年不晚。初登帝位，国家大事让皇太极焦头烂额，无心攻打朝鲜。半年之后，国内局势稳定，攻打朝鲜的事情终于被提上日程。皇太极命令兵部统一筹划安排出征事宜，并决定御驾亲征。

与朝鲜的战争终于爆发了，首战在汉山城。皇太极命多铎、杨

古利迎战。这天雪下得很大,交战双方都无法看清对方,在此情况相下,多铎下令将士们全线出击,不料在南汉山下,遭遇敌军埋伏,后金将士视死如归,双方杀得你死我活。朝鲜士兵终于顶不住了,败下阵来。此战杨古利伤重而死。

皇太极的志向不是安于现状,他从未放弃对外征伐的想法。他认为,要想吃掉明朝,就必须征服朝鲜和蒙古。这既可以解除后顾之忧,又可以利用两族的力量,共同对付明朝。所以,与朝鲜和蒙古的战争不可避免。天聪元年一月,皇太极不宣而战,率三万大军入侵朝鲜,最后让朝鲜签订条约。

得民心者得天下。刚开始,努尔哈赤对汉人实行比较残忍的政策,汉人纷纷起义和暴动,这在很大程度上影响了社会生产,对民族融合也产生极为不利的影响。在整个国家处在风雨飘摇的边缘时,皇太极认识到了民族团结的重要性,在改善汉族人民的生活上作出了很大的努力。

1636年初,皇太极命多尔衮等人率一万人渡黄河西进,至托里图,俘获了林丹汗子额哲及其部众一千余户,统一了漠南蒙古。为了拉拢蒙古高层,皇太极用联姻、赏赐、封王封爵、定外藩功臣袭职例、崇奉喇嘛教、与西藏僧俗头领建立联系等手段,取得了蒙古诸部的支持和效忠。

皇太极对朝鲜和蒙古采取不同的政策,对朝鲜实行比较严厉的军事政策,对蒙古则是实行宽容政策。1636年,皇太极亲率十万大军入侵朝鲜,打得朝鲜落花流水,称臣纳贡,允诺与明朝断绝往来,并将王子送往沈阳为人质。皇太极知道蒙古对明朝的依赖性不强,便通过和蒙古联姻、商谈等方式争取和平。

皇太极一生的命运和明朝有着剪不断、理还乱的关系,当上皇帝就发动了与明朝的战争。皇太极的军事统帅能力不容小觑,

多年的征战,他胜多败少,俘虏的士兵,收获的财物,占领的城池数不胜数,这大大增强了皇太极吞并明朝的信心。

漠南蒙古各部的统一及蒙古八旗的编立,为后金扩大了兵源,增加了兵马,加强了满蒙联盟,消除了来自北方的威胁,对后金的巩固和强大,以及对明朝的征讨,起了重大作用。从此以后,后金便可全力攻明了。

皇太极深知要想入主中原,必须融入汉族人民的生活。因此,他极为重视对汉族官员的提拔和重用;吸取汉族经验,在全国实行科考,网罗全国优秀人才;改革行政管理制度,按照明朝结构设计六部,分管各种事物;在军事上考虑到汉族军人的作战习惯,设置汉军八旗,大大增强了军事力量。

明朝和后金曾经在辽西地区进行了长达十几年的拉锯战。自从明朝在萨尔浒战役中遭到惨败后,迫使它从战略进攻转为防御,后来变成了退却到辽西地区。如果辽西不保,山海关就不保了,山海关一失,京城就暴露在后金的面前了。明廷无奈,只好派重兵把守。于是,双方便开始了拉锯战,PK得相当激烈。

天聪元年(1627年)五月,皇太极首次率大军征讨大明,但是他却遇到了一个对手。当时,皇太极率大军刚到沈阳,脚跟还没有站稳,就听到一个重要的情报:明朝派遣宁远巡抚袁崇焕来与自己PK,并且,袁崇焕军事头脑比较发达,他有一套自己的独创的作战方法。这一下,让一向高傲的皇太极犯难了:袁崇焕可不是一个菜鸟啊!

皇太极一直很自恋,总是爱打如意算盘。一次,皇太极率领大军前去攻打锦州城,他派兵包围锦州城,并妄想着能够让明守军不战而降。谁知,明朝的守军们都是硬汉子,坚守不屈。皇太极无奈之下,只好下令攻城。结果,还是没有攻下来,只好放弃攻打,灰

溜溜地撤退了。

皇太极决定去攻打宁远，结果被袁崇焕的大炮给轰跑了。皇太极亲自率主力去攻打宁远，谁知，坐镇宁远的正是他的死对头袁崇焕。后金突然攻打宁远，是袁崇焕所没有预料到的。但是，凭借着他卓越的军事才能与先进的作战设备，后金想把他打趴下不是那么容易的。袁崇焕听说后金的军队来了，他立即发挥枪炮的威力，后金被炮轰的不得不撤退。

皇太极总是被袁崇焕打败，觉得很没有面子，他决定必须另辟蹊径攻打明朝。明末清初，蒙古分成三大部落：漠北蒙古即外蒙古、漠南蒙古即内蒙古、漠西蒙古即厄鲁特蒙古。由于漠南蒙古曾经和明朝签订过共同抵御后金的盟约，所以说漠南蒙古也是皇太极的死敌。于是，皇太极就决定先拿漠南蒙古开刀。果然，打败了漠南蒙古，为进攻明朝开辟了新航线。

袁崇焕指挥战役，很少失利，正因为如此，引起了崇祯帝的疑忌。袁崇焕自从指挥明军对抗后金以来，功绩卓著，朝野上下也是有目共睹的。可是，他的主子崇祯帝却是个小心眼儿，担心袁崇焕功高震主。一次，袁崇焕要面见崇祯帝，崇祯帝却不许部队入城。袁崇焕就要求屯兵外城，崇祯帝连这也不允许。

明军与后金军在广渠门外大战时，由于袁崇焕的亲自督战，京师才转危为安。广渠门大战时，双方PK了八个小时，还是不分胜负。但是，到傍晚的时候，后金军终于蔫了，没劲儿了，就撤退了十几里地。袁崇焕就乘胜追击，后金的三支劲旅都被击溃了。袁崇焕也中箭受伤了。

袁崇焕是个作战老成、思维缜密的帅才，可崇祯帝却是个性情急躁的人。袁崇焕认为在京城外打仗，一定要慎重，不能儿戏，更不能存在侥幸心理。但是，当时还不到十九岁的崇祯帝却十分

急躁，他求胜心切，不停地催袁崇焕出战。但是，袁崇焕权衡利弊后，就是不出战。于是，崇祯帝就开始瞎琢磨起来：你这是什么意思啊，难道和皇太极有密谋？

袁崇焕有自己的一套给力的作战方案，可崇祯帝和北京城里的老百姓们和他却不默契。由于后金军被袁崇焕打败，心中不服气，就在北京郊外烧杀抢掠。这下，北京城里的居民心想袁崇焕不肯出战，肯定是另有所图。并且还有许多人瞎嚼舌头说后金兵是他引来的，目的是为了"胁和"。这事越传越离谱，后来竟有人在城头向袁部骑兵砸石头，还骂他们是"汉奸兵"。

袁崇焕是被皇太极利用反间计害死的。皇太极总是出师不利，都是因为袁崇焕，所以他急于除去这个"眼中钉，肉中刺"。于是，就想出了一个反间计，离间袁崇焕与崇祯帝的君臣关系。崇祯帝本来早就对袁崇焕有疑心了，这下他信以为真，下令逮捕袁崇焕。

悲催的袁崇焕是被凌迟处死的。被皇太极利用反间计陷害的袁崇焕受刑时，人们对他咬牙切齿，并且用袁身上割下来的肉就酒喝，喝一口还骂一声。还有百姓花钱去买袁的肉，有人拾到他的骨头，还用刀斧砍碎，实在是血腥至极。

袁崇焕含冤惨死后，大明江山从此失去了一个"股肱"。皇太极的反间计能够成功，与崇祯帝"嘴上没毛，办事不牢"有关。崇祯帝办事急躁，求胜心切，致使皇太极趁机钻了空子。皇太极本来使得是一个小伎俩，可是却骗得崇祯帝杀了袁崇焕。皇太极没有动一兵一卒，就让崇祯帝"自毁长城"。

清兵围困北京城时，崇祯帝吓破了胆，做出的事情更是雷人。清军围城时，北京城乱成了一团麻。当时的崇祯帝也失去了理智，他把袁崇焕下狱杀死后，又认为兵部尚书王洽处置事情不善，也

被下狱了。在混乱中，监狱中的囚犯乘机大举越狱，于是刑部尚书和侍郎也被下狱。崇祯帝又感觉北京的城墙不是很坚固，又将工部尚书和工部几名郎中当场活活打死。

皇太极也是一个善于模仿制胜的人。由于皇太极以前与明朝军队作战吃了不少亏。说吃亏，其实就是吃在明朝有先进的武器上。皇太极心想，既然明军可以用大炮打我们，我何不以其人之道还治其人之身呢？于是，他便令士兵们仿制出一批红夷大炮。有了红夷大炮，虽然是山寨版的，可能不及明朝的正牌货威力大，但有总比没有强。

皇太极围攻大凌河城时，和明军玩了一个"憋死驴"的游戏。皇太极自从山寨出了一批红夷大炮后，也不敢掉以轻心，他深知大明还是有一些良将的。目前，他为了减少自己的损失，决定围而不攻，企图迫使城内粮尽援绝而降。果然，大凌河城的守将祖大寿突围了好几次，都被后金兵打了回去。搞得祖大寿天天叹息说："看来我要被憋死这个局里了！"

大凌河城被后金士兵围困，崇祯帝得知后急得直跳脚，急忙从附近调集援兵。祖大寿被皇太极围在大凌河城里，眼看就要弹尽粮绝。后金围困大凌河城后，明廷曾多次采取救援行动，但都被外围后金兵击退。尤其是最后一次，监兵张春被活捉，总兵吴襄逃跑，全军都被后金军歼灭了。明朝几次增援都损失惨重，后来变成了无力增援，任其自生自灭去吧。

人在饿疯了的时候，就会失去人性。大凌河城被皇太极领导的后金军队围得水泄不通，大凌河城军民盼援军不到，面临着没有粮食吃的危险。围困到两个月时，城里储备的粮食马上要吃光。士兵们只有宰杀战马充饥。人还没得吃，像马这样的畜生就更悲惨了，它们只能饿死。成百上千的老百姓都饿死了，勉强活着的人

就抢着吃死者身上的肉。

皇太极不只是善于领导打仗,政治头脑也毫不逊色。皇太极在用武力攻打大凌河城时,还不断地发动政治攻势。他首先让俘获的二十多名明将给大凌河城守将祖大寿写信,他自己也写了一封。可是,祖大寿不为所动,就是不投降。皇太极是个聪明人,他猜出了祖大寿的心思,无非是怕后金随意杀人罢了。于是,皇太极写信解释,终于将祖大寿劝降。

大凌河城守将祖大寿身边还有一个真正宁死不屈的硬汉子——何可纲。祖大寿和皇太极谈妥投降事宜后,只有副将何可纲反对投降。祖大寿只好将其逮捕,让两名士兵把他架出城外,当着后金诸将的面将其斩首。何可纲至死脸色不变。

皇太极的政治手腕不仅体现在大的方面,在小细节上也表现得很到位。皇太极劝降祖大寿之后,祖大寿前来拜见,皇太极是个何等聪明之人,深知汉人非常注重礼节。于是,他就派诸贝勒出迎一里。他自己呢,就站在幄外迎接,不让祖大寿跪见,而以抱见礼优待。并且,还让祖大寿先入幄,祖大寿不敢,客气了一番后,二人并肩入幄。

祖大寿投降后金后,在皇太极招待祖大寿的筵席上,祖大寿说妻子还在锦州,请求皇太极允许他回锦州做内应,皇太极没有多想,当即就同意了。谁知,祖大寿带了几十个人,渡过小凌河,步行到达锦州。他这一去,就黄鹤一去不复返了,连他的子侄俱质留于后金,也顾不上了。

大凌河城的守将祖大寿走后,好好的一座城便被后金摧毁成了一片废墟。大凌河城的守将祖大寿走了,后金兵就如同回自己家一样轻松地就开进了大凌河城。然而,此时全城兵民由原来的三万多人变成了一万多人。马呢,就剩下了几十匹。皇太极还在大

凌河城举行盛大宴会，招待大凌河城归顺的降官。皇太极班师回朝之前，还将大凌河城完全摧毁。

皇太极能够拿下大凌河城，是他最终奠定大清基业的一次里程碑战役。皇太极围困大凌河城前后达三个月之久，并毁坏了大凌河工事，消灭了大明在关外的精锐部队。与此同时，皇太极还招降了张存仁等数十名明将。对皇太极来说，这可真是一场给力的战役呀。

皇太极的军事战略才能非一般人可比。天聪八年(1634年)，皇太极决定远袭明朝的宣府、大同。皇太极选择先攻打这两个地方是早就打好算盘的，因为他深知明朝在宣、大一带防务十分空虚。如果能选择这两地作为军事行动的突破口，从战略上来说，就是避实击虚，攻其不备。后来，皇太极通过对这两个重镇的打击，动摇了明朝的统治之本。

皇太极屡挫明朝的精锐之师，致使后金成了“明星”。一次远程行军时，皇太极带着后金兵“雄赳赳，气昂昂”地进入内蒙，一路上遇见许多察哈尔余部，这些人竟然纷纷归降后金。其实皇太极还没有开始舞刀弄枪呢，察哈尔余部就投降了。皇太极心想，看来后金真的打出自己的天下来了，还有谁不服，我要他好看！

皇太极带领的后金军不断地蚕食大明江山，大明的将官们也被吓破了胆，连崇祯帝的话也不听了。皇太极行经内蒙西进时，明朝就已经得到了情报。崇祯帝变得更加焦躁不安，他连发了十几次御旨，指示被后金兵攻打的城一定要坚守住。然而，朝廷大计到了地方上，却得不到落实。地方官和带兵的将官根本不敢同后金对阵，要么弃城逃跑，要么紧闭城门。

腐败的明朝守将看见皇太极的后金兵来攻城就如同耗子见了猫。后金兵攻打代州时，明朝的守将们吓得不敢抵抗，致使后金

兵如入无人之境。后金兵二十多个骑兵就能掠获了妇女小孩千余人，经过代州城下时，被掠获的人望见城上自己的亲人，互相悲啼，就是不发一矢，任后金兵耀武扬威地过去。

阳和总督张宗衡试图反叛皇太极，结果被皇太极羞辱了一通。后金攻打阳和时，阳和总督张宗衡表面上提出议和，私下里却策动后金内部的汉人、蒙古人反叛皇太极。皇太极约张宗衡出城会战，并在信中把明将们都斥为草包，还说自己自入境以来，踏坏明朝的庄稼，攻克很多城池，而明朝却没有一个人敢出来和自己对战，敢发一箭的。张宗衡看后羞愧无比。

皇太极在政治上非常有远见卓识。皇太极在天聪八年长驱南下，劫掠千里的目的，并不在于得到明朝的城池、土地，而是要掠取明朝的财富，消耗明朝的经济与军事实力。在战略上，皇太极对于城镇能攻则攻，一时攻不下就放弃，转而去别处。另一方面，也为了向明朝显摆自己的八旗将士能征惯战的威力。

皇太极还是一个好学生，对于自己有利的东西，他都去学习。皇太极自从即汗位以来，他就倾心于学习中国古代专制主义的封建统治，不断地加强集权。他刚上台的时候，就设立了八大臣管理国务，称八固山额真，在旗内总管一切事物，国家有事，与诸贝勒一起商讨，狩猎出师，各领本旗兵行，还负有稽查责任。这样做，就削弱了诸贝勒的权力，加强了汗权。

皇太极是一个权力欲很强的人。皇太极老爹努尔哈赤在位时，四大贝勒“按月分直”，皇太极即位以后，四去其一，但其余三大贝勒仍然“分月掌理”，这是一种分权制度。皇太极与其他三大贝勒共同当政，群臣上朝时均南面而坐，这突出不了皇太极的地位，让他心里很不爽。所以，他处心积虑地争取南面独坐，找各种机会把其他三贝勒整下去。

皇太极一直想“南面独坐”，他为此残忍地杀死了自己的哥哥。由于二贝勒阿敏从滦州、遵化等地败归，皇太极就借这个茬以心怀异志僭拟国君等16条罪状将他幽禁籍没。而后，他又以行刺自己为罪名处置了三贝勒莽古尔泰。大贝勒代善是个聪明人，他明白了皇太极这是杀鸡给猴看的手法，便知趣地自个儿要求下台。至此，皇太极终于可以“南面独坐”了。

皇太极对“斩草除根”的一词理解得很透彻。虽然大贝勒代善已经下台了，可是，皇太极还是对他不放心，生怕“斩草不除根，春风吹又生”。于是，皇太极又以代善轻视君上、贪财违法的罪名削了代善的贝勒爵号。过了一年，又封代善和硕礼亲王。又过了一年，皇太极又斥责他越分妄行，轻君蔑法，迫使他闲居。

蒙古察哈尔部一直是皇太极的心头大患，他一心找合适的时机灭掉这个部落。天聪六年（1632年），皇太极再次率军远征林丹汗，长途奔袭至归化城，林丹汗连夜逃窜了。从此之后，蒙古察哈尔部就逐渐成了一盘散沙。没过多久，林丹汗逃到青海，突然出痘病死了。至此，皇太极才感到心头畅快了。

皇太极屡次攻打蒙古察哈尔部原来是“醉翁之意不在酒”。皇太极听说蒙古的一个牧羊人捡到了一块玉玺，上面有汉文篆字“制诰之宝”。据说这是汉朝传下来的传国玉玺，元顺帝北逃时带走，后来就不知去向。于是，皇太极就命令多尔衮等再次攻打察哈尔部。林丹汗的儿子额哲打不过人家，就归降了，并献上传国玉玺。皇太极大喜，认为这是天赐之宝。

皇太极正式改国号为“大清”时，真是占尽了风头。天聪十年（1636年），皇太极改国号为“大清”。在盛京笃恭殿举行盛大典礼时，由大贝勒代善用满文宣读表文，额哲用蒙古文宣读表文，汉人孔有德用汉文宣读表文。皇太极如此做是为了表明自己不仅是满

洲人的皇帝、蒙古人的皇帝，也是汉族人的皇帝。

皇太极之所以废去“女真”族号和“金”的国号，是打的心理战术。历史上女真族建立的金朝，曾经残酷掠夺和压迫过汉族人民，是汉族人恨之入骨的对象。皇太极为了避免刺激汉族人的历史记忆，减少民族抵触情绪，就废去以前使用过的族号和国号。可见，皇太极是一个很会使用心理战术的人，很有远见卓识。

皇太极改国号“大清”是有一定的寓意的，他有意避讳一些东西。明朝的当家的姓朱，按汉族传统的说法，“朱”、“明”两个字都含有“火”的意思，在从五行相克的说法，“火”克“金”，这样说的话，会对金不利。所以改“金”为“清”，改“女真”为“满洲”。这主要是由于汉字的“清”及“满洲”等字，都是以“水”为旁，而“水”正好是克“火”的。

皇太极对民心的收服很重视，政治手腕相当的高明。明朝在当时的年号是“崇祯”，意思是崇尚祯祥，表明明朝当家的注重天事。而皇太极呢，把年号改为“崇德”，表明他重视的是德治，而不是子虚乌有的天事。皇太极利用封建社会人民的种种迷信观念，不仅取悦于民，还展现了自己的决心与抱负。

皇太极想把朝鲜拉到自己这边来，可是一直收效甚微。皇太极称帝之后，亲自领兵攻打的不是自己的最大敌人——明朝，而是十年前就与他签订过“兄弟之盟”的朝鲜。本来已经结盟了，是穿一条裤子的兄弟了，为什么还要攻打人家呢？原来，朝鲜仍然与明朝藕断丝连，这让皇太极不能忍受，他就不信那个邪，非要把朝鲜彻底拉拢过来不可。

皇太极在称帝大典上，朝鲜使臣给了皇太极个难堪。崇德元年（1636年），皇太极称帝大典开始了，朝鲜使臣也来了。可是，朝鲜使臣就是不愿意跪拜皇太极。这让皇太极很没面子，他就强行

让其跪拜。那位朝鲜使臣呢，死活都不肯跪拜，结果把衣服都撕扯破了。衣服撕扯破后，朝鲜使臣气鼓鼓地走了。皇太极当时肺都要气炸了，决定找机会征讨朝鲜。

朝鲜在皇太极没有称帝之前，与后金是“兄弟之盟”，称帝后却变成了“君臣之盟”，这是为什么呢？朝鲜自从和后金结为“兄弟”后，一直对后金不够尊重。尤其是在皇太极称帝大典那一天，朝鲜使者死活不行跪拜礼，这下惹恼了皇太极。也就是因为这“一跪”之差，皇太极率清军直指朝鲜王京汉城，朝鲜被打败。从此，两国就由“兄弟”变成了“君臣”。

皇太极的眼光非常超前，对他来说，战争就如下棋一般，每走一步都是高瞻远瞩的。皇太极称帝之后，首先对朝鲜用兵，他是为了达到一石三鸟的目的：第一，改变了朝鲜游荡于明朝和清朝之间的立场；第二，得到了来自朝鲜的物资供应；第三，解除了南攻明朝的后顾之忧。

虽然明朝在皇太极的各种手腕的摆弄下，犹如到了人的风烛残年，但是明朝毕竟已经占据中原几百年时间了，想打垮它，还没那么容易。可是，毕竟目前的情况还是很乐观的。蒙古、朝鲜臣服后，东方、西方的牵制势力都已经扫清，从此，皇太极可以专心地对付南部的明朝了。所以，皇太极仍然相信前途是光明的。

皇太极所率领的清军犹如饿狼之师，每到一处，连一片完整的瓦片都不愿意留下。皇太极称帝以后，加进了对明朝关内的侵袭。他分别在崇德元年(1636年)、崇德三年(1638年)、崇德七年(1642年)年派人率军入关侵袭。清军这几次关内入侵，都收获颇丰。因为，皇太极曾经这样命令他们：“如果遇到人，尽管俘虏……如果遇到东东，尽管取来；不要客气……”

皇太极有一套属于自己的“买心术”。皇太极自从当了大清的

大当家的以后，并没有为此就找不着东西南北了。因为他深知以后还有更多更复杂的事情需要自己去面对。所以，他一方面积极从事扩张政策，另一方面仍然注意缓和民族和社会矛盾，他命令自己的手下要做好“养人”的事情，尤其是对新掠取或来降的蒙古、汉人做好安置工作。

孔有德是一个倒霉蛋，也正是因为这他才决心叛明的。当年，皇太极率兵围困大凌河城时，登州巡抚孙元化派遣孔有德率兵渡海增援，谁知孔有德在海中遭遇飓风，差点丢掉了小命。渡海没渡成，孙元化又派他率骑兵从陆上赴援。孔有德心中愤恨不已，走到邹平县的时候，滞留了一个多月。后来又遇到大雪，没有吃的，军心混乱。于是，他决心叛明。

孔有德是个有情有义的人，他叛明后还知道顾及自己的老上司。孔有德叛明后，率兵挥师登州城下，当时耿仲明作他的内应，内外加工，迅速攻克登州。当时的登州巡抚孙元化无颜面对崇祯帝，就自杀了。谁知，他自杀未遂，孔有德又念及他是自己的老上司，不忍心杀他，就让他离开了。然而，逃到天津后，崇祯帝得报，就下令处决了孙元化。

孔有德是叛明后，还被一些叛明“分子”推举为王。孔有德叛明后，又有驻旅顺的明朝参将陈有时、广鹿岛副将毛承禄等率部分官兵造反，渡海到登州，加入了孔有德部队。孔部自此兵势大盛，纷纷推举孔有德为王。孔有德装模作样地谦让不受，自称都元帅，李九成为副元帅，耿仲明为总兵官。

以孔有德为首的大明叛徒们叛变后，兵势强大，最终还是被明军镇压下去了。孔有德等人叛明后，率军在山东一带攻城掠地。崇祯帝知道后，急得团团转，他派明将祖大弼率兵数万将登州包围，双方相持将近半年，李九成战死。孔有德、耿仲明终于扛不住

而兵败。于是，两人突出重围投奔了后金。

明朝兵与朝鲜兵联手，竟然害怕后金兵势强盛。孔有德、耿仲明这两部明朝将士们投奔后金的途中，遇到了从宁远、登州、旅顺口明兵的追杀，朝鲜也出兵助威。谁知，后金也派兵过来接应“汉奸”们，正好与明兵夹江立营。可是明兵与朝鲜兵见后金兵强盛就害怕了，就夹着尾巴偷偷溜了。

孔有德、耿仲明等“汉奸”们投奔后金以后，皇太极非常待见他们。孔有德、耿仲明投奔后金后，不仅带来了大量的兵器枪炮，还带来了庞大的队伍。皇太极就顺水推舟地按孔、耿原来的自封号，正式宣布封孔有德为都元帅，耿仲明为总兵官，赐给敕印。其他各官也按功劳分别封赏。

墙倒众人推，明朝广鹿岛副将尚可喜率数千名官兵和百姓也叛变明朝了。尚可喜本是明东江总兵官黄龙的手下。孔有德登州叛变后，黄龙提升尚可喜为广鹿岛副将。孔有德、耿仲明引后金兵攻打旅顺，黄龙兵败后抹脖子自杀了。明朝又以沈世奎代黄龙为总兵，部校王廷瑞、袁安帮构陷尚可喜。尚可喜干脆一不做二不休，也投降了皇太极。

皇太极是一个能把政治当游戏来玩的高手。皇太极为了能增强清朝的武装力量，把满、蒙、汉的广大人民当作提线木偶来玩，就创建了汉军与蒙古八旗。这样一来，不仅控制对满、蒙、汉实行了深一层的控制，同时也给予汉族、蒙古族的历史地位以某种肯定，缓解了满、蒙、汉三族之间的矛盾。

皇太极晚年时，与他老爹完全不同，他老爹晚年不相信汉人，还大肆诛戮。到他的晚年，对汉人特别的待见，有的被封王，有的当了大官。这让皇太极的“亲友团”们心里不爽，因为满洲宗室们有的只是当了个不起眼的小官，有的还是草根，世道简直是颠倒

了。皇太极听后并没有以此改变做法。

大清由与明朝相持到逐渐比明朝强大，皇太极并没有为此变得如打鸡血一样，他的头脑反而清醒的如同打了“醒脑针”。皇太极深知拿下明朝并不是容易的事儿，必须用对策略，对症下药才行。皇太极认为，只有先打下锦州，然后从山海关进攻北京，才能给明朝致命一击。

吴三桂是祖大寿的外甥，二人在辽东拥有强大实力，是明朝倚重的军事集团。崇德三年，清军发动入口之战，皇太极亲自领兵攻向宁远、锦州，祖大寿打败多铎的军队，皇太极要求他来见自己，祖大寿却推辞不见。崇德四年，皇太极又领兵围攻嵩山，旁及连山、塔山、杏山，崇祯召祖大寿救援，皇太极却要他来投降。后来，祖大寿坚守锦州，清军死活都攻不破。

皇太极的当了皇帝之后，声威很大。一次，皇太极亲率大军与明军PK，明将洪承畴正准备和皇太极一决胜负。可是，洪承畴的手下以军中没有军饷为由，商量着要回宁远取粮。洪承畴急得抓狂，就恳切地劝手下要死战。但是手下各怀异志，尤其知道是皇太极亲征后，非常害怕，就偷偷撤退了，结果遭到清军的伏击。

明军著名将领洪承畴是被清军活捉的。由于洪承畴的手下们各怀鬼胎，不听他的指挥，遭到了清军的伏击，原本13万的兵力只剩下了一万多人退守到松山城内。可是，松山城内缺粮草，又没有外援，处于孤立绝望的境地。洪承畴几次突围，都失败了。后来，明朝松山副将夏承德暗地里投降清朝，又勾结清军为内应，生擒了洪承畴等明朝重要将领。

祖大寿命中注定是皇太极碗里的菜。祖大寿十年前玩过一个诈称回家迎接妻小的理由，骗过皇太极而一去不返。但是，一向比较有政治手腕的皇太极并没有为此而记仇。相隔十年后，祖大寿

驻守锦州，随着明朝将领们叛明的叛明，被活捉的被活捉，他自己在锦州成了孤家寡人。无奈，只得率领锦州守军投降了清朝。

皇太极是懂得“细节决定成败”的人。皇太极俘虏洪承畴之后，想尽办法劝说他投降。开始时，洪非常有气节，死活都不肯屈服。皇太极又派范文程劝降他，发现他非常爱惜衣服，梁上掉下一点灰尘，撒在他的衣服上，他拍了拍，由此可见他更爱惜生命。皇太极听说了这个情况后，亲自去看他，并把御衣披在他身上。洪觉得皇太极有真天子风度，就归顺了清朝。

皇太极比他老爹努尔哈赤更有野心。努尔哈赤仅仅想在东北割地称王而已。而皇太极比他老爹的雄心壮志更加远大，他的最终目标是拿下明朝，做汉、蒙、满族人的皇帝。他不仅有这个雄心，也有这个实力。

皇太极为了扩充自己的力量，打进关内定鼎称帝，娶了五位蒙古公主来达到自己的政治目的。皇太极看到明王朝简直成了朽木，感觉自己一举拿下明朝的机会到了。但是，眼下自己的军事实力还不够强大。于是，皇太极联络抚绥广大蒙古各部落，娶了五位蒙古贵族小姐，晋封为五宫后妃。

皇太极当皇帝时，出现了姑侄三人共同做他的小老婆的现象。皇太极庄妃布木布泰的姐姐是海兰珠，两人的老爹是蒙古科尔沁部贝勒寨桑。两人的亲姑姑哲哲早在十九年前就嫁给了皇太极，成为正房大福晋，现被封为中宫皇后；布木布泰也在九年前刚满十三岁时，嫁给了四贝勒皇太极，成为侧福晋，后被封为永福宫庄妃。海兰珠嫁给皇太极后，封为关雎宫宸妃。

皇太极有一个非常宠爱的妃子就是宸妃海兰珠。皇太极的妃子很多，比较有名的是五宫后妃和十几位妃子。宸妃海兰珠入宫时已经二十六岁了，比妹妹布木布泰文静贤淑、言行适度，在皇太

极的众多小老婆中，唯有宸妃海兰珠独得专宠。海兰珠所居的关雎宫中的“关雎”二字是取自《诗经》中的爱情诗“关关雎鸠，在河之洲。窈窕淑女，君子好逑。”

母以子为贵，对于本来就深受皇太极宠爱的宸妃海兰珠来说，生了一个男娃，就等于中了头彩了。崇德二年，海兰珠在关雎宫为皇太极生下了一个儿子。这个小家伙是皇太极的第八个儿子，巧合的是皇太极也是排行第八。皇太极非常高兴，竟开有清一代的先例，在皇宫举行重大庆典，大赦天下。并且，孩子还被定为皇嗣，海兰珠的地位简直就是无冕之后。

皇太极的宸妃海兰珠深受宠爱，儿子就更贵不可言，然而，她的孩子却是个短命鬼。皇太极还没有从得到爱子的喜悦中缓过神来，甚至还没有来得及给这个小家伙起名字，小家伙便死去了。从出生到死，还不到半年时间。

皇太极戎马一生，是一个铁骨铮铮的汉子，然而，他也有柔情，也曾“情令智昏”过。自从宸妃海兰珠所生的皇八子死后，海兰珠便受到了重大的打击，她很快就抑郁成病，直到病逝不起。崇德六年九月，皇太极正领兵与大明交战，听说宸妃海兰珠病重，这个铁骨铮铮的汉子竟然下令撤出战场，驱马返京。然而，还没有赶到，海兰珠就已经香消玉殒了。

男儿有泪不轻弹，只是未到伤心处，皇太极就是这样一个男人。皇太极所宠爱的宸妃海兰珠死后，悲痛万分，朝夕哭泣，竟然还哭得昏迷，太医们抢救了一整日，他才苏醒过来。后来，群臣为了开解他的伤心，建议他外出打猎。谁知，经过海兰珠墓地时，又勾起他的无限悲痛，又大哭了一场，在场的人无不为之动容。

皇太极爱宸妃海兰珠之深，朝野上下是有目共睹的，然而，却有一些没有眼色的人，因为对宸妃海兰珠不敬，还被罢去了官职。

在宸妃丧礼期间，一些亲贵因为不遵守礼仪规定守丧，让皇太极恼怒至极。宸妃海兰珠是自己的爱妃，对皇太极来说，对宸妃不敬，就是对自己不敬，为此，他竟然罢夺了不敬之人的王爵官位。

皇太极是痛悼爱妃而死的。皇太极身体一向健壮，然而，自从宸妃海兰珠死后，他总是对自己的妻子儿女们说自己年老体衰，还感觉自己的时日不多了。其实，他那个时候不过五十岁刚出头而已。这位饱经血战与风雨的皇帝，竟因失去心爱的宸妃而被彻底击倒。一天，皇太极照常处理事务，到了夜间就突然驾崩了，享年五十二岁。

第三章

爱江山更爱美人

——清世祖顺治帝时期

崇德三年（1638年）戊寅正月三十日戌时（晚七点至九点），爱新觉罗·福临降生，其母为永福宫庄妃，博尔济吉特氏，即孝庄文皇后。

顺治元年(1644年)正月，顺治帝于大政殿(笃恭殿)受贺，命礼亲王代善勿拜。三月李自成攻陷北京。明崇祯帝自缢。四月，明吴三桂降清，封为平西王。五月，明福王朱由崧即位于江南，改元弘光，封史可法为大学士，驻守扬州督师。

顺治七年(1650年)十二月初九日，摄政王多尔衮逝于喀喇城。

顺治十三年(1656年)闰五月，乾清宫、坤宁宫、交泰殿及景仁宫、永寿宫、承乾宫、钟粹宫、储秀宫、翊坤宫修缮完成。

顺治十四年(1657年)十月，顺治以开日讲祭告先师孔子于弘德殿。幸南苑。始行阅武。修孔子庙。昭事殿、奉先殿成。

顺治十七年(1660年)十月，大觉禅师玉林琇劝阻顺治帝削发为僧。

顺治十八年(1661年)正月初二日，顺治帝患痘，病危。正月初七日，逝于养公殿。初九日，玄烨即皇帝位。

关于福临出生的传说有很多。其生于清崇德三年是确切无误的，但是关于他出生时的情景有很多说法，其中流传最广的传说是孝庄文皇后分娩前夜曾梦见神人抱着一个婴儿放入自己腹内，孩子生出来后，满室红光，并散发出奇异的香气，经久不散。并且，孩子的头发还一根根直立着。

顺治是清朝入关的头一位皇帝这一点不假，但他到底是不是皇太极的儿子，有人说是，有人说不是。有人说他是多尔衮与孝庄的儿子，这听起来相对靠谱些。有个不靠谱的说法是，有一个女子一天吃了一个从河里漂流过来的一个苹果，就怀孕生了一个男孩，这小孩就是后来的顺治帝。

爱新觉罗·福临是清皇太极的第九子。崇德三年戊寅正月三十日戌时生。他的老妈是永福宫庄妃博尔济吉特氏，即孝庄文皇后。他老妈生他那一天，是皇太极刚失去第八子的第二天。古代人都是“母以子为贵”，当时他老妈只是个妃子而已。福临的出生，给庄妃带来了莫大的喜悦。

福临的老爹皇太极突然“暴逝”于沈阳清宁宫，还没有定下自己的接班人，一下子给这个总是充满明争暗斗的皇宫带来了令人无法预料到的恐怖。皇位自古以来就是很多想出人头地的人所垂涎的。而皇太极的突然死去，并且还没有对身后之事做任何安排。因此，王宫大臣在为皇太极举丧的同时，就开始酝酿一场激烈的皇位争夺战了。

皇太极死后，他的接班人其实有很多人选。按照清太祖努尔哈赤的遗命，皇位的继承实行八和硕贝勒共议制，由满洲八旗的贵族们一同商议来决定。这样一来，皇太极死后，接班人有七位大咖都是入围人选：四大亲王——多尔衮、代善、济尔哈朗、豪格，还

有三位郡王——阿济格、阿达礼和多铎。但真正有继承资格的是：代善、豪格、多尔衮。

皇太极的接班人的入围人选——代善，年老多病，黄土都埋到脖子了，他已经没有争夺皇位的野心了。礼亲王代善是努尔哈赤的儿子，统领两红旗，但他早年在皇太极的争位斗争中失败了，现在已经年老多病，为了能够安度晚年，他采取了潜水的态度，不想再一次卷入政治斗争。

豪格是皇太极的长子，是皇太极接班人中的最佳人选。皇太极死时，皇长子豪格三十五岁，正值壮年，而且文武双全，也立下了赫赫战功。根据皇太极生前亲掌的正黄、镶黄和正蓝三旗都希望由皇子即位。而且由于代善和济尔哈朗不待见多尔衮，他们两个也准确各投豪格一票。

皇太极死后，早就对皇位虎视眈眈的多尔衮更是跃跃欲试。多尔衮是皇太极的弟弟，时年三十二岁，他由努尔哈赤与大福晋乌拉纳喇氏阿巴亥所生。多尔衮为正白旗旗主贝勒并统摄吏部。此人心机颇重，聪慧过人，曾经多次统军出征，屡立军功。他身后两白旗和勇猛善战的二位胞兄弟阿济格和多铎也是坚强的后盾，而且，也有部分宗室暗中支持他。

济尔哈朗与皇族血统较远，没有争夺皇位接班人的可能，但他的影响力非常大。济尔哈朗是镶蓝旗主，是努尔哈赤胞弟舒尔哈齐的儿子。他从小就被伯父努尔哈赤养育在宫里，与皇太极亲同手足。他也曾屡立军功，当时是四十五岁。他虽然与皇族的血统较远，但他如果偏向任何一方，那一方就有成为皇位接班人的可能。

皇太极的长子豪格在竞选皇位继承人的时候，干了一件弄巧成拙的事情。这天，诸王大臣们在崇政殿讨论皇位继承的问题。大

部分人都拥立皇太极的长子豪格继承皇位，并且做了全面的武装准备。但有人拥立多尔衮，多尔衮当场没有答应。后来，代善推举豪格，豪格很得瑟，认为皇位早晚是自己的，也故作推辞。结果多尔衮推举了福临，豪格也无话可说了。

多尔衮选中福临为帝，是有自己的小算盘的。多尔衮主要考虑皇帝年龄要小，这样的话就好摆弄，以便自己能借辅政而独揽大权。再有老妈的名号要高，以便名正言顺。而福临这两个条件都很符合。当时，麟趾宫贵妃有子博穆博果尔，她的名号虽然高于庄妃，但不受皇太极的宠爱，且孩子才两岁，不便于参加登基、举行大礼等场合。小福临就这样有福将临了。

多尔衮选了福临做皇帝，自己当辅政王，可一向颇有心机的他又怕众人不服，就拉上了一个垫背的——济尔哈朗。辅政王的人选代表了各方势力的均衡。既然黄、白二旗是主要竞争对手，福临即位便代表了两黄和正蓝旗的利益，那么，多尔衮出任辅政则理所当然。但是，他又怕他一人上台得不到对手的同意，所以就拉上了济尔哈朗。

朝堂上的争斗有时候有些像给人们开玩笑，有时候感觉是在玩游戏，总会出现一些令人出人意料的事情。本来皇太极死后，皇位争夺战是相当激烈的。可结果呢，六岁的福临却成为多人斗争的获利者，他戏剧性地登上了皇位，做了大清帝国的第二位皇帝。

六岁的小屁孩皇帝福临，虽然还不太懂大人之间的争斗，但他却具有天生的帝王之气。一个小孩高高地坐在朝堂之上，下面是一群大人们，大人们说的一些国家大事，或许他都不懂。但他骨子里却有一种帝王之气。慢慢地，朝中大臣们从这个小孩的言行举止中发现“孺子可教”。

早在福临五岁的时候，这个小家伙身上就流露出了帝王的尊

严。崇德七年(1642年),皇太极出猎叶赫一带,当时还带着五岁的小福临。在他们前往噶哈岭时,小小年纪的福临竟然“射中一狍”。在举行登基大典前,他出宫乘辇前往笃恭殿,他的奶妈看他年幼,就登辇陪坐。福临却拒绝说:“这可不是你这种人所能坐的”,显示出了不可冒犯的帝王尊严。

顺治从小就极具绘画天赋,他画的每一幅画几乎都能得到人们的称赞,这并不是阿谀奉承,而是实话实说。他的画给人一种难以用语言表达的意境。一次,顺治凝视着其中一位大臣,拿起画笔,一蹴而就,把这个人画得入木三分。这幅画后来被大臣们竞相传看。

顺治皇帝爱画画，他所画内容都是日常生活中常见的事物,但寓意深长。顺治皇帝喜欢中原文化,喜欢画山水、飞鸟,中原文化对他的画影响深远。顺治认识到中原文化的博大精深,便不断汲取中原文化的精神,将中原文化元素运用到自己的画中。

顺治的名字和年号是很有深意的。顺治帝名字叫爱新觉罗·福临,他登基时年仅六岁。这要是出生在草根家里还是穿着开裆裤的玩尿泥的娃娃,可是,身为皇子的他却要当皇帝。大人们自然是不放心的。所以,大人们为了图吉利,就把年号定为顺治,顺就是顺利,治就是治理,意思是顺利地治理国家。他的名字呢,叫做福临,就是福从天临。

顺治时期是清朝正式入驻中原的开始。多尔衮是顺治时期政权的实际掌握者,确实实行了一些有利于国计民生的政策,但也有许多不利的政策,比如,圈地、剃发,这对于刚刚入主中原的清朝非常不利。多尔衮还实行的一些镇压农民起义、消灭南明政权政策,奠定了清王朝的基础。

李自成攻陷北京后,崇祯帝在巨大的打击下,几乎疯狂。清顺

治元年,即明崇祯十七年(1644年),李自成农民军攻陷北京。崇祯帝朱由检在巨大的打击之下,疯狂杀死、杀伤自己的妻女之后,在煤山自缢而死,延续276年的大明皇朝结束了。

李自成攻陷北京,灭了大明,可却被清军打败,虎头蛇尾令人叹息。多尔衮领大将军印,统率八旗满洲、蒙古、汉军等共约14万大军,奔向山海关。李自成亲率农民军部队往山海关讨伐吴三桂。吴三桂引清军入关,打败了农民军,农民军只好退出北京。

多尔衮是一个很会做表面文章的人。清军打败农民军后,多尔衮率领清军从朝阳门进北京城。明朝文武官员用明朝皇帝的仪仗、车驾出城跪迎,请多尔衮乘辇。多尔衮却假惺惺地推说自己是效法周公辅佐幼主,不应该乘辇。众人又劝他乘辇,他这才乘辇入武英殿升座。从此,多尔衮坐镇北京指挥进军全国。

多尔衮很懂得韬光养晦,收取民心。多尔衮坐镇北京后,他严禁抢掠,停止剃发,还假情假意地为明崇祯帝朱由检发丧。他的这些举动,博得了汉族士绅的好感。其实,他如此做只不过是为收取民心罢了。

多尔衮有心脏早搏(心悸)之症,这是因为他贪恋皇位才得的。当年,多尔衮与豪格对峙,退而在诸王大会上昌立福临,谁知自己也弄巧成拙了,无法再出尔反尔,推翻前议。为此,他在激烈动荡的戎马生涯之余,精神世界陷入了一种自相矛盾、懊悔愁苦与自怨自责的痛苦之中。所以,就引发他得了心脏早搏。

皇太极的长子豪格是被多尔衮害死的。豪格虽然没有当上皇帝,可是他的势力却一天天强大。多尔衮生怕豪格哪一天夺了权,自己的皇帝梦就泡汤了。顺治三年,豪格被派征山东,攻四川。后来,他又下西安,平陕西,又击败大西军,射死张献忠,取得大捷,立下大功。然而,当豪格胜利归来等着封赏时,却被人诬陷,多尔

衮乘机将他定罪，被幽禁后猝死。

多尔衮的野心渐渐膨胀起来，凡是他看不顺眼的人被他一个个地整下台了。与多尔衮同居摄政王之位的济尔哈朗，刚开始就很知趣地让出权力。但是，多尔衮是个小心眼儿。他还记恨着济尔哈朗曾经依附过豪格，于顺治四年把济尔哈朗罢职，顺治五年降为郡王，被排除在决策层之外。而且，两黄旗大臣也不断遭到多尔衮的压制排挤，降爵革职，势力渐弱。

皇上永远是皇上，即使年龄小，也是皇上，不把皇上放在心上的人永远是会犯错误的。阿济格向来没把福临放在眼里，有一次竟将福临称为“八岁小子”，索尼对这种不尊敬皇上的做法极为不满。他把这情况给多尔衮说了，多尔衮并不理睬，反而聚集众大臣商议分封诸王，索尼对此坚决反对。

顺治的老妈庄太后是个聪明的女人，她生怕多尔衮会废帝自立，就一味地忍让多尔衮，并多次提出给皇帝请老师，可多尔衮总是装作没听见。他这是有意让顺治荒于教育，打算让他无知无学，免得自己的权力被削夺。顺治的老妈呢，完全是妇人之见，她总是给多尔衮戴高帽、加封号，使其不好意思废帝自立。结果，二人的关系却让人们八卦了起来。

多尔衮大权在握，穷奢极欲，顺治皇帝和他老妈只有低声下气的份了。多尔衮最初被封为“叔父摄政王”，后来是“皇叔父摄政王”，再后来是“皇父摄政王”。至此，多尔衮的地位已经到了极限，要是再加封的话，只有当皇帝了。大权在握的他，穷奢极欲，作威作福。同时，也造成了关内关外，只知有摄政王，不知有小皇帝的局面。

随着年龄的增长，顺治的不满情绪也与日俱增。其实，顺治帝早就对多尔衮不满，只不过当时自己年幼，再加上没有实权，所以

没有机会报仇。

为了顺治,孝庄付出太多,当时的摄政王多尔衮总揽朝纲,名声远扬海内外。孝庄看到多尔衮势力的日渐壮大,她准备以身相许,借以笼络多尔衮。在多尔衮的帮助下,福临顺利登基。不久,多尔衮的妻子辞世,于是朝中范文程等大臣乘机鼓动皇太后与摄政王合宫,正式结婚。

作威作福,势焰冲天的多尔衮终究逃脱不了死神的召唤。顺治七年,多尔衮前往喀喇城围猎时,忽然得了一种咯血症。没过几天,多尔衮就死了。顺治辍朝真悼,追尊多尔衮为"诚敬义皇帝"。

多尔衮对于顺治来说,就是该被千刀万剐的,顺治恨他恨得已经是无以复加了。多尔衮杀了顺治的大哥豪格,这还不算,他见豪格的老婆漂亮,就把人家霸占了。这让顺治无法忍受。而且,顺治帝被多尔衮当作提线木偶耍了八年之久,这使他的仇恨就更深了。

顺治八年,顺治御太和殿宣布亲征。这年他才十四岁,然而,他坐在大殿上指挥诸将,很有天子威仪。他准备反攻倒算,收回皇权。并谕告大臣,凡是重大的事情一律上报于他,由他亲自处理。同时,他把多尔衮王府内的印信和档案都收回宫内;然后又以谋乱之罪将多尔衮同母兄武英郡王阿济格监禁。

俗话说,上梁不正下梁歪,此话一点儿都不假。多尔衮本来就不是一个正派的人物,把孤儿寡母玩弄于股掌之间,然后自己作威作福。现在多尔衮死了,他以前的一些亲信们也开始像墙头草一样,倒向了顺治帝,有些就投到济尔哈朗的门下。

多尔衮原来的一个亲信怕顺治帝清算自己,就装作老好人到顺治面前把多尔衮给出卖了。多尔衮死后,他原来的亲信、正白旗议政大臣苏克萨哈怕自己也被顺治帝清算,就按捺不住了,他到

顺治面前首告多尔衮死后，将私制八补黄袍等御用服饰置于棺材内，生前还曾欲迁两白旗移驻永平府。顺治听了这个消息，高兴至极，立刻命诸王大臣审理。

多尔衮死后还被鞭尸，是命中注定，还是自作自受？正白旗护军统领苏克萨哈向告状说多尔衮生前有谋逆的行为，就坡下驴，决定追夺多尔衮的“诚敬义皇帝”的名号，鞭尸。据说，当时多尔衮的尸体被挖出来，被人用棍子打，用鞭子抽，最后砍掉脑袋，暴尸示众后，焚骨扬灰。

多尔衮无子，只能向自己的弟弟要来一个孩子当儿子。顺治对多尔衮恨之入骨，多尔衮死后，多尔衮家族被严厉打击，多尔衮弟弟的孩子多尔博被还给弟弟。直到乾隆皇帝给多尔衮“平反”，多尔博才重归多尔衮一系，其后人仍袭睿亲王的爵位。

多尔衮生前只有一个女儿。崇德二年，多尔衮娶了朝鲜宗室女子做自己的小老婆。这位朝鲜女子是多尔衮征服朝鲜后带回盛京的。引人瞩目的是，这位朝鲜姑娘在第二年给妻妾成群，却始终没有一儿半女的多尔衮生了一个女儿东莪，是多尔衮唯一的血脉，这一年多尔衮二十六岁。

爱新觉罗·东莪，多尔衮给他独生女儿起的名字。东莪这个名字，是多尔衮为纪念其长姊东果公主(东果为东果格格夫家的部落名和姓氏“董鄂”，不是其名)所取的名字。在多尔衮死后，东莪被顺治下旨交于信郡王多尼府中看管，这是清史中关于这个女孩子唯一的记载，此后，史册中再无任何记载，此人不知所终。

顺治帝为了加强皇权，限制了内务府很多权力，然而他自己却不能以身作则。顺治帝实际上非常宠幸宦官，所以他以前提出许多限制太监们的制度也没有彻底地执行。渐渐地，太监们对限制他们的政令开始熟视无睹，权力也逐渐增大。最终导致了外官

陈之遴、吴惟华、陈维新等人与太监吴良辅勾结、行贿受贿之事。

顺治帝非常痛恨贪官污吏，主张严惩贪官。由于清初对吏治败坏之祸国殃民认识很深，多尔衮把持朝政时就一直强调严惩贪官。顺治帝亲政后，继承和发展了这一方针，并且屡下严谕。从顺治八年到顺治十七年，短短的十年间，顺治严惩贪官四十余人，分别处以降级、革职、处死等惩治。他还下令官员们互相监督，向各地派出大量御史，作为皇帝的"耳目"。

顺治是一个善于跟随成功者的脚步的皇帝，他很赞同前朝朱元璋诛戮大臣，以重法治世的经验。顺治决定要跟随前朝朱元璋的脚步，严惩贪官。但是，自古以来，贪官问题都是屡禁不止的，惩贪与澄清吏治的其他问题一样，终顺治一朝，都没有解决好。

顺治可以说是一个贤明的君主，为了使清王朝长治久安，他积极吸收汉民族文化，重视汉官，使清朝的基业得以巩固。同时，他对违法犯罪行为，给予了严厉打击，极力反对官商勾结，榨取人民的血汗，并重视农业生产，大力发展农业。所有的这一切都有利于清朝的巩固与发展。

顺治是一个善于发现人才、提拔人才的好领导。顺治认为，光惩治一些有问题的官员不行，还必须笼络一些好的官员为自己办事。为此，他还颁布了一些制度。有时候，他还将自己随时发现的人才越级提升。一天，他微行入翰林院，见庶常胡兆龙独自学习清书(满文)，他当即传旨"超升学士三级为侍读"。

顺治很重视官员的考核。顺治十年正月与顺治十六年正月先后以大计考核全国地方官员，根据官员的不同表现作出留任或降职等不同处理。经过十年的考核，约有近千名地方官受到革、降、调的处理。除了考核外官外，他又于顺治九年五月确定以京察考核京官，六年一次，定为制度。为了锻炼官员，他还实行官员内升

外转的办法。

顺治一再下令禁止八旗子弟的“圈地运动”。由于满族是游牧民族,所以他们一度争相圈占土地。清初入关后,京畿地区大量土地划分给了八旗,以维护其利益。但是,这样却造成了圈地的恶果:圈地使社会生产力遭到破坏,社会秩序也动荡不安。有些耕地也变成了牧场,致使良田荒芜,土地萧条。顺治亲政后,不仅禁止圈地,还扩大了耕地使用面积。

顺治虽然是游牧民族出身,但他深知中国是一个农业大国。如果以游牧民族的只注重游牧的思想来治理国家,势必会造成国家动乱。他认识到,农业生产的好坏,直接影响着封建社会的统治,而农业生产的发展和可耕地面积的多少有着直接的联系。国家必须保证这种生态平衡才能长治久安。

顺治能够体会民力艰难,善于体恤民心。顺治决定永远不再向江南征收橘子,不能因为自己的一时嘴馋而骚扰百姓。他永免江西进贡龙碗、四川进贡扇柄等,不能因为皇家的一点奢侈需要而让老百姓苦累。他决定修造宫殿就地取材,不再用山东临清烧造的城砖,以此来减轻百姓的运输之苦。

孙可望和李定国都是张献忠的义子,兄弟二人在西南有一定的影响力。张献忠被豪格射死后,孙可望与李定国率大西军余部进入云南贵州一带,队伍又日益壮大,建立了以昆明为中心的政权。

李定国是一个军事奇才。李定国十岁从军,在张献忠手下的时候功勋卓著,二十四岁时便成了张献忠“大西”政权的第三号人物,地位仅次于兄弟孙可望。他随孙可望到云贵开疆拓土,功劳要比孙可望大多了,为此一路“走红”。然而,“人怕出名猪怕壮”,这却招致了兄弟孙可望对他的妒忌。

李定国英勇善战，越来越红了，清廷为之震撼。顺治九年(1652年)，李定国请缨出击南下清军，在桂林外围大败清定南王孔有德，后来又逼得孔有德自杀身亡。李定国出师半年，拓地千里，势如破竹。清廷为此非常震撼，特派敬谨亲王尼堪为定远大将军，统领精锐部队15万人，与李定国大战。谁知，李定国善用谋略，连尼堪也被斩杀了。

顺治年间爆发的第二次反清高潮是李定国斩杀清廷两大名王之后。李自成和张献忠遗留下来的军师力量与第三个南明朝形成联合抗清阵线。尤其鼓舞人心的是李定国的节节胜利，又连杀清廷两大名王。为此，国人振奋，迎来了第二次抗清斗争高潮。

孙可望由于自己的私心而众叛亲离，最后投进了清军的怀抱。孙可望是南明的实权人物，但是此人是个小心眼儿，妒忌兄弟李定国比自己强。于是，他不但不配合李定国继续收复国土，还令冯双礼部偷袭李定国。哪知李定国不仅击败了冯双礼，还收服了他。自此，二人的矛盾更加激化。后来，孙可望为了一官半爵之争，逆人心而为打败李定国后投清。

南明皇帝永历帝竟然死于缅甸。自从李定国部被兄弟孙可望大败后，大西军元气大伤，从此一蹶不振。李定国的抗清形势急转直下。顺治十六年又派清军三路会师，进军云南，攻陷昆明。永历帝朱由榔逃往缅甸。顺治十八年吴三桂进入缅甸，永历帝被俘，处死军前。自此，明朝统治者就此断绝。

顺治在十四岁亲政时，还是一个“文盲”。多尔衮摄政期间，故意疏忽对顺治的教育，不给他延师典学，想让他做一个无知无学的傻皇帝，以便于自己揽权。再加上少年天子贪玩嬉耍的天性，顺治在十四岁亲政时，阅读诸臣奏章时竟然茫然不解。

顺治虽然在亲政以前没有好好读书学习，但他并不是一个懒

惰的皇帝。顺治是一个勤奋好学,励精图治的皇帝。在亲政以前没能好好的读书学习,亲政以后,为了治国理政,在他亲政的十年间,读书非常勤奋。除了处理一些军国大事以外,大量时间都在读书。为此,还曾经读的呕血。

顺治是中国历史上罕有的饱学之君。顺治在短短的九年中,遍览群书,博古通今,熟谙经史子集、诗文曲赋,通晓治乱兴衰古今历史,且书画双妙,诗文皆工,精通儒释真谛。

顺治大力提倡忠孝节义,为此还头脑发热了一回。顺治一再下令旌表各省的"忠孝节烈"之人,并注重实行满汉一致。他还特为"身殉社稷"的崇祯帝朱由检立碑,赞扬他"励精图治",追谥为"庄烈愍皇帝"。对于"从君殉节"的明司礼监太监王承恩,顺治帝更是赞扬备至,而且还为其立碑致祭赐谥为"忠"。

顺治是个性情中人,勤学善思,尤其是笃信佛教。顺治的老妈孝庄太后是蒙古族人,自幼受到佛教的熏陶,这对顺治后来笃信佛教也有影响。为此,顺治对佛教的一些理念特别留心。

顺治非常喜欢佛法,对僧人也格外宠眷。顺治是在太监的怂恿下开始向一些渊博的名僧请教佛法的。自从顺治向憨璞聪和尚请教佛法以后,对佛教愈信愈虔,愈修愈诚。后来,顺治还请龙池派名僧玉林琇、茆溪森、木陈忞等来京,请他们在宫里论经说法,并且对他们格外宠眷,还不断地给他们加封。

顺治日理万机,常常被弄得疲惫不堪,但他渐渐地在佛家意境之中找到了蕴藉。顺治在众多僧人的影响下,在佛教中沉醉而不愿接触凡尘。那些僧人们也借此多方讨好皇帝,这位年轻的皇帝越来越感到佛学的玄妙,对佛教的信仰也愈加虔诚。

顺治沉迷于佛教,还让龙池派名僧玉林琇为自己起了一个法名。顺治请玉林琇为自己起法名。玉林琇不敢起,再三推辞后,顺

治便不高兴了，强制性地让他起，并且要求玉林琇为自己起一些“丑些的字眼”。玉林琇谢了十几个字进览，顺治自选“痴”字，下用龙池派中的“行”，即法名“行痴”。

顺治不仅笃信佛教，还一度萌生过出家的念头。一次，顺治对木陈忞说：“我认为我的前世一定是一个僧人，要不然我怎么一到佛寺就觉得僧家窗明几净，就不愿意回到宫里了呢？”他还说要不是怕老妈挂念，他就要出家了。但在木陈忞的劝阻下，才没有真正付诸实践。

顺治面对后宫佳丽三千，一生最爱的却是内大臣鄂硕之女董鄂氏。顺治先后册立两位皇后，一位是庄太后的之女博尔济吉特氏，后来因与顺治性格不合而被废掉了；一位是前皇后的侄女，也没有得到皇帝的垂爱。

相传有一天，顺治皇帝做了一个梦，梦见自己来到一个关外的一个小镇，在小镇村口的树旁，见到了一个姿色美丽的女子。当他走近时，那女子突然消失不见了。醒来之后，顺治下令让人寻找，后寻找到的就是佟佳氏。

顺治非常宠爱董鄂妃，在册立她为妃的典礼上，还特意颁诏。相传，顺治独爱董鄂妃的原因是董鄂妃比宫中其他满族女子更妩媚。顺治本来说是要封她为皇后的，但是自己已经废过一个皇后了，如果再废立新，恐怕朝野上的闲话就多了。不能封心爱的女人为皇后，但他在封妃典礼上颁诏，而在清朝制度中是绝无封妃颁诏先例的。

董鄂妃是一个很会调教老公的女人。董鄂氏与顺治两人情投意合，恩爱无比。董鄂妃还特别贤淑，是顺治的贤内助。董鄂妃常常竭力襄助顺治励精图治、勤理国政，并时常劝说顺治，处理政务要服人心，审判刑事案件要慎重。就连宫女太监们犯错时，她也往

往为他们说情。

董鄂氏为顺治生过一个皇子，然而很快就夭折了，董鄂妃也因此一病不起，很快就香消玉殒了。董鄂妃为顺治生一子，排行第四。顺治本来就很宠幸董鄂妃，何况她的肚子又特别争气，生的还是皇子。顺治帝爱屋及乌，认定这个皇四子就是皇位的继承人。但是，这个小家伙出生才三个月便死了。董鄂妃为此受到致命打击，自此一病不起，没多久也死了。

一个九五之尊的皇帝竟然为了一个妃子而寻死觅活，顺治帝在皇帝排行榜上当居榜首。董鄂妃病死后，顺治帝痛不欲生，辍朝五日，不理政事。从此之后，顺治帝独居养心殿，从早到晚都在悲痛，有时还孩子气地寻死觅活，连江山也不要了。为此，人们不得不昼夜看守着他，使他不能自杀。

曾经励精图治，懂得收服民心的顺治帝为了一个死去的妃子总是做出一些雷人的事情。顺治帝追封董鄂妃为端敬皇后，在景山建水陆道场，为董鄂妃大办丧事。他还怕董鄂妃在阴间太过寂寞，无人伺候她。为此，顺治下令将宫中太监与宫女三十人赐死，让他们在阴间伺候端敬皇后。并且，全国服丧，官员一月，百姓一日。这些都是超乎常制之举。

顺治帝在董鄂妃死后，又一次萌发了出家的念头，并且真的剃了头发，还差一点害死一个僧人。顺治在董鄂妃死后，在佛学理论里找寄托，且再萌出家之念。后来，他决心出家，由茆溪森为自己剃度，成了光头天子。当茆溪森的师父玉林琇听说徒弟为皇帝剃发后，大为恼火，让众人拾柴薪，要烧死徒弟，以此来阻顺治出家。顺治只好作罢，茆溪森才免死。

顺治刚亲政的时候，的确是雄心勃勃，改革弊政，发展经济。但是，毕竟是国家新立，民穷国困，虽然日夜操劳，也感到力不从

心,致使他身心兼损。而今,董鄂妃也死了,他的精神世界里突然空虚了,再也振作不起来了。不仅荒废了朝政,连身体也变得一天不如一天了。

关于顺治的死有很多说法,但有些不靠谱。比如,正月顺治上早朝时,看起来神态还正常,身体健康。第二天早上,养心殿却突然传出了他死去的消息。从他死到下葬,大臣们都没有见过他的遗体。临死前,他也仅仅留下一句话:立玄烨为皇太子,由鳌拜等四位大臣辅政。

顺治的死是由身体与精神上的双重折磨而致。顺治每天都要处理堆积如山的奏折,又缺乏锻炼,身体极其虚弱,他所喜爱的儿子的死对他来说也是个沉重的打击。而董鄂妃的死更是让他万念俱灰,终日郁郁寡欢,如同行尸走肉。此后不到半年的时间里顺治又染上了天花,最终于初七日半夜死在养心殿,年仅二十四岁。

关于顺治的死还有一种说法,即是说顺治被郑成功炮毙于厦门。有人密报郑成功,说顺治皇帝是在厦门思明港被炮轰而死的,大将军达素不敢公布这一消息。京城查不到顺治的下落,便召达素回京,达素畏罪自杀。后来皇太子玄烨即位,朝廷为掩盖真相宣布顺治驾崩。

顺治的死还有一种说法:孝庄害死了董鄂妃,顺治心灰意冷之下,以病逝为托词,到五台山出家为僧。而孝庄害怕这件事被天下人知道,就假借顺治的名义,伪造了遗诏。遗诏中的种种自责,无疑是孝庄强加给顺治的莫须有罪名。

关于顺治的死还有个比较迷信的说法。顺治年间,一个叫张宸的官员在自己的笔记中谈到,正月初七这一天,朝廷传旨不允许民间炒豆,不许点灯,不许倒垃圾。这些禁忌只有在皇帝“出痘”的情况下才会出现,所以有一些史学家认为顺治死于天花。

传说元明清三朝是被自己咒死的：一，元代专用于大典、登基的正殿取名“大明殿”，结果元亡于明；二，明代的朝门叫“乾清殿”，结果明亡于清；三，崇祯在卢沟桥建行宫，分别取名为“永昌”“顺治”，不久逼其上吊自杀的李自成年号即为永昌，清世祖福临的年号即为顺治。这是历史巧合，还是天注定？

孝庄也是中国历史上不可多得的女子。她拥有超人的谋略，关于福临玄烨的传说均出自于她身边宫女之口。都说福临出生时拥有奇异非凡之处，这很大一部分是孝庄的精心策划，是她为福临和玄烨的登基做好有力的铺垫。

清朝的剃发制度在当时引起了巨大的不满。满族把他们的生活习惯强加于汉族，汉族人民为此怨声载道。但满洲贵族没有从实际出发，执意执行剃发制度，并警告汉族人民：“一人不剃发全家斩，一家不剃全村斩！”他们将反抗者的头颅集中起来恐吓百姓，使得汉族人民“谈剃发变色”。

清朝“留发不留头，留头不留发”的规定，让汉人无法接受。汉人认为，身体发肤受之父母，不可有丝毫损伤。但是，有一个叫孙之獬的明朝降臣上书皇帝说汉人也应剃发，所以剃发令一出，汉族人民纷纷造反，满洲铁骑则大兵压境。结果双方数次交战，汉人多次失败。

顺治帝福临虽然拥有远大的理想和乐于进取的精神，但是刚愎任性而且容易动怒。他的母亲孝庄对其极为了解，告诫他做事要心平气和，冷静对待。

顺治帝即位不像他的爷爷和老爹那样需要南征北战，此时的大清朝已入主中原，拥有了比较稳定的基础。顺治即位前，皇太极统一了整个东北，建立起关东一统的大清帝国。这时的大清朝，雄心勃勃，兵锋屡指关内，意欲逐鹿中原，统一华夏。顺治这个年号反

映了清人当时想要实现“治国顺利，华夏一统”的愿望。

顺治对董鄂妃的爱到底有多深？他俩之间的爱情，不仅仅是男欢女爱，更多的是一种心灵上的心有灵犀。正因如此，董鄂妃的死对顺治是一个沉重的打击，让顺治开始怀疑生命的真谛，并由此产生了当和尚的想法。

顺治帝还有一个干爷爷叫汤若望。顺治亲政后，汤若望不仅给皇太后治好了病，还给福临未婚皇后博尔济吉特氏治好了病。庄太后非常感激，就请他参加皇帝的大婚典礼。庄太后尊汤若望为义父，福临自然不能够乱辈分，就尊称他为“玛法（满语：爷爷）”。

汤若望是德国传教士，知识很渊博，顺治帝非常喜欢他。汤若望漂洋过海，来到所谓的大清帝国，将西方的许多先进科技带到了清朝。当时的皇帝对这些东西萌生了极大的兴趣。于是，汤若望从一个西洋人迅速成为一个清朝大臣，位居高层。不可否认，汤若望在促进中西方文化交流方面作出了巨大贡献。

顺治帝与汤若望的关系非常密切，还允许其随时进入内廷。顺治帝一方面向汤若望请教天文、历法、宗教等学问，另一方面向他请教治国之策。顺治曾两年中24次亲访汤若望的馆舍，作为师友促膝交谈。汤若望还曾向顺治先后呈递了300多件奏帖，陈述自己的建议和见解，其中有很多还被顺治采纳。

关于董鄂妃到底为何方神圣的说法有很多很多，有一种说法是说她是明末清初的秦淮名妓董小宛。豫亲王多铎出兵占领南京后将她带回，后为了讨好皇上，特意将其献给顺治。还有一种说法说她是被南下的洪承畴俘获的。看到如此美丽的女子，洪原来想独自霸占但董鄂妃宁死不从，无可奈何，他才将她送入皇宫。

关于董鄂妃还有一个传说。一些历史学家认为孝献皇后是襄

亲王博穆博果尔的妻子，而博穆博果尔是顺治帝同父异母的弟弟。清初有命妇轮番入侍后妃的制度，由此，持孝献皇后的前夫是襄亲王观点的人认为，亲王的福晋是命妇，是要入宫服侍后妃的，这给顺治帝与弟媳相识热恋提供了机会。

女人当中有自我牺牲精神的人太少，贞妃董鄂氏为了保全自己的家族，毅然决定牺牲自己为顺治殉葬。一个花朵般年纪的姑娘，在不到半年的时间里，接连失去了自己的姐姐和丈夫。更悲哀的是，贞妃从来就没有像堂姐一样获得过顺治的宠爱和被赐予荣华富贵，但当一切完结的时候，她却要做他们爱情的牺牲品。

索尼在历史上是一个不得不提的人物，他辅佐三代君王，建立了赫赫功勋。其出身赫舍里氏，满洲正黄旗人，是清朝的开国功臣之一，一等公爵，是由孝庄皇后钦定的四位辅政大臣之首。他的孙女赫舍里氏后来成为了康熙的皇后。索尼死后，儿子索额图继承其职位和爵位。

苏麻喇姑出生于蒙古，是个地道的蒙古人，最初名字叫苏茉儿，或苏墨尔，为蒙语的音译，意思是毛制的长口袋。顺治晚期或康熙年间改称满名苏麻喇，意思是“半大口袋”。她病逝后，宫中上下都尊称她为苏麻喇姑。

可能苏麻喇姑自己也未想到，在自己死了几百年后，她又被人们折腾了一番。八国联军进攻北京，慈禧太后携光绪帝出京西逃。当地的老百姓都以为大清国倒了，于是一哄而起，就把苏麻喇姑的园寝给拆了。

汤若望对于康熙的即位起了重要的作用。顺治在病重时，并没有打算让玄烨即位，他可能是因为四位皇子年幼，曾想立一位堂兄弟即位。而庄太后和亲王们都反对，主张立皇子。顺治即想传位年龄居长的次子，但庄太后看好三子玄烨，于是顺治就想汤若

望征求意见。既然干女儿庄太后就说话了，当老爹的也不好说了，汤若望也向顺治推荐玄烨。

顺治帝答应汤若望立玄烨为帝，是因为汤若望提出玄烨不会再出天花了。顺治帝并没有打算立玄烨为帝，汤若望却提出玄烨已经出过天花，再不会被“这种恐怖的病症”侵扰了。就因为这，顺治当即接受了汤若望的建议，决定在遗诏中立玄烨为帝。这个决定，改变了以前由八旗王公大臣共议新君的旧制，而改由皇帝立储。

顺治制定的四位辅政大臣都不是宗室出身，而是异姓大臣，他这是有良苦用心的。玄烨年幼，无法主持朝政，于是顺治命索尼、苏克萨哈、遏必隆、鳌拜为辅政大臣。清初之前的辅政大臣，都是八旗宗室、皇亲国戚。现在顺治如此做，是不想让亲王摄政、幼主受挟持致使皇权分散的悲剧在自己儿子身上重演。

第四章

我真的还想再活五百年

——清圣祖康熙帝时期

顺治十一年(1654年)三月,爱新觉罗·玄烨出生,即康熙帝,清朝第四位皇帝、清定都北京后第二位皇帝。

康熙五年(1666年)正月,辅臣鳌拜与苏克萨哈因换地相争,自此鳌拜专权。

康熙八年(1669年)五月,诏逮捕鳌拜交廷鞫。

康熙十二年(1673年)十一月,吴三桂杀巡抚朱国治,举兵反叛。

康熙十四年(1675年)十二月,立皇子胤礽为太子,遣官告祭天地太庙社稷,颁诏中外,加恩肆赦。

康熙十七年(1678年)三月,吴三桂在衡州(今湖南衡阳)称帝,年号昭武。

康熙二十年(1681年)十一月,定远平寇大将军等率军入云南,吴世璠自杀,三藩之乱彻底平定。

康熙二十八年(1689年)七月,派索额图与俄国使臣会谈于尼布楚,签订《中俄尼布楚条约》,确定中俄东段边界。

康熙三十六年(1697年)四月,费扬古疏报闰三月十三日

噶尔丹仰药死。

康熙四十四年(1705年),康熙帝与罗马教廷发生冲突,倾向禁教。

康熙五十五年(1716年),准噶尔部策妄阿喇布坦祸乱西藏。

康熙五十九年(1720年),册封新胡毕勒罕为六世达赖喇嘛,结束了五世达赖喇嘛之后的西藏宗教领袖不定的局面。

康熙六十一年(1722年)十一月,康熙帝不豫,还驻畅春园。命皇四子胤禛恭代祀天。病逝。即夕移入大内发丧。遗诏皇四子胤禛即位,是谓雍正帝。

关于玄烨生母的传说已经流传了几百年。佟娘娘确有其人,她是佟图赖的女儿,他的兄长是佟国纲,弟弟是佟国维。佟娘娘生于公元1640年,十三岁入宫,为顺治皇妃;顺治十一年生皇子玄烨,康熙登基时,被立为太后。佟妃娘娘对历史的最大贡献就是生了一代贤主——康熙。

玄烨的童年是灰色的,不幸福的。玄烨六岁时出痘被送出宫外,与老妈分离了很长时间,并没有得到多少母爱。而老爹顺治呢,一心扑在董鄂妃身上,老妈佟妃并不得宠,而玄烨自然也没有得到老爹的关爱。玄烨好不容易回到亲人身边,却在八岁时死了老爹,十一岁时死了老妈,童年生活很苦。

康熙是个麻子,却也是他登上皇位的一个有利因素。老爹由于不喜欢老妈,康熙自然也不能受到老爹的关爱。但是奶奶却喜欢自己,再加上奶奶的干爸爸汤若望的支持,登上皇位就容易了。汤若望的理由很可笑,他说玄烨平安地出了痘,虽然留下麻子不

是很好看，但是玄烨对当时这种最可怕的疾病却有了终身免疫力，反倒是玄烨的优点。

玄烨能够健康的成长，得感谢他的奶奶皇太后。孝庄教育儿子不咋地，至少在顺治的婚姻问题上，孝庄并不是一个成功者。她只能眼睁睁地看着自己的宝贝儿子为了一个女人而寻死觅活。更可悲的是，儿子还是死于思念儿媳上，每当想起这些，她心里就不是滋味。但孝庄教育孙子还是有一套的，她把更多的精力投入到小皇孙身上，担任起对其教育的责任。

玄烨虽然在小的时候出了痘，脸上留下了几个细小的麻点。但是瑕不掩瑜。玄烨五官端正、双目有神、口齿清楚、举止庄重，仍然是一个人见人爱的小帅哥。所以，孝庄一直认为这个小家伙将来一定会有出息的，她为此倾注了很多心血。

对玄烨来说，孝庄是一个慈爱的奶奶，也是一个严厉的奶奶。奶奶对玄烨很慈爱，但是也处处从严要求。不管是吃饭，还是一言一行，玄烨都得照规矩和礼仪而行，稍有疏忽的地方，就会受到奶奶的责备。尤其是在政务方面，奶奶总是时时给予指点，授以方略，使他学会处理各种复杂的问题。

玄烨遗传了他老爹聪颖好学的基因。玄烨五岁时就依照清朝的制度，随众上朝，还站班当差，并入书房读书。玄烨读书十分认真，从来不开小差，做小动作之类的。他还勤学好问，每天读书都读到深夜，从来不感觉倦怠。长大后的康熙，更是知识渊博，通古知今，这都是他日积月累刻苦学习的结果。

玄烨即位后的年号是有深意的。顺治十八年，顺治帝病死养心殿，玄烨即位，年号康熙。康，安康，康宁；熙，熙攘，熙盛，兴旺，意思是国家安康和平、天下黎民熙盛兴旺。可见，康熙的使命很大一部分已经成为保江山，而不是打江山。后来，康熙果真没有让他

的老祖宗们失望。

康熙是一个文武双全的皇帝。康熙一方面在奶奶孝庄的教导下如饥似渴地学习文化知识，一方面还接受严格的军事训练。骑马、射箭本来就是满族人的强项，也是康熙军事训练的主要科目，他练就了一身过硬的骑射功夫。到了盛年时，他能挽弓十五钧，发十三把箭，能左右开弓，每矢无不中的。

玄烨早在幼年时就显示出了远大的志向。在玄烨六岁时，也就是因出痘被送出宫之前，有一次，他同诸兄弟向老爹问安。顺治想试试儿子们的各自志向。老二福全说他将来想当个贤王。老五常宁才三岁，还是个小晕乎呢，他不懂老爹的意思。问道玄烨时，他朗朗答道："我长大以后，要向父皇学习，为国家尽力！"

传说康熙的老师是一位汉人。这个汉人多次参加全国高考，但是屡战屡败，复习了无数次，可命运就是不青睐他。但是，上帝为他关了一扇门，却又为其打开了一扇窗。懊恼之余，这个汉人准备回家复习来年再战。途中他被一帮神秘人带走，说是要他当一神秘人的老师。这一教就是六年，后来他才知道所教之人就是康熙。

年幼的康熙是孝庄一手拉扯大的，为了维护孙子的地位，她多次凭借个人魅力来平衡朝廷上的权力关系。孝庄对康熙的教育十分严格。她并没有从其家族中选皇后，而是钦选索尼的孙女做皇后，借此来牵制鳌拜。这体现了孝庄的用心良苦。

鳌拜是一个直性子的人，是啥就是啥，绝不拖沓。皇太极死后，多尔衮掌握实际的权力，鳌拜完全可以投奔多尔衮保全自己，但是他没有，他觉得自己可以不用依附任何人活在世上。他对故主皇太极忠心耿耿，一片赤诚，而对福临也始终坚守臣节。可是，当了康熙的辅臣后，他就慢慢变了。

索尼的一生都在为清朝贡献自己，多尔衮死后，顺治让他恢复原职，重任首府大臣。索尼一生兢兢业业，严明法度。他提出过一个重要建议：除了开国元勋的官职可享受世袭，今后如果没有特殊的战功，不要有赐世袭的待遇。这在当时的社会是一个很大的进步。他还主张发展生产。

索尼晚年身患重病，几乎不上朝。少了首府大臣的干预，鳌拜开始变得横行霸道，不可一世。当时康熙年龄还小，没办法对付鳌拜，为了尽早让康熙登基，掌握实权，索尼提出让康熙尽早亲征。但康熙却不想尽早登基，可能是他觉得时机还未到。

索额图在清朝的历史上也留下了浓墨重彩的一笔。索尼的三儿子索额图最光宗耀祖，他遵从父亲的家训，智擒鳌拜；在平定吴三桂等叛乱中，他正确贯彻玄烨的意图，与俄罗斯使臣进行边界谈判，并运用谈判和军事文武两手，签订《尼布楚条约》，实现了边境和平；他还平复了噶尔丹叛乱等，为祖国统一和领土完整作出了重要的贡献。

四大辅臣里面索尼的年纪最大，地位也最尊贵。一时间，巴结索尼的人是络绎不绝。鳌拜自认为自己劳苦功高，和许多官员相互勾结，拉拢朝中大臣，有忤逆之心。苏克萨哈却是目光短浅，和索尼、鳌拜的关系不是不好。索尼与鳌拜是当时说话最有分量的两个人。

索额图的升迁并不是凭他的老爹，而是凭自己的实力打拼来的，其老爹只是其进入朝廷的引路人。几十年的官场生活里，他的官路一直亨通，康熙八年八月，索额图升任大学士，康熙九年索额图改为保和殿大学士，一直到康熙十九年八月离任。在这十年中，他成为朝廷里最有权势的大臣，在平定“三藩之乱”，稳定全国动荡的局面中，发挥了重大的作用。

有时候皇上的心思是不好猜的，就算猜来猜去也猜不明白的。有一次,索额图就没猜中康熙的心思。吴三桂叛乱的时候,天下的局势开始动荡,索额图认为这是因为撤藩引起的,引来康熙对他的大骂。但还好他没有记仇,在后来平定三藩中,仍是积极出谋划策,协助玄烨运筹帷幄。

索额图是太子派,为了讨好太子,可谓煞费苦心。他为太子制定了各种各样的制度,这种制度和皇上所用制度几乎相同。玄烨知道后,极为不满,认为索额图这是在阴谋篡权,便宣布索额图是本国第一大罪人。

明珠也是满洲贵族,只是到他这一代,家族已经不兴旺了,但明珠凭借自己的才能一步一步走向权力的顶峰,和索额图分庭抗礼。刚开始其为兵部尚书时,由于工作出色,被皇上看重。在讨论吴三桂问题上,索额图的意见大致相同,显示出一定的政治远见,使玄烨很高兴,如此索额图得到了进一步的提拔。

明珠在所有的职位上都干得很漂亮,在行政部门、军事部门都任过职,干得都相当的不错,很受康熙的赞赏,这与其后来的步步高升有很大的关系。但功成名就的明珠也开始与他人勾结,形成党派,这是康熙在晚年非常头疼的一件事。

康熙和鳌拜是何时结下的梁子?鳌拜,本来是清朝第一勇士,战功赫赫,但是因为战功赫赫,他开始变得横行霸道,目中无人,时不时对小皇帝大喊大叫。对此,小皇帝也就忍了,但有一次鳌拜故意托病不朝,康熙忍气探望,在鳌拜的席子下看见利刀。这件事以后,康熙下决心要除掉鳌拜。

康熙深知鳌拜骁勇善战,想拿下他并不是容易的事,必须先麻痹鳌拜的警惕性再说。康熙首先依靠长期侍卫他的亲信索额图和明珠,拉拢一部分朝臣。然后,又从满洲子弟中选拔一批勇武少

年，组成宫廷卫队，令索额图率领他们天天在宫里演习摔跤，实际上是训练武功，亦借此麻痹鳌拜。而鳌拜对此并不介意，他还认为康熙胸无大志，只知道玩耍。

制服鳌拜使康熙一炮而红。一天，康熙帝在南书房召见鳌拜，侍卫们给他上了一个断了一个脚的椅子让鳌拜坐。康熙又命人上茶，谁知这茶烫得要死，鳌拜刚喝一口就被烫得大喊大叫，把茶给扔到了地上。康熙大喊："这是对我的大不敬。"这时埋伏在书房外的侍卫们乘机将鳌拜擒拿住。

和硕公主是政治的牺牲品。和硕公主刚开始时极不情愿地嫁给了吴三桂的儿子吴应熊，生有一子。但吴三桂却反叛了朝廷，心狠手辣的康熙忍无可忍，只好把吴应熊和他的儿子给杀了。看着自己的老公和儿子作了国家的牺牲品，和硕公主痛苦不已。她从此心灰意冷，遁入空门，到寺庙里念阿弥陀佛去了！

在康熙把吴应熊爷俩一起杀了之后，和硕公主心灰意冷一心皈依我佛。谁知，没过多久，康熙就听说和硕公主耐不住寂寞，偷偷和和尚搞暧昧。康熙大为震怒，认为这是在败坏皇家形象。康熙偷偷地派人去五台山殊像寺放火，想把和硕公主和和尚一起除掉，但令人惊讶的是和硕公主和和尚安然无恙。

名臣张廷玉的弟弟张某在京为官，老婆姚氏倾国倾城，张某为此很得瑟。有一年，皇太后大寿，诏令汉官命妇同满官命妇一同进宫叩祝。姚氏到了之后，被康熙瞄上了，便被设计给调包了。张某回家后才发现人已不是自己的媳妇了，但却无可奈何，自认倒霉，因为皇上看中的自然跑不了。

满族本是游牧民族，入关前尚处于奴隶社会的晚期，风俗野蛮并未开化，伦理道德观念极为薄弱，干一些乱伦的事再正常不过的了。皇太极最小的女儿因为年幼一直没有出嫁，到康熙时已

成为一个亭亭玉立的美人了。当大臣们建议为她找个好夫婿时，康熙说："我早已纳她为妃，还找什么婆家！"

朱三太子案一直是萦绕在玄烨心头的病，他生怕自己好好的皇位被一个前朝太子给抢了。所以包括玄烨在内的多数人认为这个"朱三太子"是真的朱慈炯，但也有人认为此次抓住的朱慈炯是假冒的，这亦真亦假真把世人弄得晕头转向，到底玄烨最后抓住朱三太子没有，历史已经无法考究了。

其实皇上也有自己最爱的女人，康熙最宠爱的是孝诚仁皇后，可能是太喜欢她了，在她生完孩子死后，康熙马上就封她生的孩子为太子。但这太子不争气，没本事就算了，还老生出问题，康熙对他的错误是睁一只眼闭一只眼，可见康熙有多爱孝诚仁皇后！

康熙到底有多少女人，其实谁也不知道。康熙是清代有名的圣君，在他六十八年的人生中，有子三十五人，有女二十人。在有正式登记注册的子女就有六十五位之多，其余尚有多少隐没无名，则已不知了。康熙光皇后就曾经封过四位！

原本老当益壮的康熙突然去世，死因是什么？有人说，康熙是中毒而死。雍正朝中一个大臣在笔记中记载说，皇上在园子中游玩，突然感觉不适，就喝了一碗汤，然后就死了。有人说凶手是雍正，他认为老爹在位时间太长了，老是不死的话，自己就没法登基。

一个君主对西方的态度决定着这个国家的科技文化水平。刚开始康熙对西方文化也十分感兴趣，向来华传教士学习各方面的知识，对基督教也很有好感，后来他发现一些教派组织开始利用教派人员干预中国内政，大为恼怒，开始抵制西方文化。

弘皙是康熙最喜欢的孙子，胤礽的儿子。弘皙在老爹被废后，

在雍亲王府中生活。据载康熙喜爱孙子弘历,其实是假的,他抹掉了弘皙的历史,将自己喜爱的弘皙给“掉包”了。康熙多次到雍亲王府,所宠爱的皇孙并非十来岁的弘历,而是被选定为继承人的弘皙。

纳兰性德于顺治十一年生于北京,其老爹是康熙时期大名鼎鼎的“相国”明珠,老妈爱新觉罗氏为英亲王阿济格第五女。其家族那拉氏隶属正黄旗,为清初满族最显赫的八大姓之一。纳兰性德的曾祖父名金台吉,为叶赫部贝勒,其妹为孟古哲哲。纳兰家族与皇室的姻戚关系非同一般。

纳兰性德是历史上有名的人物。纳兰性德二十岁结婚,成婚后,夫妻二人相亲相爱,小日子过得非常幸福美满。生活的幸福激发了他的诗词创作。但好景不长,老婆因难产而亡,让纳兰性德痛苦不已。纳兰性德没过多久就又娶了其他女子做老婆。在三十岁的时候,纳江南才女沈宛为妾,著有《选梦词》。

康熙有一次出外巡察,在巡察的路上有一个人晕倒。康熙马上把他扶起来并问他身世,他说自己是一个贫苦老百姓,因为饿得实在不行,就晕倒了,康熙二话没说,赶紧让人拿热饭让他吃。这个人吃过饭之后,精神有所恢复,从这一点可以看出,康熙对百姓疾苦的关心。

康熙为清朝边疆的稳固和权力的加强作出了巨大的贡献。他平定三藩,使饱经沧桑的广东,终于步入恢复期;统一台湾,平定准噶尔汗噶尔丹叛乱,并抵抗了当时沙俄对我国东北地区的侵略,签定了中俄《尼布楚条约》,维持了东北边境一百五十多年的和平。

任何一代君主,不管有多么卓越的功绩,难免会犯一些错误,康熙也不例外。在抵抗外来侵略的一次战役中,康熙派遣黑龙江

将军萨布素成功击退了沙俄对黑龙江流域的侵略，收复了雅克萨城和尼布楚城。但他为了自己和皇室人员的安逸，在承德修建了避暑山庄，供自己避暑、居住，增加了人民的负担，但也为中国留下了宝贵的遗产。

作为一个贤明的君主必定会重视文化和教育的发展，康熙也不例外。康熙曾多次举办科考，创建了南书房制度，亲临曲阜拜谒孔庙，为世人做出了榜样。他还组织编辑并出版了《康熙字典》、《古今图书集成》、《历象考成》、《数理精蕴》等图书、历法和地图。康熙还向来清朝的传教士学习先进的科学文化等方面的知识，并颇有造诣。

康熙是历代君王中能文能武的一个典型。他自幼习武，善于骑射。每次狩猎康熙打的猎物总是最多的一位。康熙曾经自称一天打死了三百只兔子，可见其对自身武力的自信。头天晚上还在做数学题，第二天一早就尽兴驰骋，可见康熙精力之旺盛。

自古以来，一说到蒙古问题，历代君主都感觉头大，但到了康熙这里，简直是小菜一碟。蒙古曾经分为漠南，漠西和漠北三大部分。康熙的曾曾祖父和曾祖父，努尔哈赤和皇太极，经过两代人的努力完全收服了漠南蒙古。康熙通过一系列的笼络措施全完解决了喀尔喀蒙古。解决了蒙古这个两千年来没有解决的历史难题，康熙功绩斐然。

康熙十分重视农业生产。由于明末清初战乱不断，生产力极其低下，康熙从实际出发，采取了一系列恢复和发展农业生产的措施。他下令停止圈地，并六次下江南巡察黄河和水利，修缮黄河、淮河、永定河。康熙的重农治河，兴修水利，使得其在位期间社会生产力迅速发展。

康熙在位时，就制定了“永不加赋”的政策，取消新增人口的

人头税。康熙的这一减税行为不管是在当时还是在后人来看都是符合社会生产规律的，其最终促进了农业经济的发展，使得清朝耕地面积迅速增加，粮食产量大幅度提高，经济作物广泛种植，这些奠定了“康乾盛世”的基础。

康熙即使拥有“一代贤明君主”的称号，也不代表他在任何方面都表现得非常贤明，在某些问题上他也存在着保守落后的思想。他虽然统一台湾，开放了海禁，却禁止南洋贸易。这不利于清朝与外界的海上贸易。他崇尚儒学到了痴迷的程度，尤其是朱熹理学，时不时还制造一些文字狱。

康熙是君王中少有的比较深爱皇后的一个君主。从康熙立皇后所生的一岁皇次子胤礽为太子可以看出。但最后胤礽因身体每况愈下以及在朝中结党而被废。太子被废后众皇子对皇位虎视眈眈，彼此间的矛盾有增无减，因此太子废而复立，但康熙无法容忍其继续结党，三年后再废太子。最终他在临终时传位于四子胤禛。

北方民族一直是困扰中国古代的一个难题。康熙时期冒出了一个噶尔丹，这个噶尔丹真是不让人省心，处处和康熙作对，搞得康熙很是不爽。噶尔丹和达赖喇嘛密谋，乘机夺占南疆地区，还侵占新疆的喀什。当然，被侵占地区的人民不是那么容易屈服的，许多人民纷纷反抗噶尔丹的侵略直至战死。

噶尔丹羽翼丰满之后，便开始了对外扩张的道路。他借口自己的弟弟被杀，分兵攻打蒙古，依靠沙俄对自己的支持，大肆宣扬沙俄军队即将到来。当时许多蒙古部落正在和沙俄进行斗争，噶尔丹借此机会和沙俄里应外合，消灭了蒙古部落。

噶尔丹极具野心，在侵占了北方许多疆土后，又觊觎喀尔喀城。在沙俄的支持和怂恿下，噶尔丹以追寻部落走散的士兵为借口，集兵三万，渡过乌札河。当地人民和士兵奋勇抵抗，后因寡不

敌众,不久就被攻占下。康熙帝一面警告沙俄不要干涉中国内政,一面令理藩院尚书备战,征调科尔沁等部兵至军前,听候调遣,时刻准备着!

乌尔会河之败,使康熙帝意识到噶尔丹的实力不可小觑,要是不彻底把他击败,将会养虎为患。康熙帝决议亲征噶尔丹。他命裕亲王为抚远大将军,皇子允禔为副将军,向被扣出征;恭亲王为安北大将军,出征喜峰口。大败噶尔丹势在必得!

康熙率领清军亲政噶尔丹时,清朝的战争准备并不充足,武器也比较落后,而噶尔丹用的是沙俄为其提供的先进武器。在一次战役当中,噶尔丹取得了胜利,还俘获了不少战利品,认为清朝军队也不过如此。可惜噶尔丹错了,他太小看康熙了,也太小看清朝了,这为他后来的失败埋下了伏笔。

康熙的清军与噶尔丹军队PK时,骄傲轻敌的噶尔丹被康熙打得大败。本来噶尔丹军队已经做好了充分的准备,他摆的军队阵型是历史上比较罕见的一个阵型,叫骆驼阵。清军战士看到如此罕见的阵型后,大部分都心生畏惧,不知所措。但其中有个将领自告奋勇,愿意作先锋。那个将领用红衣大炮狂轰噶尔丹队形,骆驼听到炮声,四处逃散,噶尔丹大败!

噶尔丹脸皮真是厚,打了败仗还不甘心,又派使者和清朝谈判,说只要清朝给他想要的土地他就老老实实地退兵。噶尔丹派使者来索要土地,结果被骂了回去。噶尔丹回到大本营,心里很不爽,他认为自己还有能力。于是,又重整旗鼓,积极联络沙俄。沙俄见这小子如此坚决地想要背叛国家,决定再次支持噶尔丹,让他继续在中国的北疆捣乱。

康熙的本意是希望和平共处,只是噶尔丹太不领情了,屡次在北疆捣乱。打了几次仗之后,康熙认识到战争中最受伤害的是

百姓，于是想和噶尔丹和平共处。他几次派遣使者去说服噶尔丹，希望噶尔丹可以安分守己，不要再捣乱，以维护国家团结稳定。噶尔丹并没有领康熙的情，他认为康熙是在为消灭自己做准备，想要削弱自己的实力。

沙俄支持噶尔丹，也是有自己的小算盘的。噶尔丹已经和沙俄商量好等来年水草丰美之时，沙俄就会为噶尔丹提供大量的资金和武器装备，让他继续在北疆撒野。而沙俄呢，希望噶尔丹把中国北疆搞成一个残局，到时候他们就可以坐收渔翁之利了。

康熙为了防止噶尔丹东山再起，已经做好了充足的军事准备。康熙决定分三路出征噶尔丹：东路以黑龙江将军萨布素为主将，率领东三省主力，会同漠南蒙古科尔沁部作战；西路以大将军费扬古为主将，率领狭甘兵出宁夏，截断噶尔丹的归路；中路由康熙御驾亲征，出独石门，为东、西路军压阵。

正是由于噶尔丹的目中无人，麻痹大意，才会被康熙的清军打败了。噶尔丹知道和康熙争个你死我活是不可避免的，但从未想到清军的军队速度竟如此神速，被吓得屁滚尿流，连夜逃走。他更不曾想到，康熙在半路设了埋伏，等着他上钩。由于准备不足，双方大战之后，噶尔丹死伤无数，又一次大败。

不可一世的噶尔丹曾经也当过“丧家之犬”。被康熙打败的噶尔丹无处可去，觉得自己只能回到老本家休养生息了，但出乎意料的是他的老本家被他的侄子给占领，他只能露宿城外。当时的噶尔丹已是落日黄昏，他想：即使拥有沙俄的支持，我还是斗不过康熙，难道我的命本该如此吗？

康熙也是一个“斩草要除根”的“毒丈夫”。玄烨知道噶尔丹到死都不会和他和平共处。在得知噶尔丹大势已去之时，他决定，对噶尔丹进行最后一次围剿，不留任何机会。于是康熙又一次的御

驾亲征，这时噶尔丹已如丧家之犬，还在幻想着，沙俄可以给自己帮助，但沙俄会再一次的帮助他吗？

皇帝的女儿无用的时候仅仅是个平凡的公主，有用的时候是政治的牺牲品，蓝齐儿也逃不过命运的捉弄。康熙为了缓和与噶尔丹的关系，把蓝齐儿远嫁他乡。当时，蓝齐儿已经有了自己的心上人。可是，他狠心的老爹康熙为了江山的稳固，连自己最心爱的女儿也舍得让其远嫁。就这样，蓝齐儿在大哥胤禔的陪同下，踏上了去往蒙古的道路。

噶尔丹是真心喜欢蓝齐儿的，他被她的美丽与优雅所吸引。噶尔丹虽然不懂浪漫，却会用草原热特有的方式来爱护自己心爱的女子。之后蓝齐儿适应了草原生活，也深深爱上了噶尔丹。她用她的柔情来爱护着噶尔丹。抛去政治，他们拥有一段美好的爱情故事。

一个女人对爱情的极致是什么？两军对垒，即将开战，一边是自己的老爹康熙，一边是自己的老公噶尔丹，支持哪一方都是对另一方的残忍。蓝齐儿也无可奈何，她不知所措，不知道这样的战争能为自己带来什么，她想：人的心有时候为什么会那么狠？面对这样的事实，她只能大喊："别打了，别打了。"

明珠的一生可谓功过相当，掌管国家大事，在议撤三藩、统一台湾、抗御外敌等重大事件中，都扮演了举足轻重的角色。但作为封建权臣，他利用皇帝的宠信，独揽朝政，贪财纳贿，结党营私，打击异己，在封建统治集团的内部斗争中，经历荣辱兴衰，有起有落。

康熙晚年开始治理党派斗争。他命人搜集明珠的各种罪证，但并没有对明珠采取极端手段，而是采取相对仁慈的方式，罢官，清除余党。康熙这样做的目的，从一定程度上说，是牵制索额图党

派的需要，因为朝廷需要一个平衡，不平衡的朝廷对整个国家都不利。

在征服噶尔丹的过程中，明珠因为办事不利，康熙极为不满，让明珠官降四级，吓得明珠不知所措。还好在后面的对付噶尔丹的过程中，明珠表现得非常出色，又得到了皇上的肯定，官复原职。

明珠在任期内奉玄烨之命，以主任之职参与重修《清努尔哈赤实录》、《清皇太极实录》，编纂努尔哈赤、皇太极、世祖《三朝圣训》，以及《政治典训》、《大清会典》、《大清一统志》、《明史》等。其所编之书多为清朝首创，为后代所沿袭，其中《大清会典》是清朝康熙以前各项政治制度的集大成之作。

施琅其实是个不可多得的人才，他原先是郑成功的手下，经过自己的努力，成为郑成功手下最为有才华的将领，深受郑成功的喜欢，成为郑成功部下最为年少、知兵、善战的得力骁将，但是美好的时光并不长久。一次因为和郑成功的意见不合，施琅被免去了职务。

施琅被郑成功免职之后，闲着没事，便回到厦门去看看，正好遇到清军在围攻厦门。这时的厦门守将已经吓得不行，犹如惊弓之鸟，弃城逃跑。施琅见状，立马和清军交手，遇鬼杀鬼，遇佛杀佛，杀死清军马得功之弟，马得功差点被活擒。

施琅杀犯法亲兵惹毛了郑成功，郑成功便抓捕了他的父亲和他的几个兄弟。施琅觉得台湾已经不适合自己，就用计逃跑了。看见施琅跑了，郑成功便把他的老爹和哥哥杀掉。这时施琅对台湾已无眷恋，于是投奔清朝，成为水师提督，后平定台湾，顺利招抚郑氏集团，并上书清廷将台湾纳入中华版图，为维护祖国统一作出了贡献。

台湾的失败很大一部分跟他的领导人能力有关，虽然郑成功还可以，但其后的领导人一个不如一个。后来又出来个郑克臧。郑克臧聪明能干，做事井井有条，从来没有过失，很受郑经的宠爱和信任。郑经病逝后，冯锡范毒死郑克臧，立十一岁的傀儡郑克塽为延平王，遭到世人的唾骂。

台湾毕竟是个弹丸之地，在清军水师大举压境之时，郑氏集团知道自己不是清朝的对手。再加上施琅对清军水师的调教，攻打台湾只是个时间问题。在施琅大军压境之下，郑克塽还算是聪明的，听从了刘国轩的劝告，投向清朝。

在姚启圣为施琅提出的海战方案间，李光地左思右想，头都大了，两人说得都有理，这事太难办了。在二选一的情况下，李光地只能支持施琅。因为施琅是自己举荐的，自己和他是穿一条裤子的，不管是赞同也好，还是被迫也罢。李光地上书朝廷，坚定地站在施琅的一边，全力支持施琅的战术。

施琅的才能是有目共睹的，但他的为人却让人不能恭维。施琅在海战方面拥有比别人更高的理解力，熟悉海上的一切，但是他的脾气总是让他和领导人闹不和，这就太不好办了，和领导人闹不和是会出问题的！他在福建降清，但追随郑成功在东南抗清，后来与郑成功不和，便再度降清。由于他两面三刀，玄烨并不重用他。

姚启圣为了台湾的早日回归，向朝廷举荐了施琅，当时朝廷并不看好施琅，只是姚启圣愿以命相保，康熙这才同意启用施琅。刚开始两人还能和平共处，到后来，可能都想争得夺台第一功，他俩间的矛盾越来越大，直到不可调和。

施琅并不是一个只会带兵打仗的人，也懂得官场之道。在朝廷上，他秘密联络明珠，争取明珠对他的支持。玄烨在攻打台湾问

题上一直看好李光地的意见，施琅便极力拉拢李光地，当康熙征询李光地的意见时，李光地明确表示支持自己的同乡施琅打台湾，于是康熙正式下旨令施琅打台湾。

收复台湾的两个人，一个施琅，一个姚启圣，两个人的结局反差太大，施琅在收复台湾之后，加官进爵，享受荣华富贵，而姚启圣在收复台湾之后一直有人在背后说他的坏话，这些坏话传到了康熙的耳朵里，导致姚启圣不断受到康熙的指责。收复台湾四个月后，姚启圣在极度的愤闷中疽发而亡，死的时候家里穷得已经揭不开锅了。

姚启圣的一生可谓跌宕起伏，在为官的时候，他没有很好地管理好自己的手下，任由他们胡作非为，因为姚启圣离不开他们，姚启圣需要他们为自己服务，为大清服务。除了自己的平台方略，姚启圣没有什么可以依靠的，更可惜的是连他的平台方略都被明珠奉为是玄烨的。胜了是皇帝的，败了是自己的。真悲催呀！

周培公是个孝子，为此还干了一件雷人的事情。在平定甘肃、陕西的叛乱之后，吴三桂的威胁大大减少了，因为他在西北的羽翼被折断了。周培公在这次平叛中立下赫赫战功，但他对奖赏只有一个要求：自己的老妈孙氏以父死殉节，望皇上能给母亲嘉奖。

周培公为大清立下了赫赫战功，康熙怎能不买单呢？由于周培公什么奖赏都不要，只要求朝廷对其老妈嘉奖，康熙竟然答应了。并且对周的老爹和老妈都进行了嘉奖，这在历史上并不多见。康熙还亲自为其的爹妈撰写祭文，规定了祭祀规格，让武昌道参政吴毓珍办理。

周培公的才能犹如当年的张良运筹帷幄，决胜千里。在灭察哈尔、降王辅臣、征吴三桂等战役中威风凛凛，立有不世功勋。周培公的一生，也是跌宕起伏，与大清国、玄烨朝紧密相连，既有幸

运，也有不幸，后人观之，感慨不已。

命运是最会作弄人的，虽然它赐给了周培公一生的才华，但周培公的身体一直是个老大难的问题，一进入东北就开始不断患病。后来康熙想把周培公调到蒙古，攻打噶尔丹，但这时的周培公身体已经不行了，无法再为国家作贡献。在生命的最后一刻他将自己绘制的《清全图》献与玄烨。

周培公能出人头地，离不开玄烨的慧眼识才。想当年，周培公不过是科考落榜生，彷徨无依。康熙微服私访路遇周培公，交谈之下，发现周培公文武全才，将天下大势分析得一清二楚，乃不可多得的人才。康熙破格提拔他，让他进入朝廷，为国家出力，而周培公没有让康熙失望。

人的一生不可能一直那么顺风顺水，周培公确实遇到了一位贤明之君，但他也不可避免地遇到了明珠和索额图这样的党派首领，这么有才的人谁不想拉拢？但周培公就是不甩他们，不甩他们的结果就是，他们联合起来要把周培公置于死地！坚持自己的原则真的很不容易！

周培公一生为人坦荡，从不阿谀奉承，坚持自己的原则。有人让他去拜见明珠，他认为没有理由去拜见，从而得罪了明珠，明珠便把周培公最喜欢的女子许配给别人，让一段爱情童话就此终结，这让周培公认识到朝廷的黑暗。索额图拉周培公入太子党不成，便经常向康熙进谗言，最终周培公赴苦寒之地任职，疾病缠身、郁郁而终。

在康熙时期，没有人能在文治武功方面超越周培公，康熙皇帝也一直夸奖周培公的才能。康熙时期还有一个非常有才华的人物，但在和周培公的一番较量后败下阵来，输得是心服口服。由于周培公才华过高、一身傲骨，加上又是汉人，遭到众大臣的弹劾，

于是周培公到死也没有进上书房，这算是他的悲哀吧！

周培公的职务一直在索额图、明珠、高士奇等人之下，混了一辈子也没有当上丞相。这还不算，即使在带兵打仗过程中，周培公也不过是个副将，而主将是满人图海。图海是个将才，周培公却是难得的帅才，这样的搭配在历史上算是难得一见！

周培公在大清的历史上书写了极为辉煌的一页。周培公在大清朝即将灭亡之际，积极出谋，奔走效劳，在关键时刻拯救了大清朝，使大清的国祚得以延长近二百年。他对大清朝的贡献可谓彪炳千古，高山仰止。可是，世态炎凉，周培公在拯救了大清朝之后，奇迹般地消失在了茫茫人海中。周培公的事例不仅是他本人的悲哀也是整个清朝的悲哀。

真是人怕出名猪怕壮，人一旦获得较高的地位，名声鹊起后，一定会惹来别人的羡慕和嫉妒，周培公也不例外。在周培公出名的时候，大臣们不断地告发他有谋逆之心。康熙是何等聪明之人，周培公是不是真的谋反他岂会不知道？可康熙最后还是把周培公发配到了比较冷门的官位，这就是做臣子的悲哀吧！

命运掌握在自己手中，可历代臣子的命运始终掌握在帝王手上。康熙将周培公给发配到了比较冷门的官位，一方面可以利用周培公的才干对抗敌国，另一方面可以让人牢牢地监视周培公。从古至今，凡是劳苦功高、功高震主的人，没有几个能得到相应的奖赏，后半生可以安享盛世，他们往往都不得“好死”。

从古至今，成为政治牺牲品的女子数不胜数，为了争夺势力而牺牲自己女儿、妻子的人更是不在话下，吴三桂家族就是一活生生的案例。吴三桂出身于名门望族，亲眼目睹了明朝是怎么丢城失地的。后来他娶了祖大寿的妹妹为老婆。祖、吴两家的联姻，使吴襄、吴三桂父子找到靠山，实力不断增强。

有时候，对那些注定打不了胜仗的武士们来说，逃跑未必是件坏事，这一现象在吴襄身上体现得淋漓尽致。在一次激烈的交战中，军队的一把手吴襄本来应该率领军队支援祖大寿，谁知，他竟然临阵逃脱，后来被免职了。

吴三桂同志拥有如此大的权力，和他老爹吴襄在年轻之际立下汗马功劳有着密不可分的关系。吴襄官复原职后，吴三桂也开始得到重用。没过几年，吴三桂又被提拔，当时他才二十三岁。又过了三年，吴三桂任前锋右营副将，相当于二把手，时年二十六岁。

吴三桂能够得到赏识和器重，还和一个人有着密不可分的关系，这个人就是崇祯。吴三桂奉命入关，来支援京城，抵御清军的进攻。但他行动缓慢，到达目的地的时候清军早就撤兵了，可是崇祯还是很器重他，感谢他来北京帮忙。后来，崇祯帝在武英殿宴请吴三桂等人，还赐予吴三桂尚方宝剑。

历史是爱捉弄人的，英雄难过美人关，吴三桂也不例外。虽然吴三桂在沙场驰骋，可终究敌不过美人的回眸一笑。他拜见崇祯后不久，应邀到国丈家做客。就在这里，吴三桂遇见了陈圆圆，自此便开始了一段红颜佳话。历史就这样机缘巧合地轮转着。

美貌的女人可以改变历史，从吴三桂身上就可以看出。在明朝三座重要城池沦陷后，吴三桂的宁远，成为山海关外一座孤零零的小城。这时的宁远，已经没有任何的战略意义。第二年，明朝正处于灭亡的边缘，这使吴三桂深深陷入大明、大清、大顺的选择中，他不知到底该作出怎样的选择。后来的史实告诉我们，历史会因为一个女人而改变。

大顺的军队已经快要到达京师了，崇祯帝急忙发布告示寻求有才之人，并命吴三桂火速赶回北京。吴三桂从宁远到山海关，两

百里路程,慢悠悠地走了十一天。这时李自成派人带四万两白银前去招安吴三桂,吴三桂没有同意。等李自成攻破北京,崇祯自杀后,吴三桂还在犹豫……

据说陈圆圆是个名妓,善歌舞,长得倾国倾城,因其当初的回眸一笑百媚生,深深地迷住了吴三桂。后来吴三桂把她纳为小老婆。吴三桂坐镇山海关,李自成农民起义军攻克北京时,陈圆圆曾被俘。

有时候,女人真的是红颜祸水。李自成的农民起义军威震朝廷,崇祯帝日夜不安。一些趋炎附势的外戚们准备给皇上找寻绝色美女,以舒解皇帝的忧虑之心,遂令大学士下江南寻找。该大学士找到了苏州名妓陈圆圆后,被其姿色醉迷,不想在进献给皇帝的途中,被李自成给霸占了。

英雄难过美人关是吴三桂的真实写照。尽管驰骋沙场数十年,吴三桂也能不例外。在父亲的劝说下,为了防止惹是生非,吴三桂将陈圆圆留在京城府中。李自成打进北京后,陈圆圆被李自成的部下所掠。后来,吴三桂准备答应投降李自成时,听说自己的圆圆已被李自成的部将所占,冲冠大怒,马上打开山海关,与农民军开战。

一个女人,改变了一个男人,更改变了中国的历史。据说李自成战败后,把吴三桂家中三十八口全部杀死,然后弃京出走。吴三桂为报灭门夺老婆之仇,昼夜追杀李自成的农民军。后来吴三桂的手下在京城找到搜寻到苏州名妓陈圆圆后,快马加鞭护送至吴三桂身边,吴带着陈圆圆独占云南。

吴三桂实力渐渐壮大后,被封为云南王,他想把陈圆圆立为正妃,陈圆圆借故推让,吴三桂只好选了其他人。谁知道吴三桂所选的正妃不怀好意,多次陷害陈圆圆,陈圆圆只好独居别院。圆圆

失宠后渐渐对吴三桂失去了信心。

顺治、康熙两朝，在以故乡"关东货"为主要饮食的同时，也效法明代宫廷，以"尝鲜"为由，按季节征收天下贡品：江南的鲜鱼虾蟹，两广的瓜果蜜饯，山东的苹果，山西的核桃，直隶的蜜桃……尤其是江南特产——鲥鱼。每年春天，鲥鱼一上市，第一网捕捞的会快马加鞭地被送到宫廷，而宫廷的御厨早已经做好准备，备齐了配料。

清皇室的同性恋记载，是从胤礽开始的。胤礽为康熙和诚仁皇后所生之子，出生不久，皇后就死了。康熙十分悲痛，很早就立胤礽为皇太子，加以培养。可是，这个皇太子不仅不成器，网罗党羽，安插亲信贪赃枉法，还一而再、再而三地搞同性恋，康熙对此十分恼火。康熙还曾下令处死了两个御厨、一个小童和一个茶店伙计，原因是他们和胤礽有同性恋关系。

在康熙年间，有一个百岁老人来京师参加会考的奇闻。康熙三十八年，广东顺德百岁老人黄章由曾孙陪着千里迢迢来到京师会考。入考场时，老人家特意叫曾孙打着"百岁观场"的灯笼在前引导，轰动了整个士林。

状元李蟠是康熙钦点的。殿试时，时值农历三月，天气非常冷。而所有参加殿试的考生还必须站着写文章。李蟠哆哆嗦嗦地写了半天，到交考卷时还没写完。他就央求监督考生的兵丁说这场考试关乎他的一生，请允许他考完。兵丁听了就没有再催促他。康熙看了试卷，感觉文采不错，听说了他的事又感觉这个人执著沉稳、用心良苦，于是就点他做状元。

康熙帝在加强文化建设的同时，为了加强思想领域的控制，采取怀柔和镇压的两手政策。在怀柔、笼络的同时，康熙对于不利于统治的思想言行，采取严厉的镇压措施。一方面收缴、销毁和篡

改不利于清王朝统治的书籍，另一方面大兴文字狱，从而加强思想专政。

秘密安排接班人是每一代帝王必然要思索的问题，但这个思索过程是极其费心费神的。玄烨在经过四年多的总结、思考以及对接班人的精心选择后，开始实施他的接班人计划了。康熙是个比较贤明的君主，会征求许多大臣的意见，但话又说回来，意见归意见，最终的决定权还是在康熙手里。

一代君王终究抵不过疾病的侵袭，康熙也不例外。从康熙数次发病的情况看，他有可能得的是高血压、心脏病。康熙死的时候七十多岁，这在医疗水平一般的清朝来说已算是高龄了。一次他偶遇风寒，没过几天病情突然恶化，在宣布完胤禛即位后就离世人远去。

第五章

最勤劳的公务员

——清世宗雍正帝时期

康熙十七年(1678年),清世宗爱新觉罗·胤禛出生,母为康熙孝恭仁皇后乌雅氏,清圣祖康熙第四子,是清朝入关后第三位皇帝。

雍正元年(1723年)三月,加隆科多、马齐、年羹尧三等公。

雍正三年(1725年),廷臣议上年羹尧罪九十二款。年羹尧赐死。

雍正五年(1727年),定《恰克图互市界约》,置办理俄事大臣。与俄签订《布连斯奇界约》,划定中俄中段边界。设立驻藏大臣制度。

雍正七年(1729年),命傅尔丹、岳钟琪率军从北、西两路征讨噶尔丹。

雍正八年(1730年),设立军机处。

雍正十年(1732年)十二月,治吕留良罪,将吕留良、严鸿逵、吕葆中俱开棺戮尸,斩吕毅中、沈在度。

雍正十三年(1735年)十一月,雍正帝病逝。

胤禛从小就受到良好的教育，老爹康熙也很待见他。胤禛六岁就进尚书房。十四岁时，胤禛同内大臣费扬古的女儿乌喇那拉氏结婚。再长大一些，就随同老爹康熙帝四处巡幸，并奉命办理一些政事，得到很好的锻炼。三十二岁时，胤禛被封为雍亲王。在康熙的众多儿子中，只册封了三个亲王，他就是其中之一。

胤禛本来当皇帝的愿望并不强烈，然而，是当时的形势造就了他。胤禛的文治武功都很优秀，这一点他老爹也很赞赏。他自己本来也没有太大的野心，能做个“贤能之王”，流芳百世就行了。但是，康熙四十七年的一件大事，彻底改变了胤禛的生活轨迹，也让他的“野心”膨胀了起来。

太子胤礽不受老爹康熙的待见，是康熙一手造成的。由于太子胤礽是康熙帝宠爱的孝诚仁皇后所生，可惜这个皇后红颜薄命，生下太子不久就死了。所以康熙帝对太子格外重视，也非常怜爱。有一部分王公大臣集结在太子身边，形成了“太子党”。太子党极力推动太子早日即位，太子本人也非常猴急，只恨老爹康熙不死，常常出言不逊。

康熙帝废黜太子胤礽的导火索竟然是因为皇十八子胤祄的意外病死。爱子的突然夭折让康熙悲痛至极，其他皇子们也为同胞手足的失去而伤心不已。然而，唯有胤礽身为皇太子像没事儿人一样，依然谈笑风生。康熙帝立即大怒，当众指责了胤礽一顿。谁知，胤礽比康熙的嗓门还高，当面顶撞老爹。之后，康熙对胤礽失望透顶了，心里暗暗有废太子之意。

康熙帝废黜太子是无奈之举，他本人为此也很伤痛。康熙帝还发觉，每当夜幕降临，胤礽总是逼近行宫大帐篷外探头探脑，从缝隙向内窥视。这些都让康熙感到自己的处境很危险。康熙帝为

了避免夜长梦多,就先发制人,把太子废了。废太子当天,康熙声泪俱下,竟然昏倒在地。

关于太子疯癫有很多说法,有人说是雍正下药所致。在当时有一种药物,是用来治疗失眠的,但是不能过量使用,否则会使人变成疯子,精神失常。雍正用手段让太子吃了此药,后来太子发狂,见人就打,见东西就摔,最后连大小便都失禁了。太子妃十分害怕,赶紧向康熙汇报。康熙只好昭告天下,废了太子。

皇长子胤禔在皇太子一位空缺后，野心也开始膨胀起来了。皇长子胤禔不是正宫娘娘所生,所以不能当太子。由于废太子时,他护驾有功,康熙还让他监管胤礽的所作所为。老爹这么做,却让胤禔误解了,他以为老爹有立他为太子的意图。所以,他就向康熙表示愿替老爹杀死胤礽。哥哥急切地杀死弟弟,这是什么样的心理？康熙为此看透了他的心狠手辣。

皇长子胤禔是一个不知天高地厚的人。康熙本来就没有打算立皇长子胤禔为皇太子,以前废太子时让他护驾,是出于父子之情而已。可是,胤禔却是个“愣头青”,误以为老爹准备立他为太子。谁知老爹识破了他的野心,还指责他秉性躁急愚顽,不能立为太子。他感到自己立储无望后,找了个道士出谋划策施行巫术,期望卷土重来,事情泄露后被康熙囚禁。

八贤王胤禩更是一个不知道自己有几斤几两的人。胤禩的政治小集团“八爷党”是所有朋党之中势力最强的一支。胤禩的老妈良妃卫氏地位非常低下,根本不受康熙帝的重视。但胤禩是个不认命的人,他企图谋位的活动更加频繁。只不过他谋位的策略高明些,他以仁爱好礼出名,不过都是装的。康熙也看出了他的意图,总是说些打击他的话。

康熙帝决定废胤禩的爵位，是因为他的野心表现得太明显

了。一次，康熙帝出塞狩猎回京，胤禩不但不恭迎老爹，反而派太监送去两只快要死的鹰，以此来表示对老爹狩猎之事的藐视。康熙帝当时感觉肺都快气炸了，大骂胤禩不孝不义。后来，众人推荐胤禩为康熙的接班人。胤禩还装模作样的问老爹自己该怎么办。康熙大怒，下令囚禁胤禩，废其爵位。

胤祉是个聪明人，他决定"以柔克刚"来取胜。胤祉与胤禔、胤礽、胤禩等人不同，他同老爹的关系较为融洽。康熙帝虽然也挺待见这个儿子的，但又认为这孩子缺乏统领全局的才能，所以也没有表现出要把治理天下的重任托付于他的意思。

相对于对皇位火热追求的众兄弟来说，胤禛就比较"油条"一些，因为他懂得韬光养晦。正当众兄弟们拉帮结派，相互倾轧，都在觊觎他老爹康熙的宝座的时候，只有胤禛在保持中立态度。他既不攻击兄弟、不结派，更不落井下石，甚至还帮助众兄弟，在老爹面前求情、说好话，以争取兄弟们的好感和支持。康熙称赞他"深知大义"。

谁说虎父无犬子？如虎狼一样有谋略、有作为的康熙，也有没有一点儿野心的儿子。五阿哥胤祺、七阿哥胤祐、十二阿哥胤祹深知老爹的皇位轮不到自己，加上他们根本就没有那样的奢望。所以，他们干脆也不去入那"虎穴"，一心安安稳稳地当着自己的亲王，管你们打得头破血流还是被囚禁削爵，都与我无关。

康熙为了不让儿子们再有夺位之争，只好再次立胤礽为太子。康熙对于众皇子的明争暗斗，感到心力交瘁。不管怎么说，手心手背都是肉，康熙也不愿意看到儿子们不和睦，到最后弄得白发人送黑发人。康熙为了杜绝儿子们争夺皇位，只好释放了废太子胤礽和皇八子胤禩，恢复了胤禩的爵位，并且再次立胤礽为太子。

太子胤礽是个不长记性、不会学乖的人，以至于自己被老爹

废了两次。太子胤礽已经被废过一次了,可他仍然没有学会谨慎。他以自己是皇太子的身份而“不检点”,他竟然为获罪的步军统领托合齐通风报信。这一下,康熙是再也不能容忍了。于是,胤礽再次被废,并且被永远幽禁于咸安宫,以后提议复太子之位的官员都被处死。

一朝被蛇咬,三年怕井绳。皇太子胤礽第二次被废后,康熙帝就不再预立皇储了,他已经“因噎废食”了。而后,大臣有为建储而向他进言的,多受处分。此时的康熙帝感觉自己像一个孤家寡人一样,儿子们不争气的不争气,太争气的野心又太大了。可皇储之位一直空着也不是办法,但立了之后,又怕出现胤礽那样的皇太子,康熙感到痛苦极了。

储位空虚长达十年之久,是因为康熙自认为自己还能再活些年。人到老了的时候,常常会出现一种矛盾的心理:既担心自己时刻都有死去的可能,却又以为自己还能再活几年。康熙也是这样想的,以至于立皇储的事情一拖再拖,直到他乘鹤西去了,也没有明确的太子人选。

皇十四子胤禵与皇八子的感情很好,胤禵还差点为胤禩丢了性命。胤禵是雍正帝的同母弟。胤禵与胤禩很谈得来,兄弟感情很深。当时,在胤禩因夺嫡而被索拿时,胤禵拼命保护胤禩,并说:“八阿哥并没有谋反之心。”这一句话把康熙气得火冒三丈,抽出佩刀要当场杀死胤禵。经过众人规劝,才作罢。

皇十四子胤禵也有过皇帝梦。胤禵是一个精明的人,他谋取储位时先从广泛联络士人开始。一次,胤禵借接见大学士李光地的门人翰林院编修陈万策时,不仅让陈坐上高坐,还称呼人家先生。李光地是理学名臣,康熙帝在立储问题上多次征求他的意见,胤禵这是企图通过陈、李的联系,以此博得士人的好感,来提高自

己的名声。

胤禵颇有政治才能和军事才能,然而,他老爹康熙帝只是欣赏他而已,并没有立他为储的意思。正当胤禵通过自己虚伪的作风博得士人的好感,开始有走红的趋向时,他老爹又给了他一次在政治上大显身手的机会。胤禵被老爹任命为大将军,带兵出征西北。胤禵也确实很有才能,战功赫赫。后来,尽管封他为王,却没有赐予封号,而且让他一直待在西北。

雍正帝刚开始被封为雍亲王,康熙六十一年继承王位,第二年改元"雍正"。雍正在夺取皇位的过程中手段极其残忍。和他夺权的兄弟没有一个是寿终正寝的。而康熙爷的许多近臣也被贬斥。所以雍正帝即位遭到很多人的怀疑。"雍正"是"雍亲王得位正、为君正"的意思,他想强调自己皇位的"合理性"。

康熙临死前真的说立胤禛为太子吗?据说康熙曾经写好遗照说要立皇十四子。皇十四子就是胤禵,是胤禛的亲弟弟。民间传说康熙本来想要立他为皇位继承人,但是胤禛查到遗诏所在的地方后,把"十"字改成了"于"字,然后屏退左右,一个人进入康熙寝宫侍奉左右。没过多久,康熙去世,胤禛持念珠和遗诏出来,宣布自己即位。

难道说雍正真的是篡改了遗诏才得到的皇位吗?据说雍正夺位最有力的证据是他的亲生母亲嫌他夺取了弟弟的皇位,伤心不已,后来一病不起,最后活活被雍正给气死了。而几个知道内情的兄弟也都先后被雍正处死。康熙晚年两个贴身侍候的重要人物赵昌和太监魏珠也未必知道雍正帝即位的内幕,但他们两人还是被被雍正处死了。

历代都会为了立储的事情闹得不可开交,雍正也不例外。但是雍正很聪明,他开创了秘密立储的先河。雍正把一份自己亲手

写好的诏书命侍卫当众封好，并放在隐蔽的位置，另一份同样内容的遗诏自己随身携带，在自己死后才能打开。这两份遗书必须内容相同，才能确定最后的皇位继承人，如此避免皇位的争斗。

关于雍正篡改诏书的证据还有一个不太靠谱的传说。据说当时，有一个书生给宫中一个很厉害的太监当老师。有一天，书生对太监说："我想进宫看看，行吗？"这个太监地位挺高，便答应了。后来太监带着书生到后花园游览时，碰见皇上，只好躲了起来。不料那书生却听到了雍正杀害自己兄弟的过程，太监只好把书生给偷偷地杀了。

悲催的胤禵本应是继承大统的人，不想却因康熙死时他正在西北打仗，而被自己的亲哥哥夺去了原本属于自己的江山，还被夺取了兵权，后来又削去王爵，只保留贝勒的身份。此后，雍正冠冕堂皇地让胤禵为康熙看守景陵，实际上是把他软禁起来。

历史似乎是残忍的，几乎每个君主王位都是在双手沾满鲜血后才得来的，雍正皇位的到手也不例外。雍正即位后，并没有马上对自己的两个兄长下手，而是封他们为亲王。但没过多久，雍正就宣布了他们的罪名，并且把他们交给宗人府审理，还给他们分别起了"阿其那(狗)"和"塞思黑(猪)"的名字。结果，两人当年就莫名其妙地双双死去。

雍正即位后，为了加强自己的皇权，采取了一系列措施。雍正的皇帝宝座得来的本来就让人觉得蹊跷，所以，他为了避名讳，就下令将众兄弟们的名字的头一个字"胤"改为"允"。为了坐稳皇帝的宝座，雍正采取了一系列雷厉风行的措施。他认为七弟允祐、十弟允䄉、十二弟允祹的权力过大，于很快就把他们三人的权力削弱了。

雍正在政治改革上还是有两下子的。雍正为了彻底削弱八旗

旗主的权力，还从意识形态上革除旗主的痕迹。八旗都统，清文为“固山额真”，“额真”满语意为“主”。正是因为这个意思，让雍正的心里很不爽，他认为只有自己才能被称为“主”。于是，他就下令将固山额真改为“固山昂邦”。“昂邦”满语为“臣”，这样一改，就突出了自己的优势。

明知山有虎，偏向虎山行，说的就是允禟。雍正即位后，允禟长时间装病。后来允禟知道自己装病也逃不过，干脆破罐子破摔。他被雍正发配到西宁后，以为山高皇帝远，又开始肆无忌惮地惹是生非。雍正派人前去惩戒，他还发牢骚说：“皇上责备的都对，谁让他是皇上呢！”雍正知道后很生气，就设法把他给弄死了。

雍正即位之初对官员要求极为严格，甚至到了苛刻的地步。有个进士，当上了礼部的官员，要到四川考察。他去四川前，他的上级官员给他推荐了一个仆人，主仆二人相处得很好。直到上任三年后该官员才知身边的仆人竟然是潜伏的探子，幸好自己没做什么坏事！他回京后，还得到了朝廷的奖赏，也算是个补偿吧！

即使有再大的功劳，也不能居功自傲，年羹尧就是个很好的例子。年羹尧手握重兵，意气风发，在青海平叛中一路旗开得胜，让雍正十分高兴。年羹尧为人狂妄自大，目中无人，在受到雍正的特别礼遇后，更是目中无人，居功自傲，不知收敛。后来年羹尧引起了雍正的警惕和愤怒，最终被雍正除掉。

年羹尧的死是有其必然性的。年羹尧恃功骄傲，眼睛都长到眉毛上去了，引起了朝野上下公愤。这且不说，他还任人唯亲，在军中及川陕用人自专称为“年选”，形成了庞大的年羹尧集团。更严重的是，他在皇帝面前根本就没有臣子对主上的礼节，藐视并进而威胁皇权，甚至有自立为帝的念头。这样的人，不被雍正帝整死才怪呢！

年羹尧的倒台，是他自作自受的。年羹尧任西安总督府时，令文武官员逢五、逢十在辕门做班，辕门、鼓厅画上四爪龙，吹鼓手着蟒袍，与宫廷相似。他还令雍正帝派来的侍卫前引后随，牵马坠蹬。按清朝的制度，凡是上谕到达地方，地方大员须迎诏，行三跪九叩全礼，跪请圣安，但雍正帝恩诏两次到西宁，年羹尧都不行臣子之礼。

上级最不能容忍下属的，就是越权行为。如果没有上下属的界限了，上级就无法树立威信，以后就无法管理下属了。而年羹尧偏偏就是敢做一些越权的行为。年羹尧曾向雍正帝进贡其出资刻印的《陆宣公奏议》，雍正帝本来打算亲自撰写序言，但年羹尧却以不敢麻烦皇帝为借口，代替雍正帝拟就序言，要雍正颁布天下。如此越权行为，让雍正寒心至极！

年羹尧一再犯错，雍正帝都原谅了，但有一个错误是谁也无法原谅他的。有一年，天象出现了所谓“日月合璧，五星连珠”的祥瑞之兆，各地大臣纷纷上疏祝贺，年羹尧也进一折，将赞美皇帝的“朝乾夕惕”写为“夕惕朝乾”，这不仅不是赞扬，简直是讥讽。这还了得，简直是反了，雍正帝再也无法原谅他了，这也为雍正处置他提供了口实。

雍正对于身边的位高权重的人都不肯放过的，隆科多就是一位。隆科多是满洲镶黄旗人，也是皇亲国戚：他姑姑是康熙的亲妈孝康章皇后，妹妹为康熙的孝懿仁皇后。但是，他也是一个“不检点”的人，他招权纳贿，笼络党羽，终于被雍正钦定41款大罪，命人在畅春园外建屋三间，永远禁锢。第二年，隆科多就死在了禁所。

风水轮流转，此话一点儿都不假。年羹尧给他的一个小儿子请了一个老师当家教。正好某江南士子因为榜上无名，但又想待在京城生活，就被推荐给了年羹尧的儿子当家教。他在年家过上

了衣食无忧的生活，工资是月月花不完，还买了大房子。年羹尧被雍正杀后，年羹尧儿子来到他家，被他所救逃了一劫。

清朝的历代君王大都有着君王必备的霸气和自信，雍正更是霸气十足。据说，有一次，雍正率官员去祭祀，刚到天坛，突然听见坛顶发出一声奇怪的声音，卫士们怀疑有刺客，赶忙前来护驾。雍正却很是淡定，右手一甩，一只狐狸的头就掉了下来。雍正对手下们说："我今天特意小试手段，让它们知道我的厉害，就算有刺客，又能把我怎么样？"

据说当时知道雍正篡位的还有一个和尚，雍正知道后就派三人前去刺杀。刺客找到那个和尚后，正准备要杀掉他，僧人却笑道："你们三人是雍正派来杀我的吗？他虽然现在气数很旺，我不能和他比。但是多行不义必自毙，就算我现在死了，他也有这么一天，一月之内一定有为我报仇的人，你们等着瞧。"说完，和尚就自杀了。

雍正皇帝的生母乌雅氏从小就入宫，生了雍正后被封为德嫔，后又晋升为德妃。据说这位乌雅氏不是正常死亡而是自己撞死的。因为雍正即位后，与自己的同母兄弟、十四子胤禵相处得很不好，胤禵从西北被召回京后，乌雅氏想见自己的小儿子一面，雍正皇帝不但不答应还非常生气，皇太后就气得撞在铁柱子上，后不治而亡。

朱三太子的出现也是个传奇的事件，据说清朝找出一个名叫朱文元的汉人，叫朱文元说自己就是明努尔哈赤第十三子、代简王的后裔。由于政治原因，清朝给这个朱三太子很好的待遇，还时不时地让他跟随皇帝祭祀。朱文元这一族，世代成了清朝的政治花瓶。雍正搬出一个朱文正后，仍然没有杜绝"朱二太子"的出现。

相传有人说朱三太子没有死，而是流落到了国外。清朝广东总督亲自带兵抓捕这个人。此后国内的浙江、广西，海外的越南、

吕宋等地都出现了朱三太子的踪迹。一直到乾隆年间,清朝入关超过了一百年,“反清复明”的口号起不了什么作用了,朱三太子才慢慢销声匿迹。

雍正是个比较重视教育的君主,他在位期间推行了一系列有利于教育发展的措施,其中一个沿用至今的措施就是推广普通话。雍正设立“正音书馆”,在全国推行北京官话,这相当于现在的普通话。他下令命福建、广东两省都要讲官话,并规定读书人要是听不懂官话,不会说官话,就不能参加科举考试。

清朝的妃子们去皇帝的寝宫侍寝是从雍正帝开始的。侍寝一般在晚饭后,太监呈上绿头牌,由被皇帝翻到的妃嫔侍寝。这位妃嫔到龙床侍完寝后,要离开龙床,这可能是:一,为了安全,避免皇帝睡熟后被杀;二,为了健康,避免皇帝夜里休息不好;三,为了“工作”,夜里侍寝缠缠绵绵,会影响皇帝上早朝。

田文镜是清朝康熙、雍正时期的人物。他当了一生的官,权倾朝野。他雷厉风行、铁血铁腕,一生都是手握重权的大官,官至当时的太子太保、兵部尚书、河南总督。历史上的田文镜是一个深受雍正皇帝器重的官员,他为官期间秉公办事,为百姓赈灾、解难,是个清官。

雍正十分勤奋。雍正在位期间,几乎每天都工作到很晚,一年到头也不给自己放个假。据说他当上皇帝当天就开始批阅奏折到深夜,害得他的妃子独守空房,和他发脾气。雍正的睡眠时间严重不足,而他在奏折中写的批语是洋洋洒洒,所以有人说雍正有可能是累死的。

雍正时期,反贪工作做得非常好。有人说“雍正一朝,无官不清”,正是夸张地对雍正帝治理腐败的肯定。因为雍正帝反对贪污的工作仅仅开展了五年,国库储银就由康熙六十一年的800万两

增至到5000万两。

雍正帝以仁义治国，可当时有一个贱籍制度，这正与仁义不符，况且这项政策也是使社会不安定的因素之一，于是雍正帝决定予以清除。贱籍就是不属于士、农、工、商的“贱民”，他们世代相传，不得改变。他们不能读书应举，也不能做官。

雍正帝完善密折制度，有利于上下级的沟通。在专制王朝里，臣子给君主上奏折是很稀松平常的事情。但是，有一些圣明的君主会收到臣子的秘密奏折的。秘密奏折就是折子不走正常的渠道上达天听，而是径直报皇帝亲拆御览，皇帝有什么意见，随手用朱笔批于折后，然后再密封发给原奏人，内容只有君臣二人知道。为此，雍正帝让这个制度更完善了。

雍正帝是一个懂得柔性管理的领导者。雍正帝在拉拢臣子手法上简直是无微不至，无所不至。尤其是在批阅奏折上，他总是能够用一些充满人情味、充满关切、充满柔性的语言批复。作为臣子，能够捧读到皇帝温暖人心的、充满深情款款的上谕，哪有不感激涕零、誓死效忠的呢？

雍正是一个善于玩“平衡术”的大师。密折奏事并不是每个臣子都能享有，也要根据官员的品级额而定，被皇帝宠信才行。因此，就算是在一个机关工作，最高领导者也不一定有权直接给皇帝打小报告，而下属说不定就能密折上奏。这种设计的好处就是让所有臣子彼此猜忌互相监视，互相牵制。

雍正帝想通过柏拉图式的密折治国来达到“治国”的境界。雍正帝通过密折治国，把政府机构牢牢握在手心里，只要他大笔一挥，整个官僚系统都得俯首听命。雍正这种治国术当然已臻“随心所欲”的境界了。一个国家的领导者能够做到这一点，真的是一种柏拉图式的“理想”境界。

雍正的脾气很暴躁。有一次，雍正看杂剧《郑儋打子》。演员的演技和唱腔都不错，雍正赐食。因为剧中郑儋是常州人，演员就问雍正帝现今常州刺史是谁。想不到雍正听后大怒，说："你是戏子，怎么可以问起官守来？"立刻将演员杖击而死。

雍正最讨厌别人对自己指指点点。雍正初年，浙江人汪景祺讥评雍正杀功臣年羹尧，查嗣庭出"维民所止"的试题，雍正帝怒发冲冠，杀了汪景祺，查嗣庭下狱并死于牢中。后来，他不定期地停止浙江乡、会两试，并设观风整俗使。

雍正帝是个刻薄残酷的人，表现在他以极其粗俗丑恶的语言丑化他所痛恨之人。钱名世写了歌颂年羹尧的诗，雍正帝就给钱名世写了块"名教罪人"的匾，挂到钱名世的大厅，以世世代代丑化钱名世。他还嫌不够，令举人、进士写诗丑化钱名世。

雍正做事很干练，雷厉风行、当机立断。雍正即位后搞了许多改革，如财政制度改革，改土归流，都是决定后就干，一干就大张旗鼓，全力以赴，不拖拖拉拉，一定干出成绩，干出结果来。

雍正也有节俭、仁慈的一面。节俭就体现在雍正吃饭从不剩饭，颗粒必尽，吃得干干净净。他还常对臣下说，一定要珍惜五谷，以暴殄天物为戒。仁慈体现在他对张廷玉说，他与人同行，从来不踩他人头影。

雍正非常迷信祥瑞。雍正喜欢别人向他报告祥瑞。他为祈雨而造风、云、雷、雨四神。所谓祥瑞是指好事情的兆头和征象，比如玉米一棵四穗，稻禾径高数尺，皇陵出现五色祥云等。雍正七年，云南赵州出醴泉，鄂尔泰奏闻，雍正帝马上褒奖他"化民成俗，格天致瑞"，加官少保。雍正初年年羹尧也因为触及"祥瑞"问题而满门抄斩。

由于雍正帝的勤于政务，他的身体早就亚健康了。雍正是个

勤劳的皇帝，但是，整日埋在繁重的政务中，天长日久，身体就会出毛病了。雍正四年，雍正就开始承认自己的精力不足。为此，他开始信奉道教，希望自己能够长生不老。

雍正喜欢道家的炼丹术，他的一生也与金丹仙药结下了不解之缘。雍正早在做皇子时，就对丹药产生了浓厚的兴趣，那时他还曾写过一首题目为《烧丹》的诗。可见他是非常希望自己能够不死成仙。

雍正经常吃一种叫做“既济丹”的丹药，并且还赏赐给自己的臣子们。他服用后，感觉效果不错，还作为特殊礼品赏赐给云贵广西总督鄂尔泰、河东总督田文镜等一些宠臣。并且还劝自己的宠臣们说，对御制的丹药，亲们就放开胆子吃吧，不用怀疑，我对这种药最了解了。

雍正到底是怎么死的，一直是清朝的一大悬案。据说雍正死前和平时一样上早朝，也没有什么生病的迹象。但是下午宫中突然召见一大臣入宫，这个时候外面已经开始流传雍正突然死去的消息了。而那个大臣被雍正召见后，三天才出来，更是引起大家的猜疑。

由于死前雍正身体正常，并无任何征兆，所以有人怀疑雍正可能是吃了某种丹药，导致他中毒而死。而雍正死后的第二天，刚刚即位的乾隆就下令把炼丹道士给赶出宫去，并且把炼丹的工具全部焚毁。这更加证实了雍正有可能是吃了丹药中毒而死的说法。

关于雍正的死还有一种说法，即雍正是被人刺杀而死的，这个人就是吕四娘。吕四娘的祖父因为文字狱受到牵连，死后还被人羞辱，吕四娘就拜师学艺，练就了一身的好功夫，后来偷偷潜进皇宫，将雍正杀死，并割去其头作为报复。据说雍正死的时候安的是一个金头，用来掩饰首级被盗的尴尬。

第六章

有才的风流天子

——清高宗乾隆帝时期

康熙五十年(1711年),清高宗爱新觉罗·弘历出生,清朝第六位皇帝,定都北京后第四位皇帝。

雍正元年(1723年),弘历被密立为太子,雍正十一年封为和硕宝亲王。

雍正十三年(1735年),雍正帝去世,弘历即位。

乾隆十七年(1752年),设盛京总管内务府大臣,以盛京将军兼管。

乾隆二十四年(1759年),清军继续扫除大小和卓木叛域,大小和卓木被杀,天山南北路平定,平回之役结束。

乾隆二十七年(1762年),设立伊犁将军,统辖天山南北路。

乾隆三十八年(1773年)闰三月,命刘统勋等为《四库全书》总裁。

乾隆四十七年(1782年)正月,第一部《四库全书》缮写完成。建盛京文溯阁。

乾隆六十年(1795年)九月,御勤政殿,召皇子、皇孙、王大臣等,宣示立皇十五子颙琰为太子,明年为嗣皇帝元年。

嘉庆四年(1799年),乾隆帝驾崩,享年八十九岁。谥号法天隆运至诚先觉体元立极敷文奋武钦明孝慈神圣纯皇帝。

据说，康熙在位的时候，胤禛和一位陈姓官员关系特别要好，两家在同年同月同日有了孩子，胤禛听后十分高兴，派人把陈家的孩子抱过来，一齐道贺。可是等到陈家人把孩子抱回去的时候傻了眼，这个抱回来的孩子已经被掉包了，居然由男孩变成了女孩。陈家敢怒不敢言，毕竟皇帝手里还握着自己的小命。陈家的男孩正是后来的乾隆。

乾隆能当上皇帝也不是随便定的，乾隆从小就非常聪明，而且又很勤奋，在康熙面前给他的老爹雍正赚足了面子。乾隆六岁的时候，就能背诵《三字经》，爷爷康熙称赞他是神童，十分喜欢。有一次，乾隆陪同爷爷到避暑山庄避暑，康熙一时兴起，让乾隆背诵他读过的诗书。乾隆倒背如流，而当时乾隆只有十一岁。

乾隆是雍正帝的第四个儿子，其爷爷玄烨在去世前就预言他有能力成为接班人。弘历自小就聪明。他的诗作达四万多首，虽然大部分不咋地。他写诗时，会用珠笔起草，让内监交予文学造诣的军机大臣看。诗中若有典故，弘历便要他们注出。诸大臣往往要回去遍查典籍，有时几天才能找到出处。

乾隆很小就很聪明，从小读诗，熟悉事理，即位后，实行宽严相济的治国之道。他吸收了他爷爷和他爹时期治国政策的经验和教训，他爷爷以宽大治国，导致官民不畏法，诸事废弛；他爹则从严治理，却政气繁苛，民受苦累。乾隆帝刚柔相济的为政之道，稳定了民心和社会秩序，也推动了经济的发展。

老爹雍正的突然驾崩，遗留给了乾隆很多棘手的事情。雍正驾崩后，遗留给乾隆最为急迫的事情就是西南和西北的民族问题。对于西南与西北问题，乾隆采取了一战一和的对策，都取得了圆满的成功。年轻的乾隆完成了先帝未竟之业，初次显现出了他

治理庞大清王朝的杰出才能。

乾隆在即位之初实行宽柔政策，重视农业的发展，认为国家之本在于农业。他减免租税，提倡开垦荒地，注重农业耕种技术的提高，兴修水利设施，关心老百姓疾苦，推行“摊丁入亩”的土地政策等。到乾隆中叶，商业和城镇发展十分兴旺，资本主义萌芽开始出现，但资本主义到最后也没有发展起来。

老爹雍正在位时最受人非议的就是骨肉相残，乾隆即位后就开始处理这个历史遗案。乾隆即位后，为了缓和雍正朝造成的政治紧张气氛，体现出自己的人情味，开始着手处理一些骨肉相残的遗案。乾隆首先对自己的叔叔伯伯们该平反的平反、该释放的释放、该追谥的追谥，并且还对其后裔做了妥善的安排。

乾隆即位后大赦天下，结果又造成了贪官污吏横行。由于乾隆帝大赦天下，把雍正年间因贪赃被革职的官吏们一齐复职，对贪污案不予追究，放松对官吏的考绩，结果一些屡教不改的贪官们又开始贪污起来。乾隆发现后，又开始严肃处理侵贪案件，将性质严重，核实无误的贪污犯即行正法。

乾隆帝对贪官的惩办非常严厉，有些案件都惩办的过头了。乾隆二年(1737年)，山西学政喀尔钦在布政使萨哈谅的支持下贿卖文武生员一案被揭露。乾隆知道后非常震惊，认为这帮家伙简直是吃了雄心豹子胆了，明明知道自己痛恨贪官，还敢如此猖狂。于是，就降旨让喀尔钦立刻脑袋搬家，萨哈谅斩监侯。

乾隆惩处贪官污吏时非常雷厉风行，不但对地方上的官员毫不心慈手软，而且对朝廷中受贿贪污的高级官员也是从重惩处。虽然说官员终身制是封建社会很常见的风气。而在乾隆帝那里，就不好说了。由于他对贪官的苛刻，他属下的高官显宦被降职或者升迁，是谁也不能保证的。那就要看乾隆他老人家高兴不

高兴了。

乾隆帝很重视吏治，尤其是重视官吏的选拔。乾隆帝强调官吏一定要年富力强才行，他对年老者比较有偏见。他强调五十五岁以上的官吏一定要详细甄别，六十五岁以上的官员一定要带领引见，能否胜任一定要由他亲自来当面试主考官，只有通过自己这一关才行。他还将不称职的官吏分为八类：年老、有疾、浮躁、才力不及、疲软无力、不谨、贪、酷。

朋党之祸也是历朝皇帝所头疼的大问题，乾隆年间也不例外。要想彻底改革吏治，光杀贪官还是不够的，必须要诛其朋党。其实，每个人都生活在一个关系网中，网络越大、越结实，捕获的猎物就越多。皇帝要想惩治贪官，必须先搞清楚贪官后面的靠山有多大。否则贪官没有扳倒，反倒捅了个马蜂窝。

身为帝王之尊，他的宝座永远是最吸引人"犯罪"的罪魁祸首。乾隆即位，允禄与康熙帝第十七子允礼同被雍正遗命授为辅政大臣。乾隆三年，允礼死了，允禄的地位在宗室王公中更是鹤立鸡群，于是就有许多宗室王公来讨好他。尽管允禄私下里常做一些收买人心的勾当，可乾隆总是不以为然。结果，允禄的羽翼日益丰满。

一些和允禄一样"不守本分"的人聚集在允禄周围，渐渐对乾隆的皇权构成了威胁。乾隆觉察后，先给允禄罗织罪名，然后罢免他的职务，他身边的小喽啰们也被革职。

允禄是一个古乐专家。允禄的不安分引起了乾隆的警觉，终于被撤职。允禄自此受到打击，再也不敢过问政治了。后来，他就把主要精力用在研究数学、乐律上，成了古乐专家。其他宗室王公也多以书画诗赋自娱自乐了。

乾隆是一个很能沉住气的领导者。早在乾隆还是皇子时，鄂

尔泰和张廷玉是上书房总师傅，有训诲之劳。所以，乾隆明知道这两个人对自己有二心，私底下植党营私，却装作自己不知内情。因为他知道自己刚刚登基，要稳定大局，还少不得他们的支持，因此情面不能马上撕破，所以表面还是对二老臣很优待。可他心里却说：两个老家伙，咱们走着瞧吧！

雍正驾崩的时候，大学士鄂尔泰和张廷玉被命为辅政一把手。为了拉拢这两个人，乾隆刚即位，就下令两人今后配享皇室待遇。对于清朝官员来说，配享皇室待遇可谓是臣子至高无上的荣誉。但后来乾隆翅膀硬了屡次羞辱张廷玉。不过，八十四岁的张廷玉死后，乾隆还是让老张进了太庙。

乾隆是一个有抱负、有野心的皇帝。乾隆作为一国之主，简直是享尽了人间的荣华富贵，但是他是个懂得居安思危的人，他并不满足现状。他在整顿吏治、巩固皇权的同时，在发展经济和"养民"方面，作了很多努力与贡献。

乾隆帝是一个好色之徒，他总见一个爱一个，皇后也拿他没办法。皇后是一大臣的妹妹，该大臣的妻子是国戚，有一次进宫看望皇后，在出宫的路上被乾隆逼进某屋蹂躏。后来两人私通并产有一子，据说孩子就是后来受宠的福康安。

据说乾隆逼死第一个皇后，又害得第二个皇后死于冷宫。乾隆的第二个皇后非常美丽而且讨人喜欢。有一次，她陪同乾隆南巡，当地的官员为乾隆献上了绝世美女，以至于乾隆乐得合不拢嘴。皇后知道皇帝在外面荒淫无度后一气之下把头上的青丝全部剪了，乾隆回来见后十分生气，就把皇后打进了冷宫。

传说，乾隆还有个妃子叫香妃，身体会散发出奇异的香味，能引来蝴蝶随之翩翩起舞。香妃是新疆回部的公主，部落首领为了讨好乾隆，避免战争，把她献给了乾隆。乾隆见了香妃甚是喜欢。

为了讨好她，乾隆特意在宫中给她造了一个具有西域风格的宫殿，里面设有礼堂等，想以此来打动香妃，但香妃始终不为所动。

据说香妃来到皇宫后一直守身如玉，不愿意伺候乾隆。后来这件事被皇太后知道了。皇太后趁着皇上和王公大臣们到天坛去祭天时，命人将香妃带到慈宁宫，问香妃为什么不伺候皇上，还想不想伺候皇上。香妃表示自己宁死不屈。皇太后听了十分生气，就派人赐她一条白绫让她自杀了。乾隆得到消息后，急忙飞马赶到慈宁宫，但是香妃已死。

历史上真实的和珅，不仅长相极为俊美，武艺更是高超，是当时少有的文武全才。和珅会藏语、英语。乾隆年间班禅与满清建交，主要的同声传译者便是他。马戛尔尼访华，亦是他用英语对答如流。巅峰时期的和珅身为《四库全书》总裁官，纪晓岚只是他手底下众多编纂官中的一个。

世界上最富的富豪在中国！据说，乾隆死后，大贪官和珅被抄家后，查出家产折合白银八亿多两，这才是真的富可敌国。

曹赐宝在乾隆时期担任司法局的文员，花了很大功夫才收集到和珅逾越规制的房屋日用细节，之后他将收集到的细节写成奏章打算揭发和珅。只是这位可怜的文员不分敌友，在商议的时候竟找上了吴省钦这个和和珅有着师徒之谊的敌人。吴省钦自然立马把信传给和珅。结果乾隆帝派人调查时竟是查无实据。曹锡宝被乾隆帝狠骂了一顿。

曹锡宝十分痛恨和珅，于是他就以弹劾和珅亲信刘全的方法，希望乾隆能够明断。谁知，乾隆却一力维护。和珅得到风声后赶紧销赃匿迹，所以到刘全家搜查的时候，什么也没有搜到。结果，曹锡宝被乾隆以诬陷的罪名，革职留任。自此，曹锡宝一直没有翻过身来，郁郁而终。

据说，和珅特会巴结人、讨好人，尤其是在乾隆帝面前。和珅在乾隆身边，体贴侍奉，照顾周到。和珅为了讨好皇帝，别看他贵为大学士、军机大臣，但每当皇帝咳嗽吐痰的时候，他就马上端个痰盂去接。因此，乾隆对他的宠信是有增无减，和珅的官职也扶摇直上。正是因为和珅对乾隆细心的侍奉，有人就戏称他“和公公”。

和珅富可敌国，皇家有的他基本上都有，皇家没有的说不定他那里就有。相传，和珅遇到大臣孙士毅出使越南回来，就上前搭话问人家手里拿的是什么。孙说是一枚鼻烟壶。和珅见此物非同一般，非常精美，就随口索要。孙不给他，说要进献给皇帝。过了几天，和珅拿出来一个和孙前天进奉的一模一样的鼻烟壶来显摆。孙以为是皇帝赏赐，一打听，竟然不是。

乾隆在位时采取了一系列有利于国计民生的措施和计划。在政治上他整顿吏治，任人唯贤，优待有用之人，安抚雍正朝受打击时的有才之人；经济上奖励垦荒，兴修水利，减免赋税，促进了经济的繁荣；军事上操练军队，派兵镇压少数民族起义，加强对西藏的管辖，促进了清朝对少数民族地区的管理。

乾隆和爷爷康熙、老爹雍正一样，重视发展农业生产，要求北方人向南方人学习耕种技术。以前贵州遍地桑树，但不养蚕纺织，于是他派人向当地的养蚕能手学习经验，传授技术。他还让地方官注意植树造林，鼓励开荒，扩大种植面积。

乾隆还十分关心水利设施的建设。他在为帝期间，兴修了许多比较有名的水利工程。这些新修的水利工程大大促进了农业生产的发展，而且有利于南北方交通运输的发展，在一定程度上增强了南北方经济的联系。此外，他还监督修建了江苏宝山至金山二百四十二里长的块石篓塘和浙江金山至杭县五百里海塘。

乾隆采取了一些有利于商业发展政策。他规定商人到欠丰收

的地方销售粮食，可以免税，允许百姓贩运少量食盐。由于生产的发展，国家财政收入从乾隆二十八年开始逐年提高。

乾隆还十分关心百姓疾苦，他曾数次下江南，体察民情。他重视社会的稳定，关心受灾百姓，执政期间五次普免天下钱粮，三免八省漕粮，减轻了农民的负担。据统计乾隆时期减免正额赋银两亿两，加上灾年减免的一亿多两，共计三亿两以上。

乾隆十五年，藏王阴谋叛乱被驻藏大臣设计杀死，他的余党攻击杀害驻藏官员。班第达受达赖喇嘛委托代理藏务。班第达抓捕逆党，平息了叛乱。乾隆命策楞率八千兵入藏，后制订《西藏善后章程》，确立了达赖喇嘛为政教合一的代表和驻藏大臣共治西藏的体制。

乾隆十年，准噶尔部首领噶尔丹策零病逝，准格尔的领袖和牧民纷纷归附清朝，准噶尔部强臣在内讧中崛起，但最终失败，只好归附清朝。准格尔首领昏庸无能、不得人心，对此清朝采取分散势力的政策，封阿睦尔撒纳等人分别为四部汗，释放南疆伊斯兰教领袖大、小和卓。

乾隆在位时平定大小和卓叛乱，为祖国的统一作出了巨大贡献。小和卓木兵败后投奔大和卓木同清朝对抗，清军在南疆的支持下，打败了起义军，大、小和卓逃跑了。清军派人与说服当地部族，巴达克山部族首领杀掉了大、小和卓，把尸首送交清朝。后清朝攻取了新疆地区，天山南北从此完全归入清朝。

明末，土尔扈特部离开他们家乡来到俄国。乾隆年间，土尔扈特首领渥巴锡汗率领十六万子民踏上东归路程。他们越过千山万水，经过重重困难到达伊犁。土尔扈特部的东归是乾隆时期满蒙同盟的壮丽篇章，是康乾盛世的一大盛事。

乾隆中期，大金川土司再次起义，不断侵掠其他地区。从乾隆

三十一年起，乾隆三次派兵，花费七千万两白银才最终镇压下大小金川。此后清朝在这一地区废除原来的旧制，巩固和发展了西南地区自雍正以来的成果，加强了边疆和内地的经济文化交流，维护了国家的统一。

乾隆的文化素养很高。在他统治期间，各种修订书籍达一百余种，完成了顺治朝开始编撰的《明史》和康熙下令开始编写的《大清一统志》，除了这些著作外，还编写了《清文鉴》、《唐宋诗醇》、《大清一统志》、《授时统考》等重要文献。

关于乾隆下江南的目的大家众说纷纭，流行比较广泛的有下面几种说法。一种说法是乾隆是为了探访民情。其二是为了加强清朝政权与江南地主士绅的联系。乾隆利用下江南加强了与江南地主士绅的联系，以巩固统治。其三是为寻找自己的亲生妈妈。

虽然皇帝们是为了国家才多次南巡，可是到了乾隆时期，下江南游乐的目的大大增加。康熙帝六次南巡轻车简从，每处花费，不过一二万金。而乾隆帝则是前呼后拥，皇亲国戚文武官员相随。沿途为了迎接皇帝官员们需要修建许多行宫，为搬运所需物品需要上千匹牲口。真是劳民伤财。

乾隆是个非常爱权的皇帝，就是退位了，也不愿权力尽失。乾隆六十年九月初三日，在圆明园勤政殿，弘历当众开启了密封二十二年的黑匣子，宣布自己的接班人：以明年为嘉庆元年，正月初一举行传位大典，自己退位，由皇帝处理寻常事件，如果有重要军国大事以及官员任免，由太上皇亲自指导处理。如此说来，实权还是掌握在弘历手上。

乾隆后期好大喜功，对国家治理力不从心。其在位后期重用大贪官和珅二十余年，导致这二十年间贪污成风，政治腐败，各地农民反叛频繁：乾隆年间爆发了多次民间起义；乾隆刚一退位，就

爆发了持续九年的白莲教起义。清帝国迅速走向衰落,康乾盛世不再。

和珅原名善保,钮祜禄氏,满洲正红旗人,生于乾隆十五年,比乾隆帝小近十四岁。和珅是乾隆帝从一个三等轻车都尉一手提拔起来的,确有不少长处,如帅气、语言功底深厚等。和珅被重用初期,做过几件好事,比如查办云贵总督李侍尧受贿案,所以在乾隆心中留下了清正廉洁的印象。

在乾隆的晚年,和珅逐渐成了权倾朝野的权臣,甚至能影响皇帝。他揽权受贿,对依附自己的人非常好。和珅十分贪婪,不仅大肆受贿,还公开索贿。地方督抚为了息事宁人,每当给皇帝进贡都会给他带一份。久而久之,和珅积累起了巨额的家产。

和珅虽出生在一个并不十分富裕的武官家庭,但接受了系统的儒学经典教育。乾隆三十四年,二十岁的和珅继承了祖上传下来的三等轻车都尉的爵位职务。没有功名的和珅,后来多次成为科举最高一级考试殿试的读卷官,担任《四库全书》等多部典籍的正总裁。

乾隆三十七年十一月, 二十三岁的和坤被任命为三等侍卫,相当于正五品,在皇帝出巡的时候,随时待命。这个差事给和珅经常接近乾隆提供了机会, 可以说是和珅人生的一个重要转折点。总之高富帅的和珅,可能因为某一偶然的原因引起了乾隆的注意和重视,从此“不鸣则已,一鸣惊人”。

和珅的升迁速度是比较惊人的。乾隆年间,二十六岁的和珅被提升为乾清门侍卫,十一月再升为御前侍卫,并授正蓝旗副都统,乾隆四十一年正月,授户部左侍郎,三月授军机大臣,四月,授总管内务府大臣。短短的半年,和珅从一名普通的侍卫,成为乾隆皇帝的亲信宠臣,从此以后,更是飞黄腾达。

和珅十分聪明狡猾。一次，和珅与刑部官员一起去云南考察，查办云贵一把手李侍尧贪污案。和珅一到云南，首先拘审李侍尧的管家。和珅从接受这个任务，到乾隆下御旨处治李侍尧，前后只用了两个多月，速度很快。随后，和珅又向皇帝报告云南的社会状况很差，这一报告立即得到了乾隆的赞许。

乾隆年间，甘肃造反，声势浩大。乾隆派和珅和大学士阿桂一起镇压。前方将帅本来快要取胜了，但和珅瞎指挥，致使总兵图钦保被打死。然而，和珅并没有将实情向乾隆汇报，反而将失败的原因归罪于将士们不听调遣。几天以后，大学士阿桂赶到现场，重新部署，亲自指挥，并没有发现有谁不听调遣。

和珅很有学问，记忆力好、聪明决断、能办事。乾隆皇帝在《平定廓尔喀十五功臣图赞》中特别提到和珅在语言方面有很深的造诣。和珅有一个很好使的讨好方法就是投其所好。乾隆一生喜爱做诗、书法，和珅为了迎合乾隆，在这些方面下了不少功夫，并有很高的造诣。

和珅还经常与乾隆一起写诗。乾隆的书法独具风格，但是和珅能模仿得极为相像。乾隆后期的有些诗匾都由和珅代笔。乾隆在晚年时仗着国家繁荣昌盛，开始追求生活的奢华，专门为自己建造了畅音阁、倦勤斋等娱乐场所。

和珅是一个“集资”高手。乾隆八十岁，要举行万寿大典很是需要钱。但是，国家却没有钱，在这种情况下，乾隆非常需要像和珅这样的弄钱高手。于是和珅在不大动用国库的情况下，想方设法满足了乾隆的需要。如乾隆五十五年，皇帝八十大寿，和珅总管这件事，他命令外省三品以上大员都要进献，不交不行。

和珅的财产相当的多，从一件小事中就可以看出来。一天，几个阿哥在宫里玩耍，一不小心把一个乾隆最喜欢的一个盘子给弄

坏了，他们几个就商量着去和和珅要一个，没想到，和珅居然拿出一个比原来大很多的盘子，而且颜色极为好看。

和珅是一个非常喜欢珠宝的人，甚至认为珠宝可以吃。和珅非常喜欢吴县名叫石远梅的珍珠。和珅每天早上起来后，都要服用一颗珍珠，服后他觉得自己心窍通明，一日之内的事务都了然于胸不会忘记。

和珅还创立了一种议罪银制度，就是让在生活和工作上犯错误的官员用交纳罚款来代替处分，少则数千两银子，多则数万两、数十万两。这种议罪银直接交到皇帝的私人腰包。为此，和珅还专门成立了办理此事的登记处，建立专档《密记档》，详细记录当时收缴罚银的情况。

和珅是贪官的代名词。他的贪污受贿是朝廷公开的秘密，所有的大臣心里都清楚。但他是乾隆皇帝的宠臣，谁也对他都没办法，包括执政的嘉庆皇帝本人。嘉庆三年，乾隆驾崩，和珅遂成为笼中猎物，三尺白绫了结了他的一生，他的财产成为皇帝和皇室成员的私人财产。

乾隆五十五年，内阁学士尹壮图说各省高层私挪库存银两，导致库存不足。乾隆大怒，派尹壮图到地方查办，和珅故意派户部侍郎郎庆成同往。郎庆成名义上是协同访查，实际上处处捣乱。他每到一地，便拖住尹壮图，让那些官员赶紧借钱填补亏空，结果尹壮图毫无所获，反而因为诬赖大臣丢了官。

敢于与和珅作对的人下场都不好，但有一个是特例。乾隆四十七年，御史钱沣状告和珅党羽山东巡抚国泰和布政使于易简。乾隆帝命和珅、刘墉、穆诺清一起查办此案，刘墉探听到和珅将派人去山东，便让钱沣提前化装南下。钱沣暗中记下此人长相，快到济南时，见此人骑马回去，马上把他拘捕，从他身上搜出国泰给和

珅的回信。

和珅忘记乾隆快要不行了，该为自己准备下一步咋走，但他没有。在乾隆帝确认颙琰为接班人时，嘉庆帝的老师朱珪由两广总督升任大学士，皇帝写诗祝贺，没想到和珅向太上皇告一状，说嘉庆帝在向下属报恩，结果朱珪降为安徽巡抚，嘉庆帝也因此得罪了父亲。嘉庆帝隐忍不发，表面上更重视和珅，实际上和珅的末日要到了。

和珅的倒台是在太上皇死后。太上皇弘历死后的第二天，嘉庆帝就下了一道突兀的圣旨，查办围剿白莲教不力者。大臣们知道皇帝的意图，于是弹劾和珅的奏章如潮水般送到嘉庆帝手中。嘉庆帝宣布和珅的二十条大罪，下令逮和珅入狱。

民间谚语说："和珅跌倒，嘉庆吃饱。"事实的确如此。和珅本来要被凌迟处死的，但和珅的儿子娶的是嘉庆的妹妹，在皇妹的苦苦请求之下，嘉庆帝综合了诸多大臣的建议，将和珅赐死，并宣布对能弃恶从善和珅余党一律免于追究，成功避免了政坛风波。

纪晓岚能做到位高权重和他自己的努力密不可分，他主持编订了《四库全书》，此书修成当年，乾隆帝格外开恩，又一次给他升官，还让他可以在紫禁城骑马。这在当时可是极大的荣幸。后来纪晓岚八十大寿时，皇帝派人祝贺，并赏赐众多物品。不久，拜他为协办大学士，加太子少保衔，兼国子监事。纪晓岚六十岁以后，五次出掌都察院，三次出任礼部一把手。

纪晓岚一生的才华和学术成就十分突出。他曾给自己写过一首词，其中两句"浮沉宦海如鸥鸟，生死书丛不老泉"，这是他一生的真实写照。纪晓岚不仅在清朝被公认为文坛泰斗，学界领袖，一代文学宗师，就是在中国和世界文化史上也是一位少见的文化巨人。

纪晓岚在少年时期,就聪颖过人。一次,他和小伙伴们在街上玩球,恰好官员乘轿经过。一不小心,球被掷进轿内。孩子们不知怎么办。纪晓岚壮起胆子上前要球。府官戏弄地出了个上联:“童子六七人,惟汝狡。”让纪晓岚对下联,纪晓岚一寻思,对道:“太守二千石,独公……”你要还我球,就是独公廉,不然就是独公贪。

纪晓岚和和珅一直是明争暗斗。一次,和珅新修了一个竹园,知道纪晓岚墨迹珍贵,便要他题个亭额,纪晓岚想了一下,在纸上写了“竹苞”两个大字。和珅让工匠刻成匾额,悬挂在亭台上。一天,乾隆来游园,见到亭台上“竹苞”的匾额,忍不住大笑起来。和珅在旁赔着笑,谁料皇帝说道:“这二字拆开来不就是个草包嘛!”

抽烟是纪晓岚平生三大嗜好之一。他吸烟成癖,烟瘾奇大,所用的旱烟袋是订做的,容量很大。有人说他一次能装三四两烟丝,可能是夸张,但他的烟瘾在北京城中是独一无二的,在全国也属罕见,因此有了“纪大烟袋”的绰号。

纪晓岚在当朝人气指数很高, 在家养伤期间同事们多去探望。大家看他手握大烟袋依然我行我素,便劝他戒掉烟瘾。“诸君只见我身受其累,却不知道我深得其利啊!每天吸上两口,我就会文思泉涌啊,挥洒自如。少了它顿会觉得文思枯竭,寂寞难耐啊。”对此,纪晓岚颇有一番鸿篇大论。

和珅与纪晓岚结怨颇多,但事实上,纪晓岚与和珅的关系是谁也离不开谁。年轻的和珅处世外向泼辣。年老的、处世逐渐内敛圆滑的纪晓岚会时时善意地提醒和珅。两人既有政见不同带来的争吵,也有默契的配合。

纪晓岚一生,有两件事情做得最多,一是主持科考,二是领导出书。纪晓岚曾两次为乡试考官,六次为文武会试考官,故门下士甚众,在士林影响颇大。其主持编修,次数更多,先后做过武英殿

纂修官、三通馆纂修官、功臣馆总纂官、国史馆总纂官、方略馆总校官、四库全书馆总纂官、胜国功臣殉节录总纂官等。

纪晓岚自称是野怪转世，一日得有几个女子相伴。纪晓岚在编辑《四库全书》的时候，有几天特别忙，好几天没有碰女人，于是两眼暴赤，脸色血红。乾隆皇帝在路上看见他这副模样大吃一惊，便问他咋了，纪晓岚没有隐瞒，把实情托出。乾隆大笑，后来派了两个宫女给纪晓岚作伴。

乾隆与纪晓岚之间发生过很多趣事。某天乾隆走到翰林院，纪晓岚和数人光着膀子在谈天论地，大家见皇上过来慌忙穿衣，纪晓岚因为眼睛近视，找不到衣服，慌忙中钻到了桌子下面。乾隆见了便一屁股坐在椅子上面。乾隆在椅子上面坐了四个小时不说话也不走。因为天气热，纪晓岚无法忍耐，便伸头问："老头子走了没有啊？"乾隆与诸人大笑。

在清朝，宫中太监多达千人，最多时有两千八百多人。这些太监除了少量的战争俘虏以及年幼的宫刑罪犯外，大部分是从民间招募而来的，当时直隶于今天北京郊区的昌平、平谷、大兴、宛平等处，都是出太监的地方。报名做太监的都是穷苦农民的孩子，他们的爸妈为生活所迫，便将他们送入宫中，甚至一些已结婚生子的青年人，也净身做了太监。

准备当太监的人在做"净身"手术前，都要先签一个合同，表示自己是自愿接受手术的，出了生命危险由自己负全部责任。签完合同，这些人就被送上了手术台。所谓的手术台，是一块四角都装着铁环的门板。"净身师"把这些人的四肢牢牢捆在铁环上，然后蒙上一块黑布，灌上一碗大麻汤做麻药，接着用一盆凉水泼向孩子的下身，趁着孩子脑袋发懵、身子发麻时下刀。

清廷对太监的管理非常严格。按《宫中则例》规定：太监口角

斗殴，打六十大板；点灯时不谨慎、夜里值班时打瞌睡、大声喧哗、损伤宫中陈设、私自外传宫内之事、不服上层太监管教等打四十大板；传小道消息、请假回来得太迟等打二十到三十大板。太监们的精神压力特别很大，每天战战兢兢，处处小心谨慎，但越是这样就越容易出错。

太监们也酗酒、赌博、打架。乾隆三十六年四月，圆明园中几个太监边赌边喝酒，后来因为输赢，借着酒劲争吵打斗，结果太监张进朝当场被另一个太监用随身的小刀捅死。乾隆四十八年的一个秋夜，在圆明园螺蛳楼北边水沟旁，两拨太监在捞螃蟹时发生争吵，后来发展到打群架，太监张忠被当场打死。

一般情况下皇上干啥事都要占着理，但有时也占不到理。一次皇上在寺庙里，方丈和乾隆到江边散步，乾隆见江上船来船往，便问方丈："你可知江上船有几艘？"方丈不慌不忙答道："两艘而已。"乾隆笑道："这江上船来船往怎么可能只有两艘？"方丈答道："我只看见一艘为名，一艘为利，名利之外，并无它舟。"乾隆说他说得好。

乾隆喜欢卖弄自己的学问。一次，乾隆和一位方丈散步，见有人在卖东西，乾隆就问这个东西做什么用，方丈说装东西的，乾隆也想玩高深，便说："东西可装，南北就不能装吗？"方丈道："东方甲乙木，西方庚辛金，木类金类之物，篮中是可以装的。南方丙丁属火，北方壬癸属水，竹篮不能装水火，是以把物件称为东西而非南北。"乾隆又一次败下阵来。

乾隆走到哪儿都喜欢题词，有时还闹成笑话。一次，词臣们拟了"江天一览"四字，乾隆误以为是"江天一觉"，拿起笔一蹴而就，群臣见后不知所措。这时，方丈出来打圆场，说："红尘中人苦于罔觉，果能览此江天，心头一觉，即佛氏所谓'悟'一之旨也。"随后便

让工匠镌刻挂上。

乾隆喜欢卖弄自己的文学功底。据说,有一次,乾隆与众臣子吟诗。乾隆先吟首句:“长江好似砚池波。”大臣刘石庵续道:“举起焦山当墨磨。”和珅见山的东北角有个危塔孤悬山顶,便续道:“宝塔七层堪作笔。”乾隆指定皇子嘉庆来完成最后一句,嘉庆一时答不上来,纪晓岚便偷偷地告诉嘉庆一句:“青天能写几行多。”

乾隆在位时间可不短!要不是出于对自己爷爷的尊敬,乾隆做皇帝的时间更长。虽然乾隆后来把皇帝位置让给了嘉庆,但嘉庆是有名无实,大权还是在自己老爹手里。国家大事的商议,嘉庆一直是在旁边听,很少发言。乾隆禅位后,各省使用嘉庆的年号,而宫中仍旧使用乾隆的年号。

乾隆与和珅相识,是因为《论语》。有一次,乾隆外出。一路上,乾隆都在轿子里背《论语》。背着背着他就卡住了,和珅在轿子旁边,听乾隆背不下去了,就接着往下背。乾隆见这个小侍卫,才二十几岁,但挺聪明的,就对和珅加以注意。

乾隆六十五岁得了一个小千金皇十公主,喜爱的不得了。这个闺女长得特别像乾隆,乾隆就说:“你呀,就是个女儿,你要是个男孩子,我一定让你做接班人,将来让你即位。”乾隆把这个掌上明珠许配给和珅的儿子,而和珅的儿子是乾隆给起的名字,叫丰绅殷德。

乾隆可以说是个孝子,对他的母亲非常孝顺。他曾侍奉母亲三上泰山,四下江南,多次到避暑山庄。他还用三千多两黄金做了一个金塔,叫金发塔,专门用来存放供奉母亲梳头时掉下来的头发。

乾隆是个喜欢热闹的人,闷了会想法子来解闷。每到新年的时候,乾隆便命太监宫女们在圆明园东面的同乐园中设买卖街,凡是街上有的，买卖街上一应俱全，譬如卖衣服、古玩的，酒肆茶馆，提着小筐卖瓜子的，要啥有啥。这样乾隆就可以热闹好几天了。

福康安的老爹为大学士傅恒，他的亲姑姑是乾隆的老婆孝贤皇后，按照辈分，他应该称乾隆为姑父。据说福康安小时候长得很好看，粉面朱唇，模样与他的两个未曾谋面的表哥——皇二子永琏和皇七子永琮有几分相似，而这两个备受乾隆喜爱的嫡子，又因病早夭，于是乾隆把年幼的福康安接到宫里，当自己的儿子看待。

乾隆帝与皇后富察氏伉俪情深。皇后富察氏去世后，永璜以大哥的身份迎接灵柩，因为永璜与皇三子永璋表现得不够悲痛欲绝，遭到乾隆帝的痛骂，并最终断送了二人的政治前途。两年后，二十三岁的皇长子永璜在惊惧与抑郁的双重折磨下离开了人世，乾隆帝深感后悔，却为时已晚。

乾隆的孝贤纯皇后富察氏是一个贤德的一国之母，乾隆帝之元配皇后。她是康熙前期著名大臣米思翰的孙女、察哈尔总管李荣保的女儿。乾隆与富察皇后结褵二十二年，恩爱甚笃。皇后贤淑节俭，以通草织绒作首饰，不佩戴金玉珠翠，并用鹿皮和绒毡给皇帝做荷包、佩囊，以示不忘关外先世之遗风，乾隆对她十分爱重。

雍正八年六月，富察氏诞下了弘历的次子，雍正帝亲自给这位心爱的小孙子起名为“永琏”。乾隆帝即位的第一年便把永琏秘密立为太子，但年方九岁的永琏感冒发烧，病情急剧恶化，竟于当月的十二日死在宫中。乾隆帝追封永琏为皇太子，永琏也成为了清朝唯一一位死后被追封为皇太子的皇子。

刘墉是何许人也？刘墉，祖籍江苏省徐州，后逃荒至山东高密。刘墉出身于山东诸城刘氏家族，是当时的名门望族，通过科考走上仕途的人很多。刘墉的爷爷刘必显为顺治年间进士，老爹刘统勋更是一代名臣，为官清廉果敢。

刘墉能够在获罪之后东山再起,说来还是沾了老爹的光。此时刘统勋正得皇上照顾,先后以大学士之职兼管兵部和刑部,被乾隆皇帝认为是左右之臣。因此,在乾隆三十三年刘统勋七十寿辰之时,乾隆皇帝写竖匾祝贺。第二年,刘墉获授江宁府知府。

刘墉是一个清官。刘墉任都察院左都御史时,山东连续三年受灾,他便按照实情向皇上说明,打开粮仓赈济百姓,拘捕结党营私的山东巡抚国泰回京。此时皇上的媳妇们已为国泰求情,和珅亦有意袒护国泰。刘墉遂以真凭实据,据理力争,终使国泰伏法。在处理国泰一案上,刘墉不畏权要,刚正无私,足智多谋,为民除了害,不愧为一个清官。

都说伴君如伴虎,而刘墉陪伴乾隆的时候,每次都能化险为夷。有一回,刘墉陪乾隆上楼梯,乾隆问:“上楼梯怎么讲?”刘墉从容回答:“万岁爷步步登高。”“那么,我要下楼梯呢?”刘墉心里想,如果说步步向下,肯定会惹毛皇上。他灵机一动说:“后步总比前步高。”这一句话就把乾隆逗乐了。

曹雪芹的家族与皇家是有渊源的。曹雪芹的曾祖曹玺任江宁织造,曾祖母孙氏做过康熙帝玄烨的奶妈,爷爷曹寅做过康熙皇帝的伴童和御前侍卫,后任江宁织造,兼任两淮巡盐监察御使,极受玄烨宠信。玄烨六下江南,其中四次由曹寅负责接驾,并住在曹家。所以,曹雪芹自幼就是在奢华生活中长大的。

雍正初年,由于封建统治阶级内部政治斗争的牵连,曹家遭受一系列打击。曹老爹以“行为不端”、“骚扰驿站”和“亏空”之名被免职查办,没收财产。这时,曹雪芹随着全家迁回北京居住。从此曹家一蹶不振,日渐衰微。

曹雪芹的晚年,移居北京西郊,生活穷匮不堪,甚至连饭都吃不起。曹雪芹家族没落之后,家里穷的揭不开锅,连老鼠进去

都要饿得哭着出来。但他仍以坚韧不拔的毅力,专心致志地从事《红楼梦》的写作和修订。1762年,幼子之死让他陷于极度的伤心和崩溃中,卧床不起。这一年的除夕,曹雪芹终于因贫病无医而逝世。

曹雪芹又是一位画家,喜绘画石头。敦敏《题芹圃画石》说:"傲骨如君世已奇,嶙峋更见此支离。醉余奋扫如椽笔。写出胸中块垒时。"可见他画石头时寄托了胸中郁积着的不平之气。曹雪芹的最大的贡献在于小说的创作,但他的人生际遇确实不怎么好。

《红楼梦》是曹雪芹"披阅十载,增删五次","字字看来皆是血,十年辛苦不寻常"的产物。可惜,在他生前,全书没有完稿。今传《红楼梦》一百二十回本,其中前八十回的绝大部分出于他的手笔,后四十回则为他人所续,据说他没写完的原因跟文字狱有很大的关系。

曹雪芹是在极其穷困的情况下著书《红楼梦》的。曹雪芹晚年被遣送到香山,在黄叶村继续著书《红楼梦》,生活已非常艰难。每季度发一担米,要养活全家,没有其他的经济来源,生活的艰难可想而知!何况他本人性格傲岸,愤世嫉俗,豪放不羁!

曹雪芹小时候就喜欢做风筝、放风筝。曹雪芹小时候生活在南方,后来又到了北方,对南方和北方的各种风筝都了熟于心。曹雪芹从北京城里移居西郊香山时,以卖画生活,十分窘迫,但还不时扎糊一些风筝,其中以宓妃和双童尤为精美,许多人都来买他的风筝。

曹雪芹不仅精通制作风筝,而且还是放风筝的高手。曹雪芹的好友敦敏曾作有《瓶湖懋斋记盛》一文,文中写有敦敏、董邦达等观看曹雪芹亲自在宣武门里结了冰的太平湖上放风筝的情景。曹雪芹不仅看得出风向还能预测其日下午有风,而他起放风筝技

巧之高,使在场的人都大为惊异。

曹雪芹制作风筝的技艺除了传授给于叔度以外,还教给了敦敏的弟弟敦惠。敦惠也是一位残疾人,他先是学画,后跟曹雪芹和于叔度学做风筝,学得不错,后来竟然以此供奉内廷。敦惠的后人也以此为业,他的若干代孙金福忠就是近代北京风筝业内的著名人士,看来曹雪芹的在风筝方面的影响还真不小。

乾隆年间有名的才子、状元,陕西巡抚毕秋帆在政治、军事、文学和考证方面,屡建功勋。他的同性恋情在清朝十分出名。《罗延室笔记》描述他贵为总督,却和妻妾毫无关系,把妻妾冷落在一旁,在他左右朝夕侍奉的是他落魄时所结交的伶官李桂官。他们俩朝夕相对,形影不离,以致当时人们称李桂官为“状元夫人”。

乾隆不待见江南的文人。江南文化发达,而乾隆一直认为文化就要求有自由的空气,文人自然就希望由独立的身份,这将会危害大清统治稳定。一科殿试结束后,考官们评定江南人赵翼为第一,陕西人王杰为第三,请皇帝点状元。乾隆说:“江南已经出了很多的状元了,陕西还一个也没有呢,就让王杰作状元吧。”于是本来第一名的赵翼被点为第三。

乾隆打压江南文人,是有一定政治目的的。乾隆希望通过整合江南的文化,收编江南的文人,在文化上彻底把江南纳入朝廷的统治之中。乾隆三气杭世骏,最终终于这个小老儿给气死了。乾隆如此做,是想借杭来“杀鸡给猴看”,以此来威慑江南的汉族文人,使他们服服帖帖地归顺朝廷。

乾隆南巡的重要活动之一就是阅兵。满族人历来崇尚勇武,重视骑射,并且历代帝王业都熟练掌握骑马射箭。乾隆多次南巡,都在杭州、南京等地举行盛大的阅兵式。为此,还闹了不少笑话。

乾隆最后一次南巡阅兵是在杭州，嘉庆皇帝后来回忆那次阅兵时的情形说，射箭箭虚发，骑马人坠地。一时传为笑谈了。

乾隆的南巡集团风风火火，每次都在万人以上，所到之处花费极大，地方供给极尽华丽壮观，所以南巡一次就是对老百姓搜刮一次。此外，乾隆还花大价钱在北京西郊营造繁华盖世的皇家园林“圆明园”，把中外九万里的奇珍，上下五千年的宝物，一齐陈列园中，作为家常的供玩，奢侈至极！

乾隆是一个表面上说严禁铺张，心里还是爱讲排场的主儿。尽管乾隆多次下令说要简朴，不要铺张浪费，但是地方官员为博得他的欢心，都会绞尽脑汁地投其所好。“六度南巡止，他年梦寐游。”这是乾隆第六次南巡写下的诗句，可见他连做梦都在回味下江南时的情景，充满了无限眷恋。

乾隆为了南巡，以至于国库空虚。乾隆六次南巡，排场一次比一次大，耗费自然也是一次比一次多。后来，造成了国库的枯竭，给百姓带来了深重的灾难。朝廷中有些有头脑的官员，多次劝阻乾隆停止南巡，乾隆哪里肯听，倒是劝阻的官员不是被惩处就是被罢官。之后，大臣们都闭上了嘴巴，谁也不敢说话了。只能眼睁睁地看着国库枯竭，国家衰败。

乾隆一直到晚年，才意识到自己南巡的错误举措。乾隆在晚年时说，我当皇帝当了六十年，自认为自己没有犯过什么大错。只有这六次南巡，劳民伤财，把好事办成了坏事。真是伤不起呀！的确，乾隆之后，清朝的皇帝们再也没有人敢仿效乾隆南巡了，因为国家实在是扛不住巨额的南巡开支了！

谁也不敢说自己是个十全十美的人，然而乾隆却王婆卖瓜——自卖自夸，自号“十全”。这一年，乾隆八十岁。一日，闲来无事，翻看《周礼》。忽然看到书上有“十全”二字，不由得心生感慨。

他想想自己已经风烛残年了，来日也不多了，就给自己考评了一下。还写了一篇宏文，从自己登基以来写起，一生共有“十全武功”，又给自己取个外号叫“十全老人”。

乾隆太爱自夸了。乾隆一直自夸自己的武功是代表正义的、是给老百姓带来的福音。实际上呢，乾隆在开拓疆域的过程中，杀戮甚众。另外，有的武功并不正义。比如攻打缅甸、越南是自比“天朝”的清廷在耀武扬兵，是对自己的附属国的控制与反控制的争斗。

乾隆皇帝享年八十九岁，为历代帝王高寿之冠。乾隆皇帝为此非常得意，相继刻有“古稀天子之宝”，“八徵耄年之宝”等印章，以志自己寿命之长。据乾隆医案的记载，他经常服用养生保健品，如龟龄酒、松龄太平春酒、椿龄益寿药酒、健脾滋肾状元酒、丸剂健脾滋肾壮元丸等。

乾隆五十二年谢启祚进京会试得中，授国子监司业。乾隆八十大寿时他以在京官员身份贺寿，乾隆见他百岁高龄如此潇洒，特加恩，晋为鸿胪寺卿，并赐诗匾。这时谢启祚已先后有两妻两妾，儿子二十三人，女儿十二人，孙子二十九人，曾孙三十八人，还有玄孙二人，是六世同堂之家了。

乾隆时期有个著名诗人张船山，就是此人指出了高鹗是撰写《红楼梦》后四十回的作者。清人梁绍壬在《两般秋雨庵随笔》卷中说，由于“船山先生诗才超妙，性格风流”，各地文人无不敬仰，有很多士人纷纷写诗作文，说自愿化为妇人，像他的妻妾那样侍奉他。

秀才一旦违犯考场纪律，称号将会被立即革除。同样是乾隆五十七年，四川、湖北等地一些结交主考官在考场作弊的秀才除了在棚外枷号示众之外，还被“斥革”，丢了原本考取的功名。

清廷对于冒名顶替、重金雇佣枪手等舞弊情节恶劣者的惩罚是发配充军。而罪责更加严重者，惩罚要更加重。直隶总督曾报请

乾隆将李人恒、杨锡纯、李世同与所雇的枪手进行联系、介绍的人一起治罪。这些人获罪后先枷号三个月，服刑期满发配到边关荒凉地区充当苦差，人到发配地以后还要杖一百，折四十板，在面部刺“烟瘴改发”四字。

乾隆时期，闽浙总督德沛上了一道奏折，请求乾隆皇帝允许他年过十七岁的儿子恒志与两广总督马尔泰的女儿完婚，但是，马尔泰的这位千金还没有参加过选秀女。此事令乾隆皇帝大为恼火，他命德沛立即赶赴京师，当面训斥了德沛一通，并命令户部发文通知八旗，凡是没有经过选看的秀女，不可私自先结亲，务必遵守律例等选看以后再行结亲聘嫁。

乾隆是一个美食家。乾隆在位期间，清王朝经过了近百年的统治，粮食富足，享乐之风也日盛一日。宫廷饮食在饮食结构、烹饪技术上得到改善。乾隆帝对饮食结构进行调整，并整理成条文、制度，如《钦定宫中现行则例》、《国朝宫室》等等。

从乾隆初年至中期左右，是乾隆帝政治生命最辉煌的时期，政绩突出、社会稳定、人民安定。乾隆后期倚重于敏中、和珅，尤其宠信贪官和珅，加之皇帝本人年事已高，致使吏治败坏，弊政丛出，贪污盛行，使乾隆帝辉煌的一生罩上了阴影。

乾隆帝确为一代雄主，也是一个很会享福的帝王。他晚年曾深深陶醉于同历代帝王的比较，认为自己的功绩、自己对大清的所作所为没有人能相比，甚至连在位时间、年寿、子孙数目等方面自己都是数一数二。

乾隆制造的“文字狱”全是将莫名其妙的罪名加在读书人身上。如徐某的“清风不识字，何故乱翻书”纯乎是描述生活闲情的随性之作，硬让乾隆曲解为讽刺清政府没有文化还故作斯文。乾隆大兴文字狱，焚毁了中国历史上许多重要的文化典籍，使其“文治”黯

然失色。

乾隆皇帝的虚荣还体现在帝国的外交上。乾隆的外交理念可以用两个字来概括：进贡。凡是肯向中国“进贡”的国家都是第三国家。乾隆皇帝为了鼓励第三国家向他“进贡”，对前来进贡的第三国家的赏赐十分丰厚，赏赐的价值往往十倍甚至百倍于贡金的价值，真是死要面子活受罪！

乾隆时期的清王朝，已经开始走向腐朽落后，但不可否认，乾隆在维护中国领土完整方面的作用和他在文治方面的贡献是非凡的。无论从哪个角度来说，乾隆皇帝都是一个天生强势的帝王，先辈给他留下的，不仅有辽阔的疆域和治世的积累，还有皇帝以天下为私产的思想。

乾隆五十五年，吞并尼泊尔的廓尔喀族侵略军入侵西藏日喀则，占领扎什伦布寺，烧杀抢掠。西藏向清王朝报急。乾隆闻讯后，即派大军入藏，收复西藏失地。为加强对西藏的管理，乾隆对西藏的政治、经济、军事等方面进行了重大改革，为维护祖国统一立下不小的功勋。

乾隆在位六十年，据说他本来可以再当政几年的，但为了不超越自己的爷爷康熙，他提前“退役”了。乾隆在位的六十年里，曾六次南巡，整治河道，也是目前百姓最为熟悉的一个皇帝。

和珅也做过“夹心饼干”的。乾隆做太上皇后，仍是幕后实权操纵者。这时的和珅虽然依然受宠，但是毕竟形势发生了变化。因此，和珅在乾隆与嘉庆间采取“一颗红心，四手准备”：第一手是紧紧依靠太上皇乾隆，第二手是讨好嘉庆皇帝，第三手是限制嘉庆皇帝的权势，第四手是防止嘉庆日后对自己进行惩处。可见，他夹在中间，也不好受的。

和珅总是想尽一切办法来限制嘉庆帝，他的王牌就是太上皇

乾隆帝。嘉庆即位后，和珅生怕嘉庆的权势过大，对自己不利。于是，和珅竭尽全力限制嘉庆，培植任用自己的亲信们。嘉庆即位之初，他的老师朱珪当时任广东巡抚，向朝廷上了封表示庆贺的奏章。和珅就到乾隆面前告状，想把朱珪踢下台。谁知，乾隆根本没有把和珅的话放在心上。

和珅有喜欢打小报告的嗜好。嘉庆元年(1796年)，乾隆准备召朱珪回京，升任大学士。嘉庆就写诗向老师祝贺。和珅又到乾隆那里告状，说嘉庆帝笼络人心，把太上皇对朱珪的恩典，算到自己身上。这次，乾隆真的生气了。乾隆就问军机大臣董诰自己该怎么办，董诰赶紧跪下说嘉庆帝并没有过错。乾隆这才作罢。

和珅是一个视权、钱为命的人。嘉庆二年(1797年)，领班军机大臣阿桂生病死了。和珅趁机毛遂自荐，他便成了领班军机大臣。其实，这时的乾隆早已年老体衰。

乾隆帝在很多方面还仿效康熙。康熙帝举行博学鸿词科考试，乾隆也举行博学鸿词学考试；康熙帝南巡六次，乾隆帝也是南巡六次；康熙帝搞文字狱，乾隆也搞文字狱；康熙帝与民同乐，举办千叟宴，乾隆帝也举办千叟宴。

康熙帝与乾隆在作风方面相差很大。康熙帝崇实尚简，很自觉地减少了宫中费用。而乾隆帝好大喜功，耗费国家钱财毫不可惜。

乾隆喜欢自己抬举自己，戏弄臣下。乾隆每出一首诗，就让儒臣们注释，如果找不出原委，就得受罚。很多人翻遍了万卷书，也解释不出来。然后呢，乾隆帝就说出出处，诸臣们都佩服得五体投地。

乾隆帝是个感情用事的人。乾隆十三年，皇后富察氏死了，乾隆帝为此非常伤心。一次，乾隆帝为了一个芝麻小事，在盛怒之

下,竟然处分大员一百多人。而他在此之前的十三年中只处分过一人——提督鄂善。

乾隆搞思想钳制太厉害了，以至于冤枉很多饱学的知识分子。乾隆帝把文字狱当成了家常便饭,制造130多桩,其中有很多都是捕风捉影的事情。乾隆帝还屡下禁书令,销毁了大量有价值的图书。

乾隆盲目的闭关锁国,错过了了解西方世界的最佳机会。乾隆时期,的确是清朝入关后的顶峰。但也是清朝被世界甩下的时期。此时,欧洲国家已经建造出新式战舰,在各个方面迅猛变革、发展之时,也正是在乾隆皇帝自我陶醉之际,从此埋下了“落后就要挨打”的隐患。

乾隆帝的晚年非常孤独,中宫空虚不设皇后;嫔妃的地位低,轻易见不到皇帝，再说他六十五岁以后也基本上不见这些嫔妃了;儿女们少数还活着且大多住在宫外;他早年提拔的大臣或死或退休,新提拔的官员年轻,话不投机。只有和珅上下沟通,既能让国家机器保持运转,又能帮皇帝办成很多别人办不成的事。

乾隆是一个极为孝顺的儿子。据传,乾隆对他的老妈,感情深挚,是发自天性的,礼敬有加,始终不渝。乾隆平时三天问安,五天侍膳,对老妈的生活起居,关心备至。皇太后逝世后一年之内,本来几乎每天都要写诗的他诗兴大减,作品寥寥。可见,乾隆帝与母亲的感情之深。

乾隆帝可以说是世界上产量最多的诗人。虽然乾隆诗作的质量让人不敢恭维,但他的确是作诗最多的诗人。他一生作诗41863首,而《全唐诗》作者2200多位,一共才48000余首。他寿命是八十九岁,折合成天是32000多天,除去童年,能用来写诗的不到三万天,平均每天写诗超过一首。让人遗憾的是,他的诗作流传后世甚少。

乾隆的盛世时期也有很多压力的，人口问题就是其中之一。古代是农业社会，人口就是生产力。为了增加人口，康熙时期鼓励多生孩子，而且还加赋；雍正时期“摊丁入亩”；况且，康乾时期社会稳定都使人口激增。乾隆五年人口普查时，1.4亿；乾隆二十七年，超过2亿人，乾隆五十五年，突破3亿大关。这样一来，人均耕地就少了，耕地所出就不够吃了。

乾隆末年，人均耕地占有量只有3.5亩，而当时的警戒线是4亩，所以经济上取得的成就被众多的人口抵消，人民生活在饥饿贫穷之中。英使马戛尔尼来华期间，发现北京街头乞丐很多，许多百姓甚至蓬头垢面，衣衫褴褛，他们当垃圾扔掉的食物被抢着吃。

乾隆是世界上运气最好的君王之一。乾隆的一生，身体非常健康，从没有遇到大灾大病。他在二十五岁的盛年即位，获得最高权力的过程非常顺利，也没有遇到点儿背的事。他还是在一个恰到好处的历史节点登上帝位的。因为在此之前，他的爷爷和老爹经过七十多年的统治，已经给他打下了良好的统治基础。

乾隆是世界上统治成绩最辉煌的君王之一。乾隆年间，政治安定，满人旗人的特权地位较为稳固；经济繁荣，人口大幅度增长。此时的清朝“通译四方，举踵来王”。甚至以前从来和清朝没有交往的国家也纷纷遣使来朝。

自古以来，帝王之尊没有几人是得以好死的，而乾隆确实一个例外。乾隆太上皇有一个听话的儿子；还有一个能干的和珅替他处理国家大事。据说他这个时候最关心的是他的重孙子能早日当爷爷，这样他就六代同堂了，可惜最后没有如愿。乾隆于嘉庆四年正月初三日辰时在养心殿病逝，终年八十九岁。

第七章

盛世虚名下的悲催皇帝

——清仁宗嘉庆帝时期

乾隆二十五年(1760年),清仁宗爱新觉罗·颙琰出生,原名永琰,清朝第七位皇帝,乾隆帝第十五子。

乾隆六十年(1796年),宣示立皇十五子颙琰为太子,明年为嗣皇帝元年。

嘉庆元年(1796年),行授受大典。

嘉庆四年(1799年)正月,太上皇逝。嘉庆帝亲政。大学士和珅及尚书福长安皆获罪下狱。和珅赐死于狱,福长安问斩。

嘉庆七年(1802年),川、楚大部分白莲教起义被镇压。

嘉庆八年(1803年)闰二月,嘉庆帝由圆明园还宫,入贞顺门,陈德行刺,不成被俘。陈德及其二子伏诛。严申宫门之禁。

嘉庆九年(1804年),清廷彻底镇压了白莲教起义余部,此战事迁延九年,清廷耗军费白银二亿两。六月,蔡牵于海上起义。

嘉庆十年(1805年),查禁西洋人刻书传教。

嘉庆十三年(1808年),英国兵船进泊香山洋面,派兵据澳门炮台,以防御法国保护贸易为借口。

嘉庆十六年(1811年),禁西洋人潜居内地,并禁民人习天主教。

嘉庆二十一年(1816年)七月,英国使臣到京,因礼仪之争未觐见嘉庆帝而去,并企图把天津作为新的贸易口岸,带领英使的大臣和世泰等受到黜降。

嘉庆二十五年(1820年)七月,嘉庆帝逝于避暑山庄。

乾隆帝曾经立过三个接班人,嘉庆帝颙琰是其中之一。乾隆帝立的第一个接班人是皇后富察氏所生的皇次子永琏。按说,永琏继承自己的"家业"是理所当然的。而且,永琏不仅是嫡子,还聪明伶俐,气宇不凡。但是,永琏却是个没福气的命,九岁就死了。第二个接班人是永琮,这小家伙两岁就因为痘症死了。第三个是颙琰,也就是嘉庆帝。

乾隆共有十七个儿子,可是大都夭折了,乾隆帝为此十分伤心,命令大臣不准提立太子之事。到了乾隆三十八年,乾隆帝六十二岁了,已无法回避这个问题。此时乾隆帝在世的皇子只有六位,有两个被过继他人,剩下四位都不太成器。只有颙琰比较忠厚,学习努力,行为举止也比较得体,只好选他了。

嘉庆帝是乾隆帝的第十五子,他本名叫永琰,当皇帝后改为颙琰,"嘉庆"是他的年号。嘉庆帝生于乾隆二十五年,三十四岁时被封为嘉亲王,四十五岁被册立为皇太子,四十六岁即位,改元嘉庆。"庆"为普天同庆,"嘉庆"的意思是"嘉亲王即位,国泰民安,普天同庆"。

嘉庆从老爹乾隆手中接过权杖的时候,才发现老爹时代所谓的盛世只不过是"虚景"而已。嘉庆四年,统治中国六十多年的乾

隆皇帝病逝于养心殿。当了三年嗣皇帝的嘉庆,从老爹手中接过那根梦寐以求而又十分沉重的权杖,开始亲掌政权。嘉庆亲政后,发现此时的国家,财政匮乏,军备废弛,内政不修,内乱频仍,统治危机严重。

嘉庆最初亲政后,国家曾一度出现了一些新的气象。嘉庆亲政后,发现清王朝面临着严重的统治危机。为了遏制清王朝走向衰败的趋势,为了扑灭已成为燎原之势的白莲教起义,他打起“咸与维新”的旗号,广开言路,整肃内政,使嘉庆朝初期出现了一些新的气象。

和珅很早就被嘉庆拉入了黑名单,正寻找时机整治他。早在颙琰做皇子嘉亲王时,就讨厌和珅,一点儿也不待见他。颙琰被定为储君,由于和珅与老爹乾隆走得比较近,预先知道这件事。就在乾隆帝公布嘉庆为皇太子的前一天,和珅送给颙琰一柄如意,暗示自己对嘉庆即位有拥戴之功。嘉庆当时是把笑挂在脸上,恨在心里。但因老爹宠爱和珅,不便动手。

嘉庆即位后,太上皇乾隆还健在。面对深受老爹宠爱的老贼和珅,嘉庆首先采取欲擒故纵的策略。和珅的一举一动,他看在眼里,不动声色。有些大臣在嘉庆面前批评和珅,嘉庆却为和珅说好话。他向太上皇奏报一些军国大事时,也经常让和珅去代奏、转奏,以此表示信任,稳住和珅。

嘉庆帝在乾隆大丧期间,就着手惩办和珅。在乾隆大丧期间,嘉庆对和珅说:“我老爹生前最宠爱你,现在他撒手西去了,你也应该好好陪陪他,以尽臣子的忠诚。”于是,嘉庆就命和珅与其死党福长安为乾隆昼夜守灵,还嘱咐他们不得擅离,切断他们与外界的一切联系。这实际上是削夺了和珅的首辅大学士、领班军机大臣、步军统领、九门提督的军政大权。

嘉庆整顿内政是从诛杀清王朝的"第一巨贪"和珅开始的。乾隆大丧期间，给事中王念孙等官员上疏，弹劾和珅弄权舞弊，犯下滔天大罪。嘉庆当天没有行动，第二天果断宣布将和珅、福长安的职务革除，立即下刑部大狱。与此同时，嘉庆命仪亲王永璇、成亲王永瑆等，负责查抄和珅家产，并会同审讯。

乾隆末年以来，国内大小闹事不断，乾隆刚退休不久，川、楚、陕爆发了白莲教大起义。到乾隆去世前，朝廷多次派兵围剿，起义军是受到了打击，但是愈挫愈勇，野火吹不尽春风吹又生。嘉庆亲政后，通过诛杀和珅，解了到不少民怨，于是让和珅送佛送到西，把什么责任都担了。

和珅一生积累的财产，最后都被嘉庆帝查抄了个干干净净，这才叫坐收渔翁之利。除了库存的粮食拿去赈灾、和家府邸平分给永璘及固伦和孝公主、和家园林赠予永瑆以外，其他的全部都进了"内务府"。和珅的财产总计在八亿两白银以上，是当时整个清王朝每年国家收入的两倍。

嘉庆帝在老爹乾隆死后，重新进行了一系列的人事调整。嘉庆帝传谕他的老师署安徽巡抚朱珪来京供职；下旨让宗室睿亲王淳颖、定亲王绵恩、仪亲王永璇、庆郡王永璘等分掌军政；命令从即日起，各部院所有大臣上奏的文件，都要直接向皇上奏报，不得将上奏的内容事先告诉军机大臣，军机处也不得再抄录副本。

嘉庆帝算得上是一个办事干净利落，雷厉风行的皇帝。嘉庆帝在老爹乾隆死后的短短半个月时间里，就把一个被先帝恩宠三十年的二把手"皇帝"和珅加以惩治，动作迅速，干净利落，宽严适当，这是非常难得的。这也是嘉庆帝一生处理重大政治事件中最为精彩的一笔。

嘉庆帝是一个明智的皇帝。和珅被诛杀后，其余党都成了惊

弓之鸟,心都提到嗓子眼了。偏偏这个时候,又有朝臣上疏,力主穷追和珅余党。但嘉庆是个明智的皇帝,他没有那么做,而是在除掉和珅后,马上收兵。对于和珅的亲信,嘉庆帝除了处分了一些比较“拔尖”的人外,其他由和珅保举升官或给和珅送贿者,都没有追究。因为只有这样才有利于稳定政局。

嘉庆帝亲政后,纠正了很多冤狱,尹壮图的冤案就是其中之一。尹壮图是一个正直敢言,不畏权贵的官员。当时和珅正处于被乾隆宠爱的鼎盛时期,可能尹壮图并不知道乾隆与和珅之间的猫腻。尹壮图大胆地在上疏中弹劾和珅把罚银充公的事情,乾隆为此很反感,罢免了尹壮图。尹壮图从此心灰意冷不在从政。嘉庆帝上台后,又起用了他。

吴熊光是一个敢于当面对嘉庆谏诤的官员,曾经一句话把嘉庆噎得半天张不了口。一次,嘉庆帝在东巡返京时,召吴熊光等人迎驾,然后一起入宫。由于是刚巡幸归来,嘉庆帝心中高兴,就称赞沿途的风景非常好。吴一听,怕嘉庆帝从此纵情山水起来,就当面劝谏嘉庆要忆苦思甜,怀念祖宗创业艰难,风景再好也不应该夸赞。就因为这句话,嘉庆被噎住了。

嘉庆帝曾经在自家门口遇刺,凶手竟然是一个八竿子也打不着的平民——陈德。陈德属契买家奴。由于陈德的一生都被压在社会的最底层,饱尝人世辛酸,亲眼看到皇宫贵族的逍遥快活,从而心理失衡,又加上他被主人解雇,感觉活着没意思了。这天早晨,陈德怀揣小刀,前去刺杀嘉庆。后来,不仅没有刺着嘉庆,自己却被凌迟,又搭上两个未成年儿子的小命。

嘉庆帝曾因为外国使节不给自己叩头而把使节赶出去。1816年,阿美士德勋爵再次率领英国使团来到中国。觐见前,中国的大臣劝阿美士德见到皇帝要叩头,但阿美士德不愿意。随后发生了

一场中国人和英国人之间的混战，使节要把英国人拉去见皇上，阿美士德等人抗议，并且打了使节一顿。这个事件报上去后，嘉庆皇帝非常生气，英国人随后被赶出了北京。

嘉庆是一个很尊重臣下的皇帝。有一个大理寺卿叫杨怿会，受嘉庆召见。夏天很热，杨怿会晋见时，一挑帘就看见嘉庆汗流满面，摇着扇子挥汗。之后嘉庆跟他问询了很多的问题，谈的时间比较长，嘉庆汗流满面，始终没有扇扇子，这说明嘉庆非常注意自己在臣下面前的形象，尊重臣下。

嘉庆很爱民。安徽有个巡抚，一下就上报了三百万两银子的花销，嘉庆一看此地报上的银子，就说三百万两数太多，并吩咐各府州县，一律砍40%，重新造册上报。但下面人反映时间太急可能来不及，让嘉庆知道了，嘉庆就说："我蠲免就是上面有点损失，下面老百姓得到点利益，这是我的本意，我乐意。"

嘉庆皇帝总共有两个皇后，并且夫妻关系都很和睦。嘉庆的第一个皇后叫孝淑睿皇后，总共生了两个二儿子，可惜第一个死了，第二个就是道光。不过孝淑睿皇后在旻宁近乎成年的时候得病死了，后来嘉庆就又续了一个，叫孝和睿皇后。孝和睿皇后是个有福之人，生有两个儿子，一个是皇三子绵恺，一个是皇四子绵忻。

清朝是因为嘉庆年间大肆镇压白莲教起义而元气大伤，自此走向衰落的。在历时九年多的战争中，白莲教起义军占据或攻破州县达两百多个，抗击了满清政府从十六个省征调来的大批军队，歼灭了大量清军，击毙副将以下将弁四百余名，提镇等一、二品大员二十余名，清政府耗费军费二亿两，相当于四年的财政收入。

嘉庆帝在清朝的皇帝中是比较倒霉的一个。嘉庆当皇帝时，

遭遇刺客险些丧命。凶手自供行凶的理由是生活贫困，无处谋生，所以欲寻短见，但是又想在了断之前做点惊天动地的大事，所以才来行刺皇上。后来，天理教起义，起义者曾一度攻进皇宫，在城楼上插反旗，直逼皇后住所，意欲捣毁金銮殿。

天理教围攻紫禁城时，还流传下来一个顺口溜"庸庸碌碌曹丞相，哭哭啼啼董太师"。天理教造反时，嘉庆帝正在热河围猎。他听说后，曹振镛劝嘉庆帝一定要保持冷静，内阁大臣董诰极力请求嘉庆回京，甚至掉下了眼泪。自此，这句顺口溜便流传了下来。

天理教围攻紫禁城后，倒霉的嘉庆帝开始反省自己。天理教被镇压下去之后，嘉庆帝草拟了"罪己诏"，哀叹这次的祸事是汉唐宋明从来没有出现过的事情。等他回京后，诸大臣都迎驾于朝阳门内。嘉庆帝哀叹道："真是悲催啊！我大清以前是何等的强盛啊，现在竟然出了这等事情！"众大臣也都呜咽痛哭起来了。

仁慈的嘉庆帝也有血腥的一面。嘉庆帝对天理教围攻紫禁城的事情恼羞至极。为此，嘉庆帝将捕获的天理教头目林清凌迟处死，将首级送到直、鲁、豫地区示众。此后，还派兵火烧起义据点大兴县宋家庄，处决林清的姐姐、妻子。对其他的起义者进行严刑审讯，使用各种惨绝人寰的酷刑。最后把被捕者及其家属共三百多人处死，或流放边疆，或在内地为奴。

嘉庆十年二月二十日这天，出了一件怪事。一个叫萨弥文的中年男人扛着铁枪闯进皇宫。这人倒也神勇，把守卫神武门的护军砍伤好几个，来势汹汹。之后护军一齐上，总算将其制服，但因七手八脚打得太猛，萨弥文最后竟伤重身亡。看这事办的，把人家都弄死了，大家始终也没能弄明白他到底是为啥来的。

皇宫里竟然还能混进小偷，也只有嘉庆朝会出现这样稀奇古怪的事情。在嘉庆帝的眼皮子底下，领侍卫内大臣值班的景运门

内，居然混进了小偷。这小偷用极娴熟的手法，将值班内阁中书屈廷镇的海龙皮褂子给割开了一个口子，之后小偷竟在千万人面前溜了个无影无踪。

嘉庆帝是一个“亡羊补牢”的主儿，不过还是具有实际意义的。嘉庆帝遇到了两次变故之后，一次差点被刺杀，一次被围攻紫禁城。为了吸取教训，嘉庆帝决定加强京师特别是紫禁城的防卫措施，以保证大内的安全。一系列措施实行后，京师的确是安全多了。

嘉庆帝和他老爹乾隆同样都崇尚节俭。但嘉庆是真节俭，乾隆是嘴上功夫大。嘉庆帝过五十大寿时，御史景德奏请按例在他的万寿节时，城内演戏设剧十日。嘉庆帝不高兴了，降谕训斥，并将景德革职，发往盛京派当苦差。同时，嘉庆帝还严令各地不许在他寿辰之日广陈戏乐，也不准办理庆典，各地派京庆寿的督抚及将军、提督，一概不准进献珠玉陈设。

嘉庆帝当政二十多年，始终都坚持节俭。嘉庆不仅提倡官员们节俭，自己还以身作则。他希望通过自己的行动，使国人都变得朴素起来。然而，他的良苦用心及其所作所为并没有感动文武百官，奢侈之风反而更加猖狂起来了。

嘉庆帝最痛恨粉饰升平的官场作风。嘉庆帝对于一些讳灾失职官员的处分一直都是比较严厉的。在嘉庆帝时期，凡是粉饰升平的官员，有的被革职，有的被流放。他一直能够言出法随，对讳灾不保的地方官员不断给予惩治。

嘉庆十三年，淮安发生了百年不遇的水灾，李毓昌奉命到山阳县监督视察震灾情况。知县王伸汉要李毓昌多报救济人数，以便可以多得点外快。李毓昌拒绝了，王害怕事情败露，就先发制人地买通李仆毒死李毓昌。知府王毂也收了王伸汉赂银四千两，验

尸时以自杀结案。但李毓昌亲人却从遗物中发现血迹，开棺验见服毒状，便到京城告御状，后此事水落石出。

嘉庆帝固然一生勤于政务，但也有一爱好，就是爱看戏。有史书记载说嘉庆刚登上皇位的时候，虽然老爹乾隆已经退居二线，但毕竟掌权这么久，对于权力还是无法彻底放开，仍在和珅的辅佐下独揽大权，嘉庆无事可做，干脆先提前把戏瘾给过了，以后好勤于政事，结果在嘉庆元年正月，刚刚登上皇帝宝座的嘉庆帝一连看了十八天大戏。

嘉庆帝很爱打猎。嘉庆帝即位初年，乾隆老迈，自然不能远出行围；待乾隆去世后，嘉庆帝又因清算和珅、镇压白莲教大起义忙得一塌糊涂，没时间出去打猎；直到嘉庆七年，嘉庆帝才第一次去木兰狩猎。他原想经过将近十年的休养生息，围场上的猎物肯定很多，没想到千军万马忙活了一天，才打到两只狍子。

从嘉庆元年到嘉庆十年二月之前的十年里，嘉庆的妃子们没有为嘉庆生下一子半女，这是为什么？是嘉庆自己的问题还是有人暗中做鬼？有人说这是孝和睿皇后的阴谋，为了自己的利益，她勾结如妃，胡作非为，并且大言不惭地说："后宫只有两个真正的女人就是我和皇后了。"

孝和睿皇后钮祜禄氏出生自满洲世家，也算是名门，既出过驸马又出过皇后。钮祜禄氏比嘉庆皇帝小十五岁，深得嘉庆疼爱，嘉庆改元时她才二十岁，在她二十二岁的时候嘉庆的第一位皇后孝淑睿皇后喜塔腊氏去世，钮祜禄氏遂从皇贵妃被晋封为皇后。

丰绅殷德也是一个好色鬼。乾隆去世才十几天，和孝固伦公主的公公就被处死，她本人也遭受了抄家的厄运。固伦公主下嫁到和府，丰绅殷德表面上既敬且畏，但在婚后不久就又纳妾。即使是固伦公主也要容忍丈夫纳妾，不能过一夫一妻的日子。而丰绅

殷德在被抄家之后,仍能保住半所宅院和半个园子,这全凭固伦公主的金面。

丰绅殷德在老爹和珅死后,还不知引以为戒。丰绅殷德要不是高攀上公主,他老爹和珅倒台了,他最轻也要发往军前效力。自和珅被治罪,和珅这一大家子全都仰仗十公主支撑,然而丰绅殷德却还要移情侍妾,而让公主独守空房,实在是忘恩负义。

皇帝的话就是圣旨,上面说什么,下面照做就好,可是下面要是有意见怎么表达呢?乾隆时权臣当道,没人敢说实话,嘉庆就劝诫大家直话直说,谁知洪亮吉讲了不太好听的大实话却得罪了嘉庆,被流放边疆。老天看不下去了,接下来的一整年京师大旱,而嘉庆赦免了洪亮吉的第二天京师就下雨了。

嘉庆对贪官污吏一点儿也不心慈手软。嘉庆五年,嘉庆处死了向粮道卫弁勒索几万两银钱的漕运总督富纲,嘉庆十一年四月十六日,免去了河东河道总督职务,嘉庆十一年九月,查处了直隶司书王丽南侵吞帑银三十一万两大案。嘉庆十四年五月,巡漕御史英纶以贪污卑污处以绞刑,可见嘉庆对贪官惩罚的严厉。

对于官员的不尽职尽责之风,嘉庆帝首先从自己做起,学习老爹乾隆,认真工作。他每天一大早就起身阅读祖宗实录,批阅奏章,早饭后召见大臣。对于拖拉延搁的现象他会严厉处置。嘉庆十三年四月,皇孙出世,内阁考虑到嘉庆帝正高兴,怕送奏折影响他,但他却说不能因为任何事给自己找借口不工作。

嘉庆时期人多地少,老百姓普遍吃不饱饭。嘉庆为了让老百姓都能吃饱饭,决定以珍惜土地为主,只允许土地上种粮食作物并且多重比较高产的玉米、大豆,限制烟草茶叶的种植面积,但这些措施只是触及毫毛,并不能真正地解决土地不够用的问题。

嘉庆承袭着老祖宗的规矩,却苦了他自己。八旗子弟都严格

遵守老祖宗的规矩，学习骑射等，但全部开支都靠国家供着，不用为生存担忧，更不会种地经商。时间久了，这些贵族们什么本领也不会。对此，嘉庆也没办法，老祖宗的制度不能改，他只能哑巴吃黄连，为这些纨绔子弟擦屁股还账再适时加点感化教育。

嘉庆时期，八旗子弟堕落严重，嘉庆帝不想再让他们受国家供养了。嘉庆帝的负担很重，国家的人口众多，人均土地面积很少，这就够他头疼的了。但他还要供养八旗子弟们，他们全都不是省油的灯。八旗子弟们挥霍无度，生计自然就成了问题。嘉庆帝需用政府的钱替八旗子弟还债。嘉庆帝试图把部分北京的八旗子弟迁往东北，但由于八旗子弟的抵制而很难推行。

虽然嘉庆帝为了改变这种混乱的局面不知道死了多少脑细胞，但是效果却像肉包子打狗有去无回。其实也不能都怨嘉庆，乾隆老爹后期，社会上乱七八糟，乌烟瘴气的，很难有什么改变，再加上嘉庆不是那种翻云覆雨，大手改革的人，只会头痛医头脚痛医脚，根本改变不了什么。

越南的名字咋来的？其实它的名字还是大清国嘉庆皇帝赐予的，并且是在越南国王的反复请求下，嘉庆才勉为其难的给了它一个名字。嘉庆七年，越南新国王刚上台，想要改安南国为南越，但中国历史上有过南越，嘉庆就赐给其“越南”之名。

嘉庆和乾隆一样，比较重视河道的管理，即使财政再紧张，也从来不会对灾民苛刻，因为他觉得灾民本来就够可怜了，怎么可以让他们更可怜。嘉庆几乎每年都会拨出专款用于专门的防洪抗旱工作，他亲政期间，除最后一年外，几乎年年减免百姓的公粮，很是大方。

嘉庆是个死脑筋，祖宗制度是死的，人是活的，世界都在变，就他还抱着一根所谓的救命稻草当成宝贝，不知道变通。重农抑

商，闭关自守，不讲创新。里外闹事，嘉庆却能坐怀不乱，不是他不乱，是他没办法改。于是，满清从嘉庆开始衰败得日益明显了。

永瑆从小就喜欢书法，闲极没事就拿着家里的笔到处乱画，他爹妈不但没责怪他，反而鼓励他继续加油，这激励了小永瑆的兴趣，让他更加刻苦努力地练习。后来他的老爹觉得孩子爱书法已经不是简单的一时兴趣，就带他拜访名师，使他的笔法集各家之长，用笔俊逸，结体疏朗，风格典雅，与刘墉、翁方纲、铁保并称“清中期四大书家”。

陶澍没有发达之前，喝酒赌博无所不干，弄得家里经常穷得揭不开锅。当时陶澍虽说是个秀才，但由于成天不求上进，人送外号“陶阿二”，当地的读书人都不愿意和他来往。在原配离开后，他娶了卖酒老头的丑女。婚后的陶澍大有长进，以致果然金榜题名，不到十年，就做到了很大的官。

潘恭寿擅长画画题诗，山水画画得尤其出众。他的画有些还得到了王文题的词，于是人们称他的画是“潘画王题”，尤其的珍贵。潘恭寿是“丹徒派”名家之一，晚年迷上了刻章，写了本诗集《龟仙精舍集》。

周笠是苏州人。周笠的画诗都不错，最好最有名的就属他的花卉画了，山水淡远秀韵，花卉赋色妍雅，很多人都慕名前来，花很多钱只为买他一幅画，那时他要是有经商头脑，肯定是个百万富翁。

钱杜是浙江钱塘人，比较爱自由，不喜欢约束，是个随性的人，闲着没事就爱出去旅游。他在当时交通不方便的情况下走遍了大半个中国。钱杜的山水画以元人笔墨，运宋人丘壑，尤得力于文征明，自成一家，很为世人所敬仰。

戴公望是浙江嘉善人，喜欢书画但是很少动笔，只要动笔就

是大作，他出去游玩时喜欢自己做旅游手册，并且会给周围的朋友发送，很是热情。他也喜欢收集古代的墨宝，遇到中意的会不惜重金购买，甚至倾家荡产也在所不惜，可见其疯狂程度。

嘉庆年间，有一个小太监特别衰。嘉庆十三年，保和殿的小太监因要用竹棍支窗户，随手将削竹棍的小刀忘在了床上。被发现后，以“持刀入宫”的罪名论罪，被处枷号一年。所谓枷号，就是在脖子上架上一副沉重的木枷，每天从早晨直到晚上，在室外站着或跪着，无论刮风下雨。

嘉庆并不是一个非常有作为的皇帝，但却是一个值得同情的皇帝。嘉庆帝在位二十五年，社会动乱不断，危机四伏，已经开始出现衰落的迹象。和珅事件是他登基以来的第一桶金。但后来白莲教、天理教等混乱社团在社会上兴风作浪，他的能力仅限维持大集团不致瘫痪，至于创新就甭想了。

孝淑睿皇后是个贤德的皇后。孝淑睿皇后钮祜禄氏，在嘉庆六年被立为皇后，生下两皇子绵恺、绵忻。嘉庆帝于避暑山庄去世时，智亲王绵宁，陪同在身边，但一时找不到嘉庆留下的传位密诏。当时孝淑睿皇后在北京，也没有找到那份密诏，但她没有自作主张让亲生儿子即位，而是下懿旨叫大臣们拥立智亲王为帝，是为宣宗道光皇帝。

据说嘉庆是中暑死的。嘉庆二十五年七月二十，嘉庆早早就准备好要去木兰围猎，但是那天格外的热，在去山庄的路上嘉庆不小心中暑了。他到山庄后就恶心难受，而且症状越来越厉害。可惜那时没有藿香正气水，要是有，嘉庆也不至于因为酷暑难以忍受，在避暑山庄被活活地热死。

有人说嘉庆帝是突发心脏病死的。据说嘉庆是因为爱吃肥肉，导致血脂稠，糖尿病等富贵病。嘉庆帝当时已经六十一岁高

龄,还去围猎,所以就经不起瞎折腾,沿途疲劳,天气暑热,得了突发性心脏病死的。

还有说嘉庆帝患有高血压,是因为这个病而死的。嘉庆帝比较胖,而且他这个人比较好喝酒,酒量在三四两之间不算很大,但是经常喝,量就大了。再说说嘉庆帝的饮食:主要以鸡鸭猪羊肉为主,其中又以猪肉为主,青菜吃得很少;海产品基本不吃,淡水产品吃得也少,他长期摄入高胆固醇、高蛋白的食物,又加上不运动,综合到一块,因此而死是有可能的。

也有人说嘉庆帝是由于劳累加上高血压而死的。嘉庆帝亲政二十年来,为治理这个庞大的、千疮百孔的帝国耗尽了他全部的心血,没有一天轻松;他长期处在压抑、烦躁、忧愁和劳累之中,这种状态对很多疾病都有推波助澜的作用,对一个高血压病人来说尤为不利!

第八章

打补丁收银子的虚伪皇帝

——清宣宗道光帝时期

乾隆四十七年(1782年),爱新觉罗·旻宁出生,即清宣宗,通称道光帝,是清入关后的第六个皇帝。

嘉庆二十五年(1820年),嘉庆帝去世,绵宁即位为帝,改名"旻宁",年号道光。

道光十二年(1832年),英商船至闽、浙、苏、鲁海面,希望在广州以外,另开口岸。

道光十四年(1834年),英国第一任驻华商务监督律劳卑抵达广州,在要求与两广总督会见直接磋商贸易事务被拒绝后,率军舰炮击虎门。

道光十五年(1835年),两广总督卢坤、水师提督关天培奏请增修广州炮台,广东定《防范洋人贸易章程》。

道光二十年(1840年)六月,英国远征军到达中国海面,鸦片战争爆发。

道光二十一年(1841年)正月,英军攻陷虎门沙角、大角炮台,道光帝被迫下诏向英军宣战。五月,《广州和约》的签订,激起广州人民的愤怒。广州三元里人民奋起抗英。

道光二十二年(1842年),英军攻陷长江吴淞炮台,江南提督陈化成力战牺牲,上海失陷。道光帝批准中英《江宁条约》(即《南京条约》),答应割地、赔款、五口通商。

道光二十四年(1844年)五月,耆英与美国代表顾盛签订不平等的《中美望厦条约》。九月,耆英与法国代表签订不平等的《中法黄埔条约》。

道光三十年(1850年)正月,道光帝病逝。皇太子奕詝即皇帝位,以明年为咸丰元年。十二月,洪秀全于广西金田起义。

道光是孝淑睿皇后喜塔腊氏和嘉庆爱情的结晶,但这棵爱情树上并不是只结了一个果,道光还有个哥哥,只可惜这个哥哥死的早,没福气,所以道光就顺利地从次子上升到嫡长子的位置,并且还多了一个职位,太子。道光虽然比较好命,但他的老妈却是个薄命的女人,没有福气享到儿子的福。她嘉庆元年被册封为皇后,第二年就一命呜呼了。

道光当皇帝没多久,皇帝的宝座还不知道暖热没有,“鸦片战争”就爆发了。但也不是因为他清政府才开始一步步地走加速下坡路的,清朝的衰落是几代皇帝共同造成的恶性循环,只是道光恰好碰到了导火索。

都说冥冥之中自有定数,其实这定数就操纵在自己手中。发动第一次鸦片战争其实是英国议会通过投票产生的结果,支持战争的一方仅获得九票的优势。所以历史没有偶然性,事件发生都会有一个导火索。根本原因就是清政府软弱无能的结果。

道光时期的清朝,正像一块肥美的小羊羔肉,外国列强都虎视眈眈。道光时的清朝,积贫积弱,鸦片泛滥,官员们萎靡不振,苟

且偷安，州县勒索陋规已到立法都不能禁止的地步，武备不兴，经制兵战斗力削弱，英国等列强国正虎视眈眈，觊觎扩大中国市场。而作为一国之主的道光帝呢，连他也苟安姑息，得过且过，没有任何学习西方，振兴王朝的举措。

道光帝一生中经历最大的一桩事莫过于鸦片战争了，在针对外国向中国倾销鸦片的时候，他也做了一定的积极措施。道光帝在汹涌而至的外国鸦片面前采取了先王嘉庆一贯坚持禁止的政策。他派林则徐以钦差大臣身份赴广州禁烟，后来又任林则徐为两广总督。当他得知虎门销烟的消息时，高兴得不得了。

道光帝和他先祖一样，都犯了盲目自大的错误；在面对外国列强的船坚炮利时，他又表现得非常懦弱。英国刚开始发动侵略战争时，他以为不可怕，“天朝”可以速胜。但当英国舰船北犯，到达天津海口并向清政府提出割地赔款要求时，道光帝傻眼了、害怕了，立刻从主战的立场转变为主抚即妥协的立场。还把英国的强盗行为归罪于禁烟。

道光帝是那种愿意蜗居于安全的一角的人。道光帝感觉自己国家的实力根本抵抗不了英国时，他派琦善为钦差大臣到广东与英国谈判，要求琦善上不失国体下不开边衅，意思是既不要给英国割地赔款，又不跟英国发生军事冲突。道光帝的可真够幼稚啊！这等于既不让闯进屋里的强盗抢走东西，又不必跟他搏斗。

道光惟一的一个跨古代和近代的皇帝。投降派琦善对英方让步，私自允许将香港割让给英国。道光帝知道后，将琦善捉拿，并先后派杨芳、奕山对英作战。谁知，这两人也是菜鸟两只，最后也失败了。后来，清政府与英军签订清朝第一个屈辱条约《南京条约》，使中国步入半封建半殖民地社会，中国从此由古

代步入近代。

知错就改，懂得悬崖勒马都是好孩子，可道光帝这个孩子就是不知道吸取教训，真是可怜之人必有可恨之处。道光帝在鸦片战争中立场动摇，指挥失败，使中国蒙受耻辱，实在可悲。但他更为可悲的是在此事件之后他没反思，没有任何振兴王朝的举措。鸦片战争的失败，道光帝应该负主要的责任，可他却把全部责任都归罪于林则徐、邓廷桢等大臣身上。

孝全成皇后钮祜禄氏极受道光皇帝的宠爱。有传说称，她为了让自己的儿子奕詝继承大统，在自己的宫中摆下毒鱼宴，想把别的皇子毒死，为儿子继承帝位扫清障碍。奕詝比较忠厚，不忍心兄弟们被害就暗示他们不要吃鱼，让孝全的阴谋没能得逞。皇太后知道后大怒，赐孝全成立即自尽。

有人说孝全成皇后是因为没有处理好婆媳关系，才会被皇太后毒死的。虽说后宫佳丽三千，可是作为九五之尊的皇帝却是个痴情的种，集所有关心疼爱于四阿哥奕詝的亲生母亲孝全成皇后。但没有城府又心高气高的孝全成皇后忽视了皇太后的威严，没处理好婆媳关系，最终被皇太后用药酒毒死。可怜的道光伤心欲绝，但却无能为力。

道光帝在孝全成皇后死后，一直不敢调查孝全成皇后的死因，但无论如何，孝全成皇后一直处于皇帝的心中，是奕訢之母静妃所不能比及的。孝全成皇后被迫害致死那一年，奕詝才十岁，之后，道光把对皇后的所有的爱都倾注在了小阿哥身上。

道光皇帝以节俭著称，甚至被认为是“史上最抠门皇帝”。在道光帝的影响下，临散朝时大臣们免不了拉拉家常，或者互相哭穷或者交流节俭经验，比如哪儿可以买到便宜蔬菜，如何将一斤米煮出五斤饭。

清朝漕运依赖运河，所以河督都很奢侈。道光年间，河督们宴请宾客时非常的奢侈浪费。他们为了烧一碗猪肉，都要杀五十多头猪，但只取背肉一脔，剩下的就全扔了。如果是吃一盘驼峰肉，就需要杀三四峰骆驼。

清朝皇帝的女儿们有保姆管教。道光帝的大格格刚婚配的时候，格格宣召驸马符珍入宫同居，被保姆拦住，以致一年多时间大格格不能与驸马相见。大格格进宫拜见道光帝说明原委，道光帝气愤地说："你可以自己做主嘛！"大格格得了父皇的这句圣旨，回到府中立即将保姆训斥一顿，遂自己做主随时召见驸马。日后夫妻俩感情非常好，先后生子女八人。

道光有时也会有一些可爱的黑色段子。道光帝对于二十二岁的英国女王一直存在着一个困惑，那就是女王有没有婆家的事。道光帝从奕经的奏折中得知自己可以审问在浙东海战中抓获的英军俘虏后，立即发下一道谕旨，说：该女主年甫二十二岁，何以推为一国之主？有无匹配？其夫何名何处人？真是咸吃萝卜淡操心！

道光帝年轻的时候智勇双全。嘉庆十八年夏天，嘉庆到承德避暑山庄的木兰围场去行围，道光帝旻宁，随着父亲去行围，但因为阴雨绵绵没有办法行围，旻宁就提前回到皇宫，在尚书房读书。一天，天理教的教众在皇宫太监的指引下，冲到养心殿的外面，在尚书房读书的旻宁把这事平息了，嘉庆特别高兴，封他这个皇次子旻宁为智亲王。

道光帝是有名的葛朗台式的抠门，但他对孝和却一点儿也不抠门。道光他每顿饭只吃四个菜，其中两个赏给当日表现出色的大臣，一个赏赐给喜欢的嫔妃，自己就吃一个菜。道光裁减了从皇后到宫女所有人的月俸银子，却从没有对孝和有任何约束。可见什么都有特殊对待。

道光的皇后佟佳氏是个勤俭持家的能手,知道道光节省就亲自领着嫔妃宫女刻苦练习针线功夫,为皇帝补衣,亲自裁剪制作日常穿的内外衣物。有一次道光帝向皇后抱怨内务府缝补要价过高,佟佳皇后为了省钱,就连自己的坐垫破了也不舍得换,只是要宫女们动手补缀,然后继续使用。

现在的公务员考试都有面试，而古代的公务员也是很流行的。道光皇帝会给考生出什么样的题面试呢?清道光十八年行策考试问的是粮食储备的问题，最后问的是在今天社会怎样才能"凶荒有备"。道光皇帝的历史题总是问得很真切。道光十五年还问及历史上的保甲制度,可谓五花八门,但是的确比较实用。

道光八岁的时候跟着爷爷乾隆去打猎,乾隆让他的子孙们来比赛。道光跃跃欲试射中了两箭,乾隆大乐,抚摸着道光的头说:"你要是连中三箭,我就赏给你一件黄马褂穿。"道光再接再厉,还真射中了三箭。乾隆命侍臣立刻取黄马褂。侍臣找不到小的,仓促间只好给他一件大黄马褂。那时的道光还没黄马褂大,穿上后路都没法走,只好让侍卫抱着道光回去了。

道光和他老爹嘉庆一样,是个重视"仁、孝"的观念的人,他自己自然是非常孝顺的。道光二十九年十二月十一日,道光的嫡母孝和皇太后博尔吉济特氏去世时，已经六十岁的道光甚是难过,每天只喝点稀粥,并且坚持给太后守灵,在圆明园慎德堂搭建守丧居住的苫帐。住进去才十几天,道光就在饥寒交迫中得了肺炎,死在守灵的帐篷里。

穆彰阿知道道光帝省俭，便主动穿着打补丁的朝服上朝,以迎合道光的心意。朝臣们一点就通,也一个个地穿上破旧袍子上朝见皇帝,以至于京城里的旧货铺子把库存的破衣烂衫都卖了个好价钱。到了后来旧袍子货源紧缺,价钱涨到了新袍子的两三倍,

有些穷官儿家应付不来了，只得自己动手，故意把新袍子弄脏弄破打上补丁。

林则徐大力禁烟的同时，穆彰阿却在北京城里兴风作浪。林则徐进京时没有给他送礼，却得到了皇帝的欣赏，穆彰阿害怕林则徐危及自己的地位，就把他视为眼中钉肉中刺。与此同时，英国人不断地贿赂穆彰阿等人。在穆彰阿忙着为英国人奔走的时候，道光帝却命令林则徐封港，断绝与英国的贸易关系。这下某人的如意算盘不好打了。

道光帝的养母、恭亲王奕訢的生母，博尔济吉特氏带着“康慈皇太后”的名分，离开了人世，去找她那个用情不专的丈夫嘉庆帝去了。博尔济吉特氏一共在人世间停留了四十四年，是个有怪异经历的女人。她是清朝历史上唯一一个既没有生过皇帝，也没有做过皇后的“皇太后”。

道光十八年，有个大名鼎鼎的人物得了高考状元，这个人就是曾国藩。因为本年会试的主考总裁即是穆彰阿，张榜当晚，曾国藩就去登门拜谢。穆彰阿首次与曾国藩相见，对曾国藩很有好感，觉得他举止端庄，具有朝廷大臣的范儿。有强权作靠山做什么事都不再是事了，有了这个靠山，再加上自己刻苦深造，曾国藩在翰林院是一帆风顺、步步高升。

道光是个老实巴交，没有特殊怪癖的皇帝，唯一的不足就是孩子不多。一个皇帝，有好多女人但却没有孩子，这可愁坏了皇太后。古代没有不孕不育医院，后宫的女人只能祈求上天赐个孩子！

道光皇帝对皇太后很孝顺，其实皇太后并不是他的亲妈，只比他大六岁，但是他的孝顺是很多皇帝对亲妈也没有的。道光皇帝极力禁大烟，他的皇后在后宫禁烟，但是唯一禁不了的就是皇太后。在她去世以后，道光以六十九岁高龄为她守灵，也因为通宵守灵，

日夜不得休息，道光老人家扛不住了，终于一病不起，直至驾崩。

作为九五之尊道光帝简朴得很过分、很抠门，甚至是作秀。道光穿的套裤，膝盖处破了，让人在上面补了一块圆绸，就是常说的打掌。一次，道光见一位大臣的裤子上有补缀痕迹，便问人家的裤子也要打掌吗。大臣说，裤子易做，但花钱多，所以也打补丁。他又问人家裤子打掌要多少钱。大臣说要三两银子。道光便说人家在宫外做东西便宜，他在宫内还要五两。

关于道光帝生活简朴的逸闻很多。道光帝即位后，内府依例给他四十方砚，砚后镌有“道光御用”四字。道光帝认为太多，闲置可惜，便将它们分给了臣下。以前皇帝用笔须送紫毫中最硬的。笔管上刻有“天章”、“云汉”字样。道光帝觉得不合用，让户部尚书英协揆到坊间买一般常用的纯羊毫、兼毫两种。

道光皇帝以提倡节俭出名——他自己经常穿着带补丁的袍子上朝，可他在卖官方面却“出手大方”。他在位三十年，年年有卖官的记录，仅卖地方官所得就有三千多万两白银，如果再加上卖京官所得，数目就更大了。

龚自珍和寡妇绯闻案中的女主角是清代女词人顾太清，男主角是一代文豪龚自珍。顾太清是贝勒奕绘的侧福晋。但婚后九年贝勒王奕绘就抛下了爱妻顾太清和一双儿女离开人世。后传顾太清与龚自珍有染。最后龚自珍郁郁地离开了京城，顾太清被逐出王府。

孝穆成皇后，钮祜禄氏，户部尚书布颜达赉的女儿，是道光做皇子的时候娶的第一个媳妇，这个媳妇和道光的关系很好，夫妻关系比较和睦，可惜，英年早逝，没有享福的命。不过跟了这么个吝啬鬼的皇帝，倒也不会享什么福，只是死后倒被封了不少光荣称号，也算是一种安慰吧。

孝慎成皇后,佟佳氏,是道光的第二任皇后。这个老婆虽然聪明伶俐,可是家世不行,没什么背景,被别的老婆欺负也在常理之中。不过她比较知书达理,不和别的媳妇一般见识,得到了道光的敬重,后来被升为皇后。不过皇后宝座没暖热,没福气的佟佳氏就撒手人寰了。

孝全成皇后,钮祜禄氏,清朝苏州驻防将军颐龄之女,满洲镶黄旗人。由于道光的子嗣并不多,为了充盈后宫,孝和睿皇太后可谓是费尽苦心,甚至把自己的亲侄女都给嫁给了道光。

恭亲王奕訢的老妈是道光的静妃。孝静成皇后,博尔济吉特氏,刑部员外郎花郎阿女,刚嫁给道光时是静贵人。后来得到了道光的宠爱,她似乎是道光所有媳妇中与道光感情最好的一个,后来被提成静皇贵妃。孝全皇后死后,咸丰才十岁,静妃就代母亲之职抚育咸丰。由于她对咸丰比较疼爱,咸丰登基后,没有忘记那份恩情,称她为皇太妃。

因为静妃曾在道光生母去世后抚育过道光,所以道光和奕訢自小在一起生活学习,小哥俩感情还是比较好的。文宗即位后按照宣宗遗照封奕訢为恭亲王。他在道光有生之年并没有表现得特别突出,而是在光绪年间不断实现自己政治上的抱负:任总理衙门大臣并总理海军,会办军务,内廷行走。

道光二十六年,道光皇帝按照立长规矩,最先立的太子是奕訢。其按照立储家法,将名字写上黄绫,可是被一个内监看到“末笔甚长”,于是“其事稍闻于外”。传言被道光听到,道光认为奕訢暗自揣摩圣意,明显不够成熟稳重,难以担当大任,故“知而恶之”,将奕詝立为太子。

道光二十六年,道光皇帝立奕詝为太子,将名字写上黄绫密藏了起来。而奕訢天姿颖异越来越招人疼爱,道光有些后悔不该

立了奕詝为太子。道光将死时，命太监传六阿哥进宫。奕詝恰好来请安，便赶快跑到床前察看动静。道光见奕訢没来奕詝来了，不觉失望，微微叹息。待奕訢赶到，他已咽了气。

传言，咸丰的母亲与另一位妃子几乎同时怀孕，但咸丰的母亲稍晚。皇室的皇子们，一般都是谁先出生谁就有可能继承皇位。咸丰生母十分聪明，询问太医有什么办法可以早产。太医说办法倒有，可是恐怕对孩子的寿命有影响。咸丰的母亲一定要试试，于是太医听从了吩咐，采用保胎速生药，果然咸丰的母亲因此而早产。

魏源其实是个胸有大志的人，并且为人能屈能伸。为了实现自己的报国政治梦想，他成了两江总督裕谦的幕僚，走在抗英斗争的最前线，并且不顾自己安危的在前线担任审讯战争俘虏的任务，后来他见到清政府懦弱无能，便心灰意冷，气愤地离开了军营，从此开始了两耳不闻窗外事的著书立说生涯。

魏源是个爱瞎琢磨的人，其总结了资本主义列强在中国的种种行为，以及他们为什么比中国先进等问题，破天荒地提出了具有时下特征的"师夷长技以制夷"，并且依靠这句话在中国的知识分子和官僚阶级中迅速蹿红，让自己的思想有了传播的空气。

魏源是何许人也？1794年，魏源出生在湖南邵阳。七岁就上了私塾读书。十岁那年，由于天灾导致家境衰落，魏源从此从逍遥镇落到了马蜂窝里，过上了上顿不接下顿的贫苦生活。他从小爱好读书，对历史更是喜欢得不得了，他可以不吃饭但不可以不看历史书，没事时喜欢自己琢磨历史道理。

1822年，魏源去北京参加了科考，考上了举人。第二年依靠学历找了个不错的工作，在直隶提督杨芳家当家庭教师，这个工作比较清闲，所以他有闲暇的时间做一些他比较感兴趣的东西，为他以后写书提供了素材，可谓是一举两得。

1829年，魏源在北京出钱买了个在内阁中掌写机密文书的官职。这庙虽小里面东西可不少，魏源利用工作上的便利条件，疯狂地阅读史馆秘阁所藏的官书和士大夫的私人著作。

1831年，魏源的老爸死了，魏源回家奔丧。回家后一天不工作就一天没有饭吃，魏源觉得自己得找个兼职，既不妨碍奔丧又不会让自己饿坏了肚子，于是他去协助两江总督陶澍、江苏巡抚林则徐筹划漕运、盐政、水利等改革，这样一来吃住全包，他可以衣食无忧地暂时定居南京了。

1840年，英国那群洋鬼子故意挑事，发动了侵略中国的鸦片战争。魏源作为一个具有浓烈爱国情怀的中国人，怎会躲在自己的小庙里安心避世？他毅然地参加了抗击英军的志愿军。同年十月，当他听到英国炮兵上尉安突德在浙江定海附近测绘地图时被当地群众抓获的消息后，立即赶往宁波知府衙门审讯战俘。

1841年8月，魏源听说被道光帝发配伊犁充军的林则徐路过镇江，便立即赶去迎接。好朋友相见，那是格外的亲热。林则徐把他在广州编辑的《四洲志》交给魏源说："你要广泛收集资料，编写《海国图志》，以便找到那群南蛮子的死穴。"魏源答应道："少穆兄(林则徐字少穆)，我不会让你失望的。"

魏源对清军的腐败落后感触很深，曾在一本书中说"清军老弱太多、虚额太多和薪饷太低，拿这些破铜烂铁来对付武器精良的洋鬼子，你们就痴人说梦吧"的同时，对清政府关于加强军队建设提出了许多建设性意见。

魏源对时局分析得很透彻。魏源对于边疆问题也谈了自己的看法："那个沙俄的人嘴老长了，自己国土那么大，还来欺负我们大清国，他们要那么多地干吗啊，为人做事也不能那么贪得无厌吧。"他还向皇帝进言，"皇上啊，现在咱们大清国内忧外患，咱不

仅得小心海上的洋鬼子,还得小心后院被人放火啊。"

魏源对于外国人签合同的事情有深刻的认识。魏源对一朋友说:"那些洋鬼子说话没一个可以信的,签个一纸合同就以为可以万事大吉,想得美,咱大清国要想发展就得真正的强硬起来,坚强起来,强练兵,抓发展。弱国无外交,外国人就是觉得我们好欺负,所以才会变本加厉的。"朋友听了这话觉得甚是有理,却只有点头的份。

1844年,五十多岁的魏源才考上大学,后来被分配到江苏当了个县长。1846年,魏源的老妈也去世了,这真是命运的捉弄,魏源又得辞职回家。回家后没事做的他只好继续整自己的《圣武记》和《海国图志》,郁闷了就出去散散心。之后他跑遍了东南各省,又去香港、澳门溜达了一圈。

1853年,在太平军影响下的高邮农民也起义响应。魏源率县吏捕杀起义农民领袖,与农民起义军对抗。不久,就有人在背后打魏源小报告,之后清廷竟将魏源停职!

林则徐小时候家境贫寒,老爹以卖柴为生。有一天,一富人见他长得气宇非凡,就与他交谈。这富人见他聪明异常,认为他将来必定会有成就。就和林则徐老爹商量,让林则徐和自己的几个儿子伴读。这时林则徐才十二岁。

林则徐年少时和某位同学游玩,看到一位老妇人掉了一百文钱,就和那位同学一起拾起,但那位同学却偷偷藏起了一文钱,林则徐看到了很不高兴。出任两江总督时,那位同学想托林则徐求得官职,过了很久也没有结果。他托人问林则徐,林则徐便对那人说小时候心术不正,长大了也不能为民做主。

林则徐二十岁时中了举人,在记载室打工,他所削的简牍被福建总督张师诚赏识,因而被招做了幕僚。林则徐每次都亲自书

写信函札记，还圈点批答写作优秀的人。有人问他这样是否繁琐，林则徐回答说“我可以了解一些知识，人力资源管理可以提高管理的速度，进度也提高了，不是一石两鸟，为何不可？”

林则徐进京时路过潞河，问别人漕船到了多少。有人认为这不是应试者该着急的事，对此林则徐感叹说：“做事要认真，多了解点东西总比不知道好，又不会费死你几个脑细胞，怕什么，你脑子空间肯定够记这些东西。”

有一次，林则徐与龚自珍同座谈话。有人说那些善于辩驳的人很多都是狡猾的狐狸，林则徐笑着说：“你怎知道奸人容易辨认？奸人能说别人不敢说的话，能忍别人不能忍的事。如秦桧自信有策略耸动天下，无所顾忌，自信而坚持，这才是奸人。”说完，众人都表示赞同，龚自珍也很佩服他。

林则徐性格急躁，容易发脾气。在苏州任职时，他亲自书写一匾额悬挂在厅堂之上，上面写着“制一怒字”。林则徐解释道：“我这人就这臭脾气自己管不住自己，就让这匾时刻提醒吧！”以前宋朝的贤士吕本中教导官吏们说“为官应该先戒除暴怒的脾气”，林则徐就是这样做的，效果似乎不错。

河工一向都是国家财务支出的一个大项。道光十一年，林则徐出任东河总督，向朝廷奏报说秸料是河工的第一大麻烦，它们垛垛相连，如果不抽选拆开看看，不能知道其中底细。所以他把将南北十五厅各垛一一进行查看，得到的结果让人吃惊。对此人们说河工大臣从来没有这样精心核算的人。

林则徐在苏州任职时，有个叫续立人的同志很受他信任。有人嫉妒续立人，便贴了一对联在他家门上：“尊姓本来貂不足，大名倒转豕而啼。”续立人很气愤，告诉林则徐，请求追查。林则徐笑着劝慰他说：“苏州有很多同志，没有谁的姓名得以流传，要是你

对这副对子大加追查,后人一定会知道,又不是风雅的美谈,别那么小气嘛!"

林则徐任职楚地时,连天大旱,百姓都快饿死了。林则徐倡议拿出官员的工资来买点米粮,各位官僚都不同意。某日林则徐设坛求雨,各位官员应邀到来。在烈日下暴晒了三柱香时间,各位官员都很难受。等到喝茶时,官员们都吐了一地荤腥之物,只有林则徐吐了粗粮淡饭。官员们害怕被告状,都纷纷捐钱买粮。

左宗棠年轻的时候虽然贫寒但是很有才,林则徐专门给他写了一封介绍信给胡林翼。路过湖南时,林则徐去拜访左宗棠。左宗棠上林则徐官船的时候落水了,衣服湿了,于是对林则徐说:"古人对待贤士都行三熏三沐之礼,我三沐之礼已经行过,三熏之礼还没呢。"林则徐笑着说:"快快换衣,小心感冒。"

林则徐平时做事情很是用心周密,公案都要亲自批阅。他有四册记录人名的本子,题名叫《千古江山》:凡是姓氏的第一笔是撇的人都记入千字的那一本,凡是姓氏的第一笔是横的人都记入古字的那一本, 凡是姓氏的第一笔是点的人都记入江字的那一本,凡是姓氏的第一笔是竖的人都记入山字的那一本。

道光十九年林则徐抵达广州,开始禁烟。他严厉斥责当地商人,使商人们都很敬服。他命令洋人上缴鸦片并悉心开导他们,还查处违法官吏,如果不把鸦片完全上缴,就不开市进行贸易。林则徐派人暗中查探藏匿鸦片的地方,洋人无处可藏,最后上缴了两百多万斤鸦片。

林则徐一生做过很多官,每在一处就职都为当地老百姓做了很多好事,而他一生的功过大部分都因为处理毒品这件事。林则徐到达广东后严厉查处鸦片,使得洋人、商贩、吸毒的人迅速上缴了鸦片。

林则徐奉旨在广东断绝与英国的交易，并且严防英国人暗中藏匿鸦片。他细心观察各国情况，发现英国法国不会轻易派兵前来，而俄罗斯等国又与英国有矛盾，彼此各自提防。所以他全力查办收缴鸦片，购置武器，悬赏围追洋人，使得洋人只能乘船跑到了浙江。

林则徐通过禁烟看到洋人对中国的侵害不是一时就可以改善的，而中国强大的根本还是农田水利。所以他被贬到伊犁后就开始大兴水利，推广农业，认为这或许是救国的一条途径。

林则徐在去伊犁的时候，因为熟悉水利，王鼎便让他督办河工的事情。林则徐排除了各种困难终于使得大坝合拢。后来圣旨到了，还让林则徐前往伊犁，王鼎知道后很害怕，而林则徐却很淡然。林则徐到了伊犁偏远的地方，在那里为老百姓开挖河湖，兴修水利，一直到现在都还被当地老百姓所称颂。

林则徐在西域的时候，南中的士绅百姓主动募集资金想要为林则徐赎罪，很快就筹集了几万两银子。林则徐听说后，写信婉言谢绝了，最终这件事并没有实行，但没过多久，林则徐就被赦免了，还升了官职。

张亮基原来跟随王鼎治理河工事务时，正巧林则徐因为贬官也在那里治理河务，林则徐非常器重他。当时张亮基拒绝了士兵赠送的三千两金子，林则徐发现了，记下来却没有告诉别人。当张亮基做永昌太守时，林则徐在西域被赦免归还，张亮基就在路途上拜见他。林则徐很高兴，让他看了关于拒绝赠金的记载。

林则徐出任云贵总督时，曾上一奏折议论治理回族的事情，中间有一句是：“只分优秀的和昏庸的，而不分回族和汉族，如果是优秀的，即便是回族也会力保，如果是昏庸的，即便是汉族也必将惩罚。如果做大臣的都公正执法，那么边疆的隐患就能永远消

除,也不用劳师动众的,使皇上整日担忧了。”

林则徐因为虎门销烟被贬,后来被赦免并担任陕甘总督。路过西安时,他看到一别墅,临水面山,想在这里养老。县令开始不同意,后来知道林则徐是陕甘总督,就去拜见,林则徐却不见他。一名士题了一副对联挂在他门上,曰:“鸣鹤在阴其子和;飞鸿遵渚我公归。”林则徐看罢,高兴地去见县令了。

家荔裳侍郎曾对别人说:“林则徐办事总是替别人着想,让人对他感激涕零,这可以作为用人的办法。”林则徐从知府做到总督,凡是他办的案件都留有副本,一共二十六篓,光目录就有四大箱,专门有两个仆人管理。林则徐明察秋毫,遇到事情就询问别人,以诚心对待别人,所以别人都乐意向他诉说。

广东贼寇四起,林则徐被赦免后就星夜兼程赶去平乱。当时他有病在身,他的儿子劝他休息,他却说冰天雪地都可以克服,这点疲劳算得了什么。为此他还题了一副对联:“苟利国家生死以,敢因患难避趋之。”贼寇害怕林则徐威名,本来想解散,林则徐却因劳累病死了,如此贼寇的气焰反而更嚣张了。

林则徐被赦免担任云贵总督,却在家中生了病,后来奉命征讨贼寇,却死在了路上。为此,咸丰帝赐了一副挽联:“答君恩,清慎忠勤,数十年尽瘁不遑,解组归来,犹自心存军国;殚臣力,崎岖险阻,六千里出师未捷,骑箕化去,空教泪洒英雄。”天下臣民读了,都感动得落下了眼泪。

有人说林则徐是被人下毒杀死的, 却不知道用的什么办法。有人说凶手是把毒药涂在了车轿扶手上,因为天气热,气味进入林则徐口鼻之中,所以后来什么痕迹都查不到。可见,下毒人很高明。

道光十五年,邓廷桢被任命为两广总督,从安徽进京。当时和

他一起做官的同乡有二十多人。邓廷桢被任命后,没明说要进京,只是和同乡们谈笑宴饮。晚上回到寓馆,他就和同乡们聊些趣事,谈论文史,辩驳训诂,很是惬意。将要走时,同乡为他画了一幅《宣南夜话图》。一连做客十几天,不是气定神闲的人是做不到的。

有人认为西洋才是中国的忧患,就有人去请教邓廷桢他的看法。邓廷桢说:"这很简单嘛,最终成为中国隐患的,是俄罗斯!只是我老了,你们应该可以看到吧。"然而当时俄罗斯和中国不交往几十年了,所以众人都感到很迷惑。

道光年间,琦善蒙祖上的福荫做了刑部的官员。当时他还不到弱冠之年,所以常被汉族的老一辈官吏欺辱。琦善心里很窝火,就花了三百两金子请了一位有才能的官吏辅导自己,之后两年他就学完了那人的技能。二十五岁琦善被提拔为京堂,二十七岁做了豫臬,后连续弹劾了两任巡抚,三十岁就做了山东巡抚。

与太平军战斗时,琦善领兵,人们都不知道他的才能,即使有知道的也说琦善是善于用兵的人。琦善事先布局,安排士兵火箭,然后让军队假装战败,最后合围了敌人。有一次他棍打了一个比试胜利的人,后来却委以其大任,原来他见那人年少气盛,故意要挫一下对方的锐气。

道光十二年,陶澍主持两淮盐政,惩治了奸恶的盐商,处罚了贪污的官吏,使那些每年因此获利的人对他恨之入骨。他们逗耍纸牌,在纸牌上画上桃树,另外还画上一个砍伐桃树的人,可见他们对陶澍的憎恨。陶澍听说了这些就对别人说:"奸商污吏的行为令人发指,身为大臣,就要摒除奸恶尽心报国。"

陶澍喜欢议论时事人物,唯恐说得不详细,即使在朝堂之上也是如此。有一次他在朝堂上奏对,让道光帝很是怀疑,幸亏孙文靖力保他,他才得到了大用。陶澍善于处理人际关系,懂得知人善任。

陶澍在六十岁时任两江总督。有一次他看到一副对联时很是赞赏，这副对联写道："八州都督，五柳先生，经济文章历代心传家学远；六秩初周，一阳来复，富贵寿考百年身受国恩长。"可见陶澍不仅文才卓著，还忧国忧民，时刻想着报答国恩。

穆彰阿在道光年间主持军国大事。这年罗衍，张芾，何桂清同时登第，都未到弱冠之年。张、何二人很快依附穆彰阿，只有罗衍不与他同流合污。初试时三人都得差，别人让罗衍去拜见穆彰阿，罗衍不听。次日圣旨下，说罗衍太年轻，不能胜任官职，而张、何二人皆小于罗衍却得官职。穆彰阿专权恣肆，由此可知。

道光末年，五口通商之事穆彰阿一人把持。林则徐虎门禁烟后被贬，王鼎力荐林则徐，向道光帝面奏反对与英国议和，力保林则徐可用，道光不听。王鼎怀着极度悲愤的心情，悬梁自缢，以身殉国，留下遗折劾穆彰阿误国。穆彰阿听说后很恐惧，就找人重金买通王鼎儿子王伉并威胁他，偷偷更换了王鼎的遗折。

穆彰阿有一天向戴熙索要一幅画，戴熙就临摹了一幅水墨山水画给他。穆彰阿大怒，因为水墨画没有颜色。他对别人说："戴熙为伶人作画尚且设色，难道认为我还不如伶人吗？"之后竟然向皇帝进谗言斥责戴熙行为不检。戴熙因此从侍郎别降为三品京堂候补。后来戴熙殉难，有人请求建祠堂，都不被批准。

据说穆彰阿当权的时候面子很大。穆彰阿有一门生进京拜见他，想求一封书信到外省办事。穆彰阿把那书生的折扇要了过来，另书写了一把折扇给他，让他去见某巡抚。书生持扇去见某中丞，说是穆彰阿让他来。这位中丞见其手持中堂的折扇，认为他一定是中堂的亲信，大惊，赶快招集官员，筹措万金相赠。

道光帝也是一个悲催、倒霉的皇帝。道光帝在位期间正值清朝衰落，他为挽救清朝颓势做了一些努力，如整顿吏治，整厘盐

政,通海运,平定张格尔叛乱,严禁鸦片,起到了一定积极作用;他本人力行节俭,勤于政务,但作为一个帝王他的资质不高,加之社会弊端积重难返,清王朝在道光帝的统治时期进一步衰落,和西方的差距也越来越大。

道光帝即位初期做的第一桩大事就是平定张格尔叛乱。道光六年六月,乾隆年间处死的大和卓波罗尼敦的孙子张格尔煽动少数民族叛乱,企图复辟和卓家族统治。道光皇帝调集吉林、黑龙江、陕西、甘肃、四川清军三万余人以扬威、杨遇春、武阿隆、杨芳为统帅入疆平叛,终于击败张格尔,并于年末诱执张格尔,押赴北京,道光下令将其寸磔喂狗。

道光帝也干过一些不盲目"封闭"的事情。乾隆中叶,乾隆帝害怕开矿会引起闹事,采取了封矿政策。道光帝上台后,打破了他爷爷乾隆中叶以来的封矿政策,允许矿藏开采。道光朝后期,道光帝提出任由老百姓自由开采政策,对开发资源,提高人民生活水平起了积极作用。

道光帝与他老爹嘉庆帝一样都算是因循守旧的帝王,但道光帝毕竟比嘉庆帝多点改革精神。《康熙字典》里那些爱巴结奉迎者说无一错误,直到乾隆朝王锡侯在《字贯》指出一部分,但惨遭文字狱。嘉庆一朝都是维护包庇。但道光帝就冲破传统观念,让王引之作《字典考证》20卷,纠正它的错误。虽然是一点小小的改革,但也是一种进步了。

道光三十年,穿的破破烂烂的道光皇帝总算走完了他的一生,终年六十九岁。正当洪秀全在广西金田村起义之际,道光帝撒手不管西去了。刚刚和英国人签订完丧权辱国的条约,规模庞大的农民起义又开始了。或许是因为道光帝的心脏已经承受不了更多的打击了。此时他就索性的把眼一闭,剩下的让子孙们摆弄去吧!

第九章

时运不济的苦命天子

——清文宗咸丰帝时期

道光十一年(1831年)六月,爱新觉罗·奕詝生于北京圆明园,即清文宗,通称为咸丰帝。他是道光帝的第四子,母亲是孝全成皇后钮祜禄氏。

咸丰元年(1851年)二月,太平军攻克南京,定为都城,改称天京。八月选安徽徽宁池太道惠征之女叶赫那拉·玉兰(即后来的慈禧太后)入宫,封为兰贵人。

咸丰三年(1853年)一月,在籍侍郎曾国藩帮办湖南团练,此为湘军之始。太平天国颁布《天朝田亩制度》。

咸丰四年(1854年)正月,拨内库银30万两解赴胜保军营,以对抗太平军。

咸丰六年(1856年)二月,西林教案发生。八月,太平军发生内讧,韦昌辉杀杨秀清等。九月,英国制造亚罗号事件,进攻广州,挑起第二次鸦片战争。

咸丰七年(1857年)六月,签订《天津条约》。十一月,英、法军攻入广州。

咸丰八年(1858年)四月,英法联军攻占天津大沽炮台。

咸丰十年(1860年)三月,清军包围安庆,太平军展开安庆保卫战。八月,英法联军入京,火烧圆明园。九月,恭亲王奕訢奏因英法联军退至天津。签订《北京条约》。

咸丰十一年(1861年)七月,咸丰帝逝。十一月两宫皇太后垂帘听政。

道光皇帝对于自己的接班人考虑的非常慎重,这是他多年以来的一块心病。鸦片战争结束那年,道光帝已经过了六十岁。但长年为国事操劳,再加上洋人的骚扰早已使他筋疲力尽了。他自己也认为该为接班人的问题操操心了。道光帝共有九个儿子。长子奕纬已经死了,次子、三子也是幼年就死了。立储就剩下奕詝、奕誴、奕訢、奕譞可以选择了。

道光帝的皇五子奕誴没有继承权,是因为他把这个孩子过继给别人了。道光二十六年,正当传统的新春佳节余兴未消的时候,六十五岁的道光皇帝不知是怎么了,突然降旨,宣布将皇五子奕誴过继给惇亲王绵恺为嗣子。这就等于取消了奕誴的皇位继承权,被踢出局了。原来是道光认为奕誴浮躁不能担当大事。

道光帝的皇七子奕譞年方七岁,在继承皇位上也处于劣势。皇七子奕譞的两个同母弟弟奕詥三岁、奕譓两岁,不仅在年龄上不占优势,而且老妈庄顺皇贵妃地位较低,她与奕詝的老妈孝全皇后、奕訢的老妈静皇贵妃相比较,实在是占不了上风头。所以,奕譞兄弟三人,人是不少,但都是小家伙,因此不占优势。

道光帝思前想后,决定在皇六子奕訢和皇四子奕詝两人中选择。由于奕詝十岁时,亲妈孝全成皇后突然死去了,他便由奕訢的亲妈静贵妃抚养,兄弟二人感情非常深厚,如同一母同胞。但是,

自古以来,从没有两位皇帝临朝的事情。皇帝通常称为“寡人”,自然是一个人了。都是自己的孩子,哥俩儿关系还非常好,到底该选谁呢?道光帝的头都大了。

皇六子奕訢能否当上接班人,是既有优势又有劣势的。奕訢的亲妈静贵妃在道光帝的后妃中居第二位,仅次于皇后。且在孝全成皇后死后,管理后宫,又抚育奕詝,很得道光帝信赖。这是他的优势。但劣势也很明显了,他不是皇后的儿子,嫡庶之别是严格的界限,道光帝为此不能不有所顾忌。选择真难啊!道光帝决定再观察一下这两个孩子再说。

刚开始,大家对奕訢还是蛮有信心的,因为奕詝身上有缺陷。奕詝和奕訢因为只差一岁,所以俩兄弟从小一起在上书房学习,但奕詝小时候骑马时摔了一跤,一不小心把腿摔折了,虽然后来腿治好了,但是落下了病根,此外奕詝还得过天花,脸上有麻子,功课又不如奕訢好,所以大家对奕訢比较有信心。

奕訢没有奕詝的心眼多,其实也不是奕詝的心眼多,那都是他的老师杜受田的主意。奕訢比奕詝小一岁,但奕訢比奕詝善于骑射。一个春天,道光帝想检验一下皇子骑射的才干。奕訢在围猎中获得猎物最多。奕詝却按老师说的不发一枪一箭。道光就问原因,他说现在正是鸟兽万物孕育的时候,不忍心伤害他们。道光大喜,就有了传皇位于他的打算。

皇六子奕訢与皇四子奕詝都有各自的家庭教师,但两位老师却是一个有才气,一个有心计。一次,道光帝传旨召奕訢和奕詝入对问策。奕訢的老师有才气,让奕訢知无不言,言无不尽。而奕詝的老师告诫奕詝,只要皇上说自己快死了,国家该怎么办时,你就趴在地上哭。奕詝依计而行。果然,道光帝觉得奕詝仁孝,有仁君范儿。

据说道光帝是因为爱屋及乌才把皇位传给四阿哥奕詝的。虽然道光也知道在才华、智慧、武力等各个方面奕詝并不及六阿哥奕訢那么出众，但正如康熙帝偏爱太子胤礽一样，即使知道有更适合皇位的人选，但是联想到奕詝的母亲，想到那个曾让自己无比心动、疼爱有加的孝全成皇后，道光还是把皇位传给了奕詝。

咸丰皇帝是一个更加命苦的皇帝。咸丰帝是清朝入关后的第七位皇帝，也是清朝最后一位通过秘密立储即位的皇帝。咸丰是清文宗奕詝的年号，“咸”是所有，普遍的意思，“丰”是丰盈、充足的意思，“咸丰”意为天下所有人都丰衣足食。但是他在位期间，内忧外患接踵而至，天灾人祸不断发生，他没有过一天安稳的日子。

面对着内忧外患的困境，奕詝即位了。即位之初，他满怀抱负，励志富强大清，改变这悲催的困境。他任用了林则徐、江忠源、李棠阶等一大批有识之士，狠心罢免了不少朝廷的蛀虫，比如琦善，同时比较勤俭节约，可谓是励精图治，但他能否改变现状呢？

胡林翼远在贵州，咸丰不是很了解这个人，但看了别人的举荐奏折，知道他能吃苦耐劳，畅晓兵事，便任命他到湖北和太平军激战，可见咸丰是个识才的主儿，也可见清廷良将的匮乏。对于左宗棠，咸丰帝则令他自募一军，随同曾国藩襄办军务。最后，咸丰帝还利用湘军解除了太平天国之围。

英法联军于咸丰六年攻占广州，挑起第二次鸦片战争。咸丰帝用人错误，让愚顽不知变通的叶名琛为两广总督兼五口通商事务钦差大臣，结果可想而知。叶名琛把英专使额尔金的最后通牒说成是求和，最后导致英军占领广州。英军占领广州之时，叶名琛让清军去对抗训练有素的英军，结果可想而知！

咸丰八年，气势汹汹的英法舰队攻陷大沽炮台，进迫天津。作为京都的门户，咸丰有危机意识了，忙派桂良、花沙纳前往天津议

和，与英、美、法、俄分别签订丧权辱国的《天津条约》。狮子大开口的列强不满足于《天津条约》规定的权利，蓄意进一步挑起战争。咸丰帝命清军加强大沽口防务，算是做垂死的挣扎。

咸丰十年，英法两国再次洪水猛兽般的组成侵华联军，大举入侵。英法两国的侵华联军随即攻占天津，扬言向北京进犯。咸丰帝慌忙派遣怡亲王载垣、兵部尚书穆荫为钦差大臣，前往通州与英、法议和。得了便宜的英法军队见清军的软弱更是有恃无恐，毫无顾忌地进攻到北京，洗劫了圆明园和故宫。

穆彰阿当权的时候没少整人也没少贪污纳贿，大家对他都很不满。咸丰皇帝一即位就想跟他算算总账，可惜还没等他动手，穆彰阿就提前去见太祖了。据说死前三天，穆彰柯邀请亲朋好友去聚会，饭到一半，他说我要走了，而后便回屋里换了身衣服，出来就死了。

咸丰的犹豫不决一次又一次的把事态扩大：一旦败仗，他便赶快求和，签订《天津条约》；获得一点胜利就沾沾自喜，撕毁《天津条约》；再打败仗，却拒绝妥协。他没有想过在天津谈判中就地解决问题，也不看看那时的中国咋样，只一味地支持肃顺、载垣、穆荫一伙，胡闹似地将英使巴夏礼等诱擒到北京，结果只能是引狼入室。

苦命的咸丰帝，却有着一颗艺术家一样的心，他对京剧有一种炙热的追求，并且有很深的造诣。他最喜欢在避暑山庄的如意洲听戏，是时，如意洲上锣鼓喧天，堪比灯火阑珊的秦淮河。而且，在清朝皇帝当中，咸丰帝是“绯闻”最多的一个。

咸丰帝仅有一子，那就是懿贵妃(后来的慈禧太后)所生的大阿哥载淳。咸丰想到自己死后，江山必将由载淳来继承，但载淳年纪太小，一旦登基，十年八年之内不能亲理国政。由谁来辅佐儿子

代行皇权呢？凭血缘关系、凭才略，首屈一指的人物是恭亲王奕訢。可他甘心集权于恭亲王一身吗？他会如何处理身后的权力格局呢？

不忍权力落于弟弟之手的咸丰帝在临终前还是进行了白帝城托孤。他把太子交给肃顺，但却由其他七位大臣替小皇帝处理国政。咸丰对肃顺也不是百分百放心，他还交给即将成为太后的皇后（后来的慈安太后）和懿贵妃（后来的慈禧太后）一人一个图章，用来牵制大臣的权力，也算是对小皇帝的一种保障。

咸丰帝的资质在清朝帝王中大概能居中游偏上。他即位以后，重用汉族大臣，严惩贪污腐败，改革力度是嘉庆、道光两代君主所不能比及的。与其他一些封建帝王一样，他的功过是要让世人去评判的，在那个可悲的岁月里，他即使苦苦挣扎，也是徒劳。

慈安是被慈禧这个最腹黑婆娘害死的。据传咸丰帝临死前，曾留一道密旨给慈安，以约束慈禧。慈禧趁慈安患病之机，通过割手臂上的肉入药给慈安熬汤喝的举动，使慈安大为感动，把先帝留给自己的密旨拿了出来，当着慈禧的面烧毁。密旨烧毁后，慈安也就没了利用价值，自然躲不过慈禧的屠刀，最终被慈禧毒死。

咸丰二年，太平军进军湖南，围攻长沙。左宗棠作为巡抚张亮基的幕僚，协助处理军务，调集军队储备，管理文案杂书，直到长沙围解。第二年正月，张亮基升职任湖广总督，左宗棠亦随同去了湖南，后来，张亮基转作抚山东，左宗棠却留在了山东。咸丰四年，左宗棠又成了湘抚骆秉章幕僚，期间为镇压太平军，策划军事，可谓倾尽心力。

咸丰十年闰三月，太平军破清军江南大营，趁机南下常州、苏州、嘉兴等地，除上海外，苏南地区都被太平军攻占。四月，左宗棠奉命以四品京堂衔候补之职，跟着曾国襄办军务。他在长沙招募

训练楚军一万多人,用来支援江西、安徽抗击太平军的力量。次年二月,楚军击败太平军,解祁门之围,屡建奇功。

咸丰帝贪色,曾把后宫美女运到承德,在承德花天酒地;贪丝竹,把生平署那个戏班挪到承德,上午唱叫"花唱",下午要"清唱";贪美酒,见酒就喝,一喝就醉,一醉就耍酒疯,说打就打,说骂就骂,说罚就罚,酒醒了以后又后悔。

咸丰皇帝为何吐血而亡?咸丰帝面对众多的娇媚女子,性生活无所节制。他逃到热河以后,很快就进入了寒冷的冬季。虽然有肃顺等一般群臣奉迎着,但咸丰帝的心情与天气一样的阴冷。咸丰十一年三月,咸丰帝更是咳嗽不止红痰屡见,身体一天不如一天。但直到崩逝的前两天他还在传命"如意洲花唱照旧"。

有奸佞之臣察知咸丰帝热衷于汉族女子后，不惜重金购买数十名妙龄美女,献与咸丰帝,甚合咸丰口味。之后咸丰帝干脆"金屋藏娇"，安排其中四位特别美丽漂亮的女子分别居住于圆明园内的"镂月开云"、"杏花春馆"、"武陵春色"和"绮吟堂",独自赏玩。

咸丰皇帝逃到承德避暑山庄做了些什么？一贪女色,二贪丝竹。咸丰爱看戏,爱唱戏,有时粉墨登场。三贪美酒。咸丰贪杯,一饮即醉,一醉便闹,大耍酒疯。四贪鸦片。咸丰即位不久,违背祖训,吸上鸦片,并美其名曰"益寿如意膏"。

咸丰帝常近女色,毫无节制,身体愈来愈差。他问御医如何才能使身体强壮起来,御医对症治疗,建议他饮鹿血,借以补阳。咸丰帝立命养鹿一百余只,天天都喝鹿血。北逃热河时,他还想带着这些鹿走,只是由于兵荒马乱,未能如愿。

咸丰三年,国库仅存22万两白银,还不够当时包围南京的江南大营一个月的军费开销。面对如此的"穷家底",咸丰皇帝只好

再次“哭穷”，不过这次他是真哭，万乘之尊在朝堂之上大放悲声，哭得涕泗滂沱，真是男人有泪不轻弹，只是未到为难处。

咸丰五年康慈皇太妃病危，因对咸丰有养育之恩，咸丰经常前去探问。有一天咸丰去请安的时候，太妃正睡得迷迷糊糊，以为身边的人是亲儿子奕訢，就说：“你老爹本想立你的，可你现在却是身居次位，那就好自为之吧。”刚说完，便发现身边不是奕訢而是咸丰，理亏的她尴尬地转身装睡，不再言语。

孝钦显皇后（慈禧太后），叶赫那拉氏，名杏贞，出生于叶赫部，咸丰皇帝的妃子，同治皇帝的生母，掌权期限仅次于清朝康熙帝和乾隆帝，人称清朝“无冕女皇”。在其四十八年的统治期间，中国除了太平天国之乱外，还饱受外国侵略，国力日渐衰败。

慈禧生下的阿哥取名载淳，就是后来的同治皇帝。咸丰八年咸丰帝的玫贵人徐佳氏生下第二个皇子，可惜此子出生后即夭折。从此以后到清朝灭亡，紫禁城内再也没有一位后妃生儿育女，也算离奇。因此，慈禧所生的载淳被咸丰皇帝视若掌上明珠，毕竟这是他的独苗。母以子贵，慈禧在宫中的地位可以想象。

太平军起义后，发展很快。咸丰三年，太平军将领、原东莞天地会首领何禄回家乡号召父老起来反抗，第二年太平天国冬官正丞相、原广西天地会首领罗大纲派刘杜川联络佛山天地会，相约一起造反。咸丰四年夏，广东几十个县的天地会一起闹事，参与者将近百万，可谓声势浩大。

天地会又叫三合会、洪门、三点会，是个号召反清复明的自发组织，来投会的大多是处于社会底层的百姓，手工业者。天地会组织可谓纪律严明，平时在各地自立堂口，进行小范围的破坏活动。他们自称洪兵，以头戴红巾或腰缠红带为标志，因此又被称为红巾军。

咸丰三年，即公元1853年，洪兵起义前一年，越塘人冯香厓写了一首《读史有感》诗，具体描述了他邻村一户良民，被诬为盗贼，遭贪官恶吏敲诈勒索，迫得倾家荡产，骨肉失散的悲惨情景。语调悲愤，强烈地表达了他对贪官的痛恨和对百姓的同情，所以受到官府通缉，下场惨烈。

咸丰年间，严重的天灾人祸，把农民逼入绝境，他们只有聚众造反，杀逐官吏，开仓抢粮，劫掠富户，以寻求活路。在这样的社会背景下，咸丰四年夏，广东各县天地会发动了浩浩荡荡的洪兵起义，数月之间，聚集了将近百万的百姓，攻占四十余座州府县城。等死也是死，何不搏一搏呢？

在绝境中求生存，是洪兵起义的主要目的。所以各地洪兵起义时，首先攻城杀官，破仓分粮。接着，向各富户“打单”。所谓“打单”，就是勒索有钱的人家在一定限期内孝敬一下向来被虐待的老百姓，否则日子不会好过。“打单”得到的银子，除充当军饷外，还分给入会的群众。因此，许多贫苦的老百姓，为了活命，不惜铤而走险。

咸丰四年六月十日，何禄首先在东莞石龙竖旗起义，揭开洪兵大起义的序幕。六月十一日，陈开在石湾起义，不久占领佛山镇，聚众十万，自称大元帅。同日，李文茂在广州北郊起义，自称大元帅。七月二十日，广州四面的洪兵共约二十万人围攻广州城。由于指挥不统一，武器落后等原因，洪军围城半年之久仍未能攻下，无奈退军。

陈开、李文茂率部队沿西江直趋肇庆，在肇庆会合了梁培友率领的水上起义军“坡山艇”。五月，洪兵四万多人攻克浔州府城，建立大成国农民革命政权。这几人得了政权后没人册封，干脆自己动手丰衣足食，自命为王，同时联合当地天地会组织，与清军展

开激烈的战斗，坚持了七年，直到咸丰十一年才被镇压下去。

陈开占领佛山之后不久，就派冯滚率领几个部下回鹤山发起起义。冯滚，又名冯坤仔，越塘隔山村人。他得到冯裳、李龙、吕瑶光、李仕焜等天地会会党首领的支持，聚众万人，于七月初在沙坪起义，成功后自称大王。

咸丰五年四月，新任的鹤山知县沈梁以崖门为突破口进行进攻。沈梁到任时，县城已被乡勇收复，洪军中有不少人已经被杀，可沈梁继续大开杀戒，让各乡绅交出本乡本族曾参加会党和洪兵的群众，要是不交，乡绅小命就不保。这么狠的一手有个名字做“拘绅缉匪”。

1854年，冯滚带领起义军驻扎在靠近鹤山的古儒，向云乡客家人征收军饷，被客家的乡绅高三拒绝，而前去征粮的士兵也被杀害。冯滚攻打云乡结果竟被客家团给打败了。攻不下地方的气无法让人忍受，洪兵派人潜入云乡，将高三的小儿子杀害，此举逼得高三组织客家团和洪兵开战。

鹤山境内土人占多数，客民占少数，所以洪兵队伍及其首领多数是土人。为了镇压洪兵起义，聪明的清政府官员，从巡检到总督，都知道利用土客两族之间的矛盾，让客家团勇帮助清军去剿灭洪兵并给予一定好处。这使客民与土人的矛盾激化，不仅伤害了客家人更伤害了土人，但清军从中获得不少利处。

咸丰四年八月十三日，典史冯荣、巡检罗瀛叫上附城都四十堡训练过的士兵将近万人去收复鹤山县城，这批所谓的士兵其实不过是客家人自己组织的民兵队伍。咸丰五年，新任的鹤山知县沈梁到县镇去压洪兵的，有模有样地带了几个举人当助手，声势不小。

土客闹事从鹤山开始，迅速蔓延到恩平、开平、阳春、高明、新

宁、高要，而且这些县的斗争更加疯狂刺激。比如，咸丰四年七月至咸丰五年五月，客家练兵团对恩平横陂、牛江、朗底、大田、那吉一带的土著村庄发起了全面进攻，连毁四百余村，土人死伤惨重，横尸遍野，惨不忍睹。

清政府对于已经集结起来的客民遣散安置方法有三种：恩平一带的客人发送到外州外省，五坑的客人遣送回来源地粤东，新宁的客人就地集中安置。此外，那些分散的客民，如果已定居五代以上且愿意留下并能立足的，清政府准其继续留居原地不予遣散，也算是给了一定的优惠政策。

肃顺是皇室亲属，郑亲王端华的弟弟，道光时是散秩大臣。咸丰即位后，肃顺当过护军统领、授御前侍卫、左都御史、理藩院尚书、都统，后又当上了御前大臣、内务府大臣、户部尚书等高官，可谓是官运亨通。肃顺和他哥郑亲王端华及怡亲王载垣互相依靠，利用权势步步紧逼，最终独揽大权。

咸丰皇帝在很小的时候就即位。刚开始咸丰想要发挥一下鸿鹄之志，但命运并没有给他这个机会，老是打击他。他处理的第一份公文就是广西爆发民变。接着各地告急文书如暴风雨一样侵袭而来，内忧与外患弄得这个可怜的皇帝焦头烂额。刚当了十个月皇帝，屁股还没热，太平天国运动就爆发了！西方列强也蠢蠢欲动，想从清政府那分杯羹。

皇帝向来都是不缺钱的，而苦命的咸丰皇帝无时无刻不在为钱发愁。乾隆时期，大清国库存银数额最高达到近八千万两，而咸丰皇帝即位时国库只有八百万两，和太平天国作战需要的高额军费，加上列强的折腾，咸丰皇帝的腰包彻底瘪了下来。

太平天国起义爆发后，咸丰帝彻底看透了八旗和绿营的不堪，也已经知道问题之所在，哪有不改之说？咸丰帝绞尽脑汁终于

想到一计。咸丰二年十二月，他正式下令各地方士绅在各地方办理团练。在咸丰帝兴办团练的决策之下，湘军迅速崛起。

在与太平天国的缠斗中，清王朝的督抚换了一茬又一茬，却依然于事无补。人才成为咸丰帝急需的宝贝，满臣文庆和肃顺就是在这种局势下脱颖而出的。这两位满臣眼界开阔，大胆上书咸丰帝启用汉臣，咸丰帝也不拘成法，不守陈规，果断进行人事变革，重用汉臣规模之大，为清朝立国至今所罕有。

1850年3月20日，刚刚登基九天的咸丰皇帝便下诏百官言事，随后又下诏求贤。作为年仅二十岁的皇帝，咸丰血气方刚，风华正茂，欲以年轻人的蓬勃朝气来澄清宇内。面对新皇帝的求贤与言事，百官们的文书如雪片般飞来，其中最为咸丰皇帝欣赏的就是倭仁和曾国藩的建议。

中国皇权专制制度一向以从治到乱、从乱到治的规律延续着，咸丰帝即位时清朝已经历尽两百年有余，整个社会已经开始走下坡路。在京官员大多当一天和尚撞一天钟，外地官员也多为营私舞弊、贪墨成风。社会体制已是百孔千疮。

1853年9月，太平天国北伐军逼近天津和保定，咸丰帝险些被捕。1860年9月，英法联军攻入北京，火烧圆明园，咸丰帝仓皇逃到热河避难。此后，咸丰签署了两个丧权辱国的条约《天津条约》和《北京条约》。而俄罗斯也趁火打劫，鲸吞中国北方大片领土！

咸丰虽然在即位之初锐意求新，兢兢业业，虽然他的改革之猛，变通之巨远超前代，然而当他所有的目的和手段，辛勤与汗水都是为了维护一个形将腐烂的专制制度的时候，当他用农业文明去对抗工业文明，用虚妄自大的天朝朝贡体系去看待西方国家的时候，就已注定要失败。

咸丰帝即位不久，就要充盈六宫。之前，清朝已经举行过六次

大的选秀活动。谁都没有料到，这次选秀将改变大清国运。通过选秀进入宫廷、成为咸丰皇帝嫔妃的兰贵人，就是后来尽人皆知的慈禧太后。她生育了大清最后一位嫡皇——同治皇帝，并且凭借自己的手段成为晚清的实际操控者。

咸丰皇帝只活到三十岁，只留下了一个儿子。没有兄弟就没有权力的争夺，毫无疑问，咸丰唯一的儿子载淳就是未来的君王，但是没有竞争就没有动力，如此政务就不会有大的创新，所以清朝面临着当一天和尚撞一天钟的境遇，毫无活力。

由于咸丰皇帝即位的时候，清王朝迎来了最危险、最困难的时刻，此时的清王朝已是千疮百孔，无力回天，所以咸丰注定不会有乾隆、嘉庆那样辉煌的作为，再加上他平时沉溺浮华酒色，人们对他并没有太大的信心。他也注定要做一个不称职的皇帝，他也只能怪自己命苦。”

咸丰在位期间，内外交困，在太平天国起义如火如荼之际，英法联军制造各种借口侵略中国。一方面，咸丰依靠湘军，抑制住了太平天国起义进一步的扩张，对于英法联军，他也派兵抵抗了，但因为国力有限，仍以失败告终，签订了丧权辱国的《北京条约》。

咸丰皇帝是一个渎职皇帝，主要是因为他的决断错误：没有下诏决战。咸丰帝没有作战决心，也没有周密部署。起初，英军18000余人，法军7000余人，陆续开赴中国。咸丰帝没有发布诏书，动员军民，积极抵抗；也没有派军队守住天津塘沽海口，却在圆明园庆祝他的三十寿辰，在正大光明殿接受百官朝贺，并在同乐园连演四天庆寿大戏。

咸丰是一个胆小怕事、没有胆略的皇帝。正值咸丰帝三十大寿，咸丰帝与众大臣们沉醉在听戏的欢乐当中时，英法联军却加紧了军事进攻。咸丰没有身守社稷，酿成了历史性的大错。面对英

法联军6000余人犯八里桥，咸丰没有动员兵民“勤王”，全力守卫京师，而是准备逃跑。

咸丰十一年八月二十一日，咸丰帝病危，召御前大臣怡亲王载垣、协办大学士户部尚书肃顺及军机大臣穆荫、匡源、杜翰、焦祐瀛代写圣旨。毫无疑问，载淳成了皇太子，而上面提到的几个大臣负责协助小皇帝处理政务。载淳亲妈那拉氏和钮祜禄氏尊为皇太后。第二天咸丰帝去世，六岁的载淳即位，年号祺祥。

躲难到热河的咸丰帝在热河可谓意志消沉，整日过着纸醉金迷的生活以求麻醉自己，可是他能逃避他的责任、他的宿命吗？最终咸丰死于避暑山庄，卒谥“协天翊运执中垂谟懋德振武圣孝渊恭端仁宽敏庄俭显皇帝”，庙号文宗，葬直隶遵化清东陵之定陵。

苦命的咸丰帝一人承受了前几代君王共同为他准备的苦酒，让满清这个积攒了二百多年矛盾的火山来了个总爆发。从太平天国运动到两次英法联军侵华，咸丰在短短一生中，经历了太多的苦难和忧愁，最终在三十岁时结束了生命。

史学界公认咸丰死于肺结核。史书记载咸丰帝体态消瘦，面色苍白，撕心裂肺地咳嗽，痰中带血，这就是肺结核的症状。肺结核也是一种慢性病，调理得好可以延长寿命，但咸丰帝明知道自己有病，还依然放纵声色，甚至不顾肺结核病人不能饮酒的禁忌，经常喝得大醉，喝醉了酒又哭又闹，可见他是压力山大的。所有的“自作孽”，导致死于肺结核就正常了。

第十章

女人当家下的短命皇帝

——清穆宗同治帝时期

咸丰六年(1856年)三月，爱新觉罗·载淳生于北京紫禁城储秀宫，清朝第十位皇帝，也是清军入关以来第八位皇帝，年号同治。为清文宗咸丰帝长子，母为孝钦显皇后叶赫纳拉氏(后来的慈禧太后)。

咸丰十一年(1861年)七月，咸丰帝去世，年仅六岁的载淳登基，依照咸丰帝遗诏，由肃顺等八位大臣辅政。九月两宫太后与恭亲王奕訢发动“辛酉政变”，八大臣等被恭亲王奕訢与慈禧夺权。

同治元年(1862年)，京师同文馆开办，附属于总理各国事务衙门，初以培养翻译人才为主，以利开展洋务运动。

同治三年(1864年)六月，在中外反动势力联合绞杀下，太平天国运动最终失败。

同治四年(1865年)，李鸿章在上海设立江南制造总局，此举成为洋务派创办新式军事工业的开始。

同治十年(1871年)五月，发生天津教案。

同治十一年(1872年)五月，李鸿章创办轮船招商局，此为

洋务派创办的最早的民用企业。

同治十三年(1874年)三月,日军侵略台湾。十二月,载淳逝于养心殿,年十九岁。

咸丰死后,腹黑女人慈禧太后马上跳出来了,她勾结奕訢发动了北京政变,肃顺、端华和载垣被捕,两宫太后垂帘听政,改年号为同治。新皇刚刚即位,政局不稳,加上国力有限,清政府不得不利用湘军并借列强之师助剿太平军,于同治三年将太平天国运动镇压了下去。接着李鸿章率淮军于同治七年将捻军也镇压了下去。

同治皇帝生于咸丰六年,即位时五岁,按咸丰帝诏命由肃顺等八大臣辅政。肃顺等准备以“祺祥”作为幼君的年号,却没想到慈禧太后联合恭亲王奕訢发动政变,逮治了肃顺等八大臣。政变之后,慈安与慈禧垂帘听政,并取消“祺祥”年号,改用“同治”,隐含两宫太后与众大臣共理朝政之意。

咸丰皇帝自以为自己的临终托孤非常圆满,实际上他错了。咸丰帝临终前确立了以肃顺为首的“八大臣”托孤体制,这个出于咸丰皇帝对权力制衡的考虑,却由此掀起了统治阶层的巨大波澜,肃顺、慈禧、奕訢三方纠结,明争暗斗。咸丰皇帝万万想不到,他自以为周全的考虑却引发了一场政变,不仅使国家的权力运行机制发生逆转,更改变了近代中国的命运。

咸丰帝死后,皇子载淳即位,负责军务的八大臣企图专权。这还了得!“权利控”的慈禧绝不容许此类事件发生,于是就联合小叔子恭亲王奕訢,利用咸丰的灵柩回宫的机会发动了辛酉政变,顺利把权力转接到以慈禧为首的势力集团手中。可想而知,败者

为寇，八大臣下场不会好。

辛酉政变以后，奕訢被封为议政王，两宫太后地位不断攀升，清廷成了女人的天下。慈禧掌权后整顿吏治，重用汉人，重点提拔了李鸿章、左宗棠、张之洞等表现较为突出的汉人，以笼络汉人来维护自己的统治。在一定程度上，慈禧的政治策略使清政府这座破船在风雨飘摇的大海上安然地度过了一些时日。

清末，慈禧专权，国家衰亡，西方列强想乘机侵犯。派人送来一折，上写一联，实际是一道战表。折上写道："骑奇马，张长弓，琴瑟琵琶八大王，王王在上，单戈作战。"满朝文武面面相视，皆不能对。这时张之洞思索片刻，提笔在手，伏案而成一联："袭龙衣，伪为人，魑魅魍魉四小鬼，鬼鬼在旁，合手即拿。"

同治十三年，同治帝死了。据说这时候皇后已经怀孕了，几天几夜痛哭不思饮食。丈夫死了，跟婆婆关系又不好，以后的日子肯定很难过，于是她吞金自杀，但后来被救活了。之后她还是哭，最终同治死了七十四天之后，小皇后也暴崩了。

同治皇帝的皇后阿鲁特氏是自杀而死的。同治皇帝死后，慈禧立了与同治帝同辈的载湉为皇帝，而光绪帝载湉的生母就是慈禧的亲妹妹，同治与光绪既是叔伯弟兄又是两姨弟兄，关系甚是怪异。如此阿鲁特氏在宫中就成了新皇帝的皇嫂，地位尴尬，既然活着要成为别人的砝码，还是随同治皇帝一起吧。

同治死后，光绪即位，慈禧的地位得到了进一步的稳固，便越来越不把慈安放在眼里。到了光绪七年，慈安太后忽然死去，人们纷纷怀疑这件事是慈禧干的。盛传，慈安手里有一份咸丰留下来的密诏，授予她生杀大权，足以要慈禧的命。慈禧害怕对自己不利，就先发制人，对她下了毒手。

崇绮在女儿阿鲁特氏死后不久，就被免去吏部侍郎的官职，

外放出京，屡遭贬谪。光绪十年，因朝中缺人，才回到京城，任户部尚书。女儿的惨死让崇绮受到很大的刺激。他从此更加小心谨慎，对允许自己回京的慈禧愈发感恩戴德。光绪十一年起，崇绮在政坛再次崛起，历任武英殿总裁、吏部尚书、考试阅卷大臣等职。

同治年间，江苏巡抚丁日昌主持过一场雷厉风行的禁戏行动，查缴不合要求的戏剧数百种。当时流行于江南地区的折子戏片断、民间小戏、时曲唱本，如滩簧、花鼓、弹词、五更调、鲜花调、码头调、河船调等，都有戏目、曲目被列为必须禁毁的“淫词唱本”。

清末有个名妓叫赛金花。同治十一年，赛金花生于一个士绅家庭，母亲病逝后，随父亲移居到苏州。1886年，在一个远房亲戚的引荐下，十四岁的赛金花来到了香风习习的花船上，成了一名卖笑不卖身的“清倌人”，改名为傅彩云。没过多久，赛金花就红遍了苏州。

为同治帝选秀时，慈禧看好凤秀，慈安看好阿鲁特氏，俩人意见不一致。于是就让同治来看一看，而同治中意那个阿鲁特氏。但这让同治他老妈慈禧很不高兴。最后，胳膊还是扭不过大腿去，慈禧是个强势的女人，同治只能听她的。凤秀作皇后，阿鲁特氏作慧妃，同时娶的还有几个妃和嫔。

慈禧太后反对阿鲁特氏的原因是她迷信，认为阿鲁特氏属虎，做儿媳妇肯定不利于自己这个属羊的婆婆。当然这个原因应该不是主要原因。阿鲁特氏在慈禧太后面前大大失分的原因，跟她的家世和她本人的脾性有更大的关系。

同治帝读书不用功，倒是个可爱的孩子。同治帝十六岁那年，慈禧抽查了同治的功课，同治不仅把经文背得结结巴巴，写的文章也是漏洞百出。慈禧严厉地责备了帝师李鸿藻。在一次教课当

中顽皮的同治气得李鸿藻掉下了眼泪。同治灵机一动，马上把课本上的“君子不器”用手捂住一截说：“师傅，您看。”李鸿藻一看，居然是“君子不哭”，遂破涕为笑。

胡雪岩出身贫寒，却在短短十几年的时间里迅速发迹，成为当时富可敌国的巨商富贾。他替清朝政府向外国银行贷款，帮助左宗棠筹备军饷，收复新疆，他被慈禧太后赐黄袍马褂，官封极品，被人们称为红顶商人。胡雪岩曾奉老妈之命建起一座胡庆余堂，真不二价，童叟无欺，瘟疫流行时还向百姓施药施粥，被人们称为胡大善人。

1834年，叶赫那拉·惠征任云南迤东道道员，驻节曲靖，第二年惠夫人生下第一个孩子名叫兰儿，由男仆李午廷抱领。一人得势，鸡犬升天。慈禧垂帘听政后，李午廷也在内务府仓储司做过几天大官，后来顶戴四品，官至卢沟桥税务署主管，可见慈禧与这位男仆感情应该还不错。

胡雪岩天生聪慧、勤奋刻苦，什么都听，什么都学。当时的金华火腿行的规模比较大，所以跟很多杭州钱庄都有业务往来，于是胡雪岩常有机会亲眼看见以后影响他一生的东西——银票。

胡雪岩在当打工仔的时候，脑子就很好使。那时候，胡雪岩还是一个小伙计，在与钱庄的人核对账目的时候，他都不用算盘，全靠心算报账，而且算得又快又准。钱庄的人自然很快注意到了他，称赞这个小孩子真是不得了。这时胡雪岩又拿起算盘，“啪啪啪”一打，算得更快！这样一来，钱庄的人对他更加刮目相看了。

胡雪岩能够得到好机会，是因为他干什么都很勤快认真。钱庄的人见胡雪岩又勤快又好学，不由跟胡雪岩的掌柜谈论起他来。掌柜把以前的事一说，客商觉得胡雪岩不光勤快好学，而且还拾金不昧，诚实守信，于是马上说：“我们钱庄就需要这样的

人，你愿不愿意把他让给我呢？”就这样，胡雪岩得到了一个很好的机会。

胡雪岩在十四岁那年，家中贫寒，被迫离开了学堂。在绩山下的绩溪边，他给人家放了半年牛。别的放牛娃娃，都是将牛赶到山下溪边吃草喝水，自己和伙伴在一起嬉闹玩耍，而只有雪岩，仍像以往一样，拿根柳条当笔，沙滩当纸，又写又算，聚精会神。时间长了，小朋友们再也不找他玩了。

胡雪岩没有发迹前，老是走狗屎运。胡家族长出门办事归来，路过绩溪边，老远就看见牧童们在溪边疯闹，只有小雪岩独自一人，弯着腰在沙滩上用个棍子写着、画着。族长出于好奇，走过去，却见雪岩在沙上列着一排一排的算式，旁边石头上摆着一本书，族长翻看封面，是一本《算经》，甚是惊讶，就给了他一封举荐信，让他去学习。

胡雪岩在当铺当学徒的时候，就表现的很有心计。胡雪岩知道老妈的殷切希望，所以刚到店里的时候什么活都干，每天早早起来替师傅、师兄们倒尿壶，端洗脸水，扫地，买点心，饭后早早来到店中擦桌抹凳，洒扫店堂，很是勤快，得到当铺上下人的喜欢。此后他学起东西来就更得心应手了。

同治帝为慈禧所出，世皆知之。其实，关于同治帝的亲妈，还是有争议的。“或谓，实文宗(咸丰帝)后宫某氏产，时孝钦无子乃育之，潜使人鸩其母，而语文宗已产子月余矣。文宗闻之大喜，因命名曰载淳，封孝钦为贵妃。”即是说，同治帝载淳是后宫某氏产，那拉氏夺其子，并鸩其母，然后谎报咸丰帝，她产子已经一个多月了。

有人说那拉氏生了个女儿，为此宠监大总管安德海，勾结老太监汪昌，买通盲人稳婆刘姥姥，从宫外偷偷换了个男孩，即是同

治帝。这一行径是安德海一手导演的，既瞒过了咸丰帝，也瞒过了那拉氏。后来，同治拘押了稳婆，直至稳婆死去，赐予厚葬。

慈禧一辈子工于心计，却也活到了七十四岁，这在当时是很不容易的。她从不去吃什么仙丹，而是服用真正的保健品。据史料记载，慈禧晚年经常饮用一种由同仁堂泡制的如意长生酒，此酒除风祛湿、化食止渴、疏通血脉、强筋壮骨。

安德海是个老资格太监，比慈禧更早入宫。野史上说，慈禧当年能受到咸丰的宠爱，安德海出过大力。安德海生得一表人才，脑子也很活络，还有些歪才，慈禧掌权后就更喜欢他了。安德海也把自己看作慈禧的人，结果给自己招来了杀身之祸。

李莲英与安德海差不多同时入宫，但直到安德海死后李莲英才受到慈禧的重视，最初他受赏识是因为会梳头。李莲英陪伴慈禧直到她临终，是太后晚年的一个贴心人。李莲英显然吸取了安德海的教训，虽得宠但绝不张扬，知道对下属要加以笼络。他的结局比安德海好得多，晚年出宫后靠着多年积赞的财富，生活上算是衣食无忧。

盛传荣禄是慈禧的初恋情人。最早放出这个风的是德龄女士。德龄是十九世纪初的新派人物，在慈禧晚年经常入宫，知道些内幕，后来用英文写了本回忆录，里面大肆渲染太后和荣禄的初恋关系。

荣禄后来干脆与慈禧攀上了亲戚。荣禄的女儿瓜尔佳氏被慈禧收为养女。慈禧亲自给这位养女张罗了婚姻大事，把她许给光绪的亲弟弟载沣。瓜尔佳氏的长子溥仪后来成了光绪的继子。如此可见荣禄和慈禧的关系非同一般。

同治帝不但爱看戏，而且还爱自己唱戏，但是他却不愿在戏中扮演主角，而是乐于演些下里巴人。据记载，同治曾经给两宫太

后和其他的太妃们演过戏。但有一次,他偏要在一出《黄鹤楼》中演配角赵云,让太监演主角刘备,而且坚持要“遵守剧情”在台上向太监行大礼参拜。

邓世昌上学的时候是个高材生。1868年,邓世昌怀着救国的志愿,以各门课程考核皆优的成绩入福州船政学堂学习航海,成为该学堂驾驶班第一届毕业生。毕业后,邓世昌于1871年被派到“建威”练船,随船巡历南洋各岛,1874年被任命为“琛海”兵船大副,以后历任“海东云舰”、“振威舰”、“飞霆舰”等兵船管带,可谓尽心尽力。

邓世昌在官场上走得简直是一路绿灯。1887年春,邓世昌带领考察团到英国接收清政府向英、德订造的“致远”、“靖远”、“经远”、“来远”四艘巡洋舰,年底回国。回国路上,邓世昌沿途安排舰队操演练习。因接舰有功,邓世昌被升副将,获加总兵衔,任“致远”舰管带。1888年,邓世昌以总兵记名简放,并加提督衔。

张之洞从小读书用功,聪明伶俐,勤奋好学,受儒家思想的影响比较大。张之洞先后师从好几位老师,其中丁诵先、韩超两位老师给他的影响较大。咸丰二年,张之洞应顺天乡试,中试第一名。同治三年张之洞参加会试、殿试,中一甲第三名,授翰林院编修。

张之洞任湖北学政时,整顿学风,建立经心书院,提拔奖励有真才实学的人,很受众人尊重。他任四川学政时,在成都建立尊经书院,请来当时许多名师教学,分科讲授,仿照广州学海堂的例规,手订教学大纲,以教导士子应读什么书,应怎样做学问以及修养品德等。

同治二年春,左宗棠率军占领金华、衢州等地。三月,被提升为闽浙总督,仍兼浙江巡抚。第二年他又率部下攻占杭州。整个浙江都是他的地盘了,加官进爵肯定也是迟早的事。战事结束后,左

宗棠奉命节制闽粤赣三省军事。他带军进入广州，进攻太平军余部。大约半年后，他顺利剿灭太平军残余，凯旋而归。

同治五年五月，左宗棠建议清廷购买机器，雇用洋匠，试造轮船，并且开始和沈葆祯等筹办福建船政局。九月，左宗棠担任陕西总督，开始镇压西北回民起义。当时捻军和回族的犯乱勾结，左宗棠作为钦差大臣，督办陕甘军务。同治六年六月，其开始在中国版图的大西北大展军事才华。

同治七年十月，左宗棠率部队抵达西安，次年夏天击败了陕西回民军后开始进军甘肃。同治九年十一年初，攻破回民军重要据点夏金积堡，被赏一等骑都尉世职。同治十一年六月攻破河州，同治十二年先后击灭西宁、肃州回民军。由于表现出色，左宗棠被任命为陕甘总督加大学士。

左宗棠在镇压陕甘回民起义后，率军西征，来收复被外民族侵占的新疆天山南北的失地。同治四年阿古柏率军侵入新疆南部，不久在南疆建立了“哲德沙尔汗国”。同治十年，沙俄乘机派兵占领伊犁地区。不久，日本又侵略台湾。当时的清廷内部发生了是先处理海上战事还是内陆边塞事务的争论。

左宗棠的政治才能卓著。他调遣整顿军队，策划粮草及路线，任用老湘军统领刘锦棠来总体商议进疆具体事务，最后确定了先易后难的策略：首先平定阿古柏匪帮，再收复伊犁，“先北后南”、“缓进急战”。光绪二年二月，左宗棠转移师部到肃州，就近指挥新疆战事以期待战战创捷。

光绪元年六月二十一日，西征军夜袭黄田，开始收复新疆之战。首战创捷，继而攻克乌鲁木齐。九月，收复玛纳斯，北疆平定。次年三月，挥师南下，先后攻克达坂、吐鲁番、托克逊、喀喇沙尔、拜城、喀什噶尔等城。至光绪三年十二月初二日肃清和田之战，战

争取得完全胜利，顺利收复南北疆大部分地区。

光绪六年春，左宗棠设定出三路：东路以伊犁将军金顺负责，严密拒守精河一带，用来阻止俄军向东侵犯；西路让湘军统领刘锦棠负责，从乌什路过，直到伊犁；中路以嵩武军统领张曜负责，出阿克苏，再沿特克斯河，最后顺利取下伊犁。

左宗棠于光绪元年四月十八日，出关西征，以示与沙俄决一死战的决心。那时的将士唱着歌，愿以后都不会因为出塞而感觉困苦。抵达哈密不久，左宗棠突然接到圣旨，要立刻回京，于是，他保荐刘锦棠继续留任督办新疆军务。第二年正月，曾纪泽谈判后，签署《中俄改订条约》收回了一些权益。

左宗棠非常有政治才能，他不管在何处当官，都能当得很出色，很有政绩。左宗棠在新疆时，注重新疆的长久可持续发展建设，兴修水利、修建道路、开垦农田、种植绿树，同时还建议清政府在新疆建省，来加强祖国统一，巩固西北边防。他在甘肃时，还组织创办甘肃织呢总局、兰州火药局等，对当地发展有很大好处。

19世纪50年代，由于清政府腐败无能，百姓怨声载道，太平军、捻军起义席卷全国，清朝的地方政权随之土崩瓦解。乱世就是英雄的摇篮，刘铭传加入过当地贩卖私盐的团伙，干起打家劫舍的勾当。1856年8月，他叫上几百名贫苦群众，当上武装头目，之后没多久就成为这一带对付太平军和捻军的一股团练武装。

1859年9月1日，太平军一部攻打合肥的长城镇、官亭，刘铭传奉命率部“协剿”，后将太平军击退。事后他被安徽巡抚福济褒奖为千总，赏五品顶戴。1861年11月，李鸿章在合肥招募勇丁，以编练淮军，刘铭传自是不能少，他带上弟兄五百多人一起随军出发。

虽然刘铭传并不能通过读书科举来接触清朝的政权中心，但朦胧的爱国情怀让他对被人压迫的感觉深表不安。他买了许多西

方书籍和报刊的中译本仔细阅读,还经常往来于上海、南京,结交洋务派人士和改良主义知识分子,共同探讨对时局的感慨,思虑中国的将来。

1880年,沙俄霸占伊犁,并对中国进行武力威胁,清廷就召见刘铭传来京征询处理时局的对策,并准备在紧急情况下授予他官职派他统兵作战。刘铭传借这个机会,向朝廷进上自己的时局态度。可惜清政府只是看中了刘铭传的军事才能,这一建议未被清廷采纳,刘铭传施展抱负不得,便返归故里"疗疾"。

同治元年,刘铭带领着他的弟兄加入了李鸿章的淮军,获得了个特殊的称号"铭字营",和其他靠宗族势力组织起来的部队一样。在这个集体里,刘铭传职位最高,辈分也最高,所以部下的敬重就格外的多了,不会出现将不受用的情况,非常好管理。

刘铭传因为在镇压太平军的活动中表现突出而得到了李鸿章的重用和赏识,年纪轻轻就被提升为直隶总督,是淮军乃至朝野名将。他的作战方式被人称道,后来被左宗棠重用,以协助处理捻军和陕西回族农民起义战事,之后厌倦沙场的告老还乡。

刘铭传虽在家养病,不担任其他的职务,但却时刻关心着国家事务,结识了许多当时先进的知识分子,开阔了自己的眼界。不久,法国远东舰队来到中国福建、台湾一带进行挑衅,清廷忙命刘铭传出山,应付台湾危机。

1883年,中法战争爆发。刘铭传气愤于列强如此欺负中国,准备远征沙场誓死保国,将想报国岂会无门?清廷很快就重用了他,让他处理台湾政事。

奸诈的人总有人能治住。叶名琛在清廷混得不错,不到四十就做了两广总督,但是对待英商蛮横无理,得罪了洋人。打狗还得看主人,更别提英商背后的强大国力。后来英法联军攻入城中,逮

捕了叶名琛。

叶名琛被英军带走之后被带到了印度，让一个懂汉语的翟理斯看守他。叶名琛闲得没事干，就教他经学。所以翟理斯在这一门上有些成就，翻译了很多书。叶名琛被绑着在外国各个岛屿之间传看，受尽屈辱，最后死了，骨灰被送回国内。朝廷赦免了他的罪，甚至有人把他当作苏武。

话说叶名琛在印度死后，英国派人把他的骨灰遗物送回国内。他的仆人们回来后却胡乱说了一通："大人到了印度后拒绝游玩，并去见英王理论，说明挑起争端的原因。直至所带食物吃完，也不愿用外国的食物，后来绝食而亡。临别时还说愧对皇恩，死不瞑目。"这真是一个混淆是非！

一家一年出俩进士几乎不可能，但一切皆有可能，倭仁和他叔父铁错就是这样，并且这叔侄俩情同情兄弟。后来皇榜揭晓，为人豪爽的叔父请同乡考生一起庆贺，开倭仁玩笑说："今天的宴会可是风流才子和一个名臣待在一起阿。"后来，倭仁的确走上了理学之路，成了有名有实的书呆子。

慈禧、慈安两位太后经过认真比对层层海选，任命倭仁对皇帝加以教导。倭仁以天下为己任，对待皇帝那是尽心尽力，曾为皇帝亲自编书，作为内部教材的参考资料，希望同治可以在皇权这张答卷上写下标准答案。

同治很怕他老妈。有一次皇帝犯了错，倭仁就去劝说。结果，同治肯定是不听了。倭仁就说，你不怕我没关系，有人镇得住你。倭仁就扬言向他老妈打小报告，结果很是管用，同治乖乖地听话了。

同治六年正月，同文馆打算开个进修班，让五品以下的官员来学习算术，聘请来自海外的洋博士教学，但却遭到倭仁反对，他

说:“没听说过谁精通一门技术就可以解救苍生，况且来个洋博士,那思想开放得我们受不了咋办？为了不出现崇洋媚外的现象我要把它扼杀在摇篮之中。”

总理衙门设学堂的事本来就很多人反对,加上办学校最高的权威就是皇帝的老师,倭仁自然众望所归,是确定航线的人了。他都极力反对,谁还拥护?后来又有人几次请倭仁去同文馆任职,可倭仁太正直,直接来个苦肉计,从马背上摔伤,推托了一切。

有一个官员在日记中说，他在山东上任时曾读过倭仁的日记,认为倭仁学识渊博,思维精密,是一流人才,又见到倭仁所进呈的《帝王盛轨》、《辅弼嘉谟》二书,才知道古时候大臣培养君王道德的道理。后来进京城拜见,倭仁送客每次都送到门外,直到客人上了马车,才返回家中,是真正在诚心待人。

倭仁做事谨慎,从不随便推荐人才,所以门下没几个人。他很节俭,冬天穿的狐裘都露出了皮革,表面则是棉布。他有一个亲戚是广东澄海县县令,因为政绩卓著来到京师,赠送给倭仁一千两银子,倭仁不接受,他说:“我一文钱都不接受,更何况一千两银子。不如拿钱去设粥棚。”那亲戚很惭愧地走了。

在让哪类人出国留学以及进入同文馆学习的问题上,曾国藩和倭仁的意见出现了不一致,曾国藩觉得应该让学识高的人去接触新的先进的东西,但倭仁却认为那是浪费,一技之长只能发展经济,却谈不上救国,他觉得让那些有才的人去学习这些国外的东西是侮辱自己、侮辱国粹。

倭仁早年主持福建的小生初考试中,认识一学生并让其成了自己的门生。倭仁在任上死后,那个门生就如死了自己的亲人一样的悲伤,并且送上自己写的对联一副,说倭仁倾尽所有教导皇帝,并且即使知道枪打出头鸟仍然力排众议。

宝鋆出身贫寒，穷人的孩子早当家，所以即使后来有了官位他仍然保持着刚正的脾气。咸丰庚申之变时，宝鋆奉命守城。当时肃顺在热河侍奉皇上，想要把户部的银两都带走备用，宝鋆和他吵得不可开交就是不放行。肃顺认为这是忤逆自己，对宝鋆恨之入骨，派宝鋆去守城。宝鋆自摘官帽，大声说："老子名都不怕，还怕那个破官帽，扯淡。"

恭忠亲王与宝鋆性格很相近，给宝鋆起了个外号叫龟。有一天他们一起下朝路过一丰碑下，恭忠亲王指着碑上的一物说："这是什么呢？"宝鋆严肃地对他说："王爷不认识这东西吗？这是龙生下的九种生物中的一种。"恭忠亲王听了，哈哈大笑，觉得宝鋆有时是那么的可爱啊。

宝鋆的同乡陈伯潜曾说崇礼这人没学问，乱七八糟的习惯特别多，不能胜任礼部尚书。英法联军洗劫圆明园之后，宝鋆和崇礼一起察看损失，就在这时崇礼跪在地上大哭起来，大叫："为什么不一把火烧了这园子，留下人们看到徒留悲伤。"这之后宝鋆对他有很大好感，暗自决定提拔他。

胡林翼是陶澍的女婿，陶澍担任两江总督时，胡林翼去投靠他。在秦淮画舫的时候，有人说胡林翼不是个可靠的人，没责任。陶澍却说："如果他有一天为国家效力，一定会尽心竭力，所以允许他现在暂时行乐。"后来胡林翼任湖北巡抚，凡公事都是亲力亲为，很少休息。

胡林翼的老妈生下他时，梦见五色鸟从屋后飞过，张开两翼鸣叫，啄食林中芝草，所以给他取名胡林翼。陶澍看到他认为他是人才，就把女儿嫁给了他。后来他被提拔为湖北巡抚，后与太平军战斗，结果积劳成疾累死在任上，很得同僚钦佩。

胡林翼做事很注意统筹全局，而在用人和理财方面更是精

密。所以他去世的时候，曾国藩哭着说："他一颗诚心忧虑国家，小心对待朋友学生，苦心协调护持各位将领，天下还有这样的人吗？"胡林翼和姚绍崇一起交流《论语》心得时，总是议论万千，援引史事，讨论关于政治权术和用兵之事。

胡林翼在武昌时对贪污的人和廉洁有才气的人是区别对待，赏罚分明。即使在自己生病期间，他还把幕僚都叫到床前，一起探讨时政问题。后来他升为湖北巡抚，那更是自认为高处不胜寒，更加以天下为己任，很得同事欣赏。

同治因为登基时还是个小屁孩，除了读书其他政事似乎都没办法去做，毕竟他不属于少年老成型的人。所以朝政的事就得靠东西太后一起管理，那时，同治的任务只是读书，而全国上下对同治的学习都很重视，挑选的是当朝顶级的师傅。

慈禧是个"权力控"。慈禧总是以同治太小作为借口，一再推延同治的亲政时间，姜还是老的辣，所以同治想靠自己掌握实权的可能性不是太大，还是等着老妈放手吧！直到同治十七岁，慈禧才为自己的儿子载淳举行了大婚典礼。但是，名义上是亲政，实际上还是老妈当家。

同治二年，同治帝派沈葆桢去台湾伸张主权问题，以抵御日本侵略。最后通过谈判，两国订立《北京专款》，日本撤出台湾，这算是同治干过的最漂亮的事。不过说到内政，同治就什么政绩都没有了，有的只是一个又一个麻烦。

同治做起事来向来是任性随意，他以方便太后颐养天年为名，下旨要兴修颐和园，但清廷国库早就捉襟见肘，补了这那的问题就来了。镇压太平军已经让国库有点吃不消了，左宗棠又在西北镇压回民起义，需要大笔花销。

同治统治期间中国可谓是机遇和挑战并存，前院被盗后院起

火，太平军和义和团把家里已经折腾得不行了，英法联军又来挑事，不过在窝里反和对外抗战间的宁静中，同治实行了新政。

现在流行出国旅行，其实早在清同治年间就有很多出国旅行的。斌椿就带着同文馆的学生及自己的儿子广英从京城转到上海继而坐轮船到达了法国马赛，而后游遍整个欧洲，历时三个多月。他把自己西天取经的成果编成巨著《乘槎笔记》来传播自己的游踪见闻。

同治五年永定县合作桥人王正道与同乡刘明灯跟随着左宗棠出来混，是金子总会发光，不久王正道就得到了左宗棠的赏识，委以重任。在中法战争中，王正道率兵守卫马尾，是个不怕死的男子汉，为抗击敌人身负重伤；在中日甲午战争中，王正道又英勇上前线，但可惜这次他没能回来。

“万般皆下品，唯有读书高”，清朝的读书人会想尽一切办法考取功名，混个一官半职，所以有些不学无术的会用一些歪门邪道的手段，以致清朝科场舞弊风盛行。科考将选出朝廷的栋梁，这关系到社稷的稳定和国运的兴衰，因而清政府对科场舞弊者的惩罚十分严厉。

清政府规定，凡是临场替考枪手、冒名顶替、挟带小抄书籍、抄袭他人、传纸条、不按座位号就座或者喧哗不守规定的一经查出，立即由负责考场安全的官员带上枷锁在考棚外示众。一个整天学习廉耻理义的读书人在众学子面前带枷示众是一种非常丢人的惩罚。倘若案犯牵扯两地，本地枷号示众之后还要到另一地枷号示众。

生活有多少面就有多少种记录方式。清人方绚写出了关于女子小脚的“专著”《香莲品藻》。此书说女子小脚有“五式”、“十八种”、“三贵”。女子缠足，要蒙受极大的痛苦，所谓“小脚一双，眼泪

一缸”。据记载，女子缠足约从四五岁开始，讲究的人家会挑八月廿四日这天给女儿裹小脚。

三寸金莲并不是一朝一夕可以形成的。缠足的人要先将脚拇指以外的四指屈于足底，用白棉布条裹紧，等脚型固定后，穿上“尖头鞋”。白天家人架着女儿行走，夜间将裹脚布用线密缝，防止松脱。到了七八岁时，再将指骨弯曲，用裹脚布捆牢密缝，以后日复一日地加紧束缚，使脚变形，最后只靠指端的大拇指行走。

同治年间，新式学堂犹如雨后春笋一般纷纷冒出来，外国语学校、实业学堂、近代军事学校、派遣留学生等，可谓只有想不到没有做不到。人们想通过各种途径来救国，但都不知道效果如何，会不会是穿了漂亮衣服的空皮囊，治标不治本。

同治期间开办的流行大学不仅设在中央，地方也分布了不少，江南制造局附设的机械学堂、福州船政局附设的船政学堂等都是地方上的杰出代表。这些学校不仅学习老祖宗的文化，更接触一些洋人的东西，比如天文地理，以期可以和国际接轨。

同治十一年，朝廷挑出一批幼年时期就比较聪慧的孩子出国留学，开创了让小孩出去学习外国文明的先河。这些孩子都有很好适应能力，接触外来文化的速度比较快，长大后很多成为了崇尚自由的先进知识分子，对宣传先进制度推翻清廷起到了很大作用。

曾国藩、李鸿章、左宗棠等在上海、南京、福州相继办起了近代军工厂，特聘一些洋人作为特约专家负责指导工作，其实这种外聘制度早在清初康熙时期就进行过了，如今做只是在发扬祖宗优良传统罢了。

一个女人当家本就不容易，更何况是这么大一个家底的中国，慈禧纵然有很强的权力欲望，但是巧妇难为无米之炊，为了维

护封建统治,她别无先择地重用了洋务派来发展军务。同时,慈禧也做了不少错误决定来阻止洋务派引进先进技术,避免危及自己的统治。

载淳十七岁的时候两太后撤帘归政，但是毕竟刚亲政不久，想要从慈禧手中接过权力不是容易事。慈禧为了享受,要求同治帝重修圆明园来让自己居住,但是同治做事难免会不太周全。当时财政紧张,而修园子需要花费大量银钱,同治一意孤行,得罪众人,最后慈禧出面此事才得以摆平。

慈禧是个阴狠的角色，她凭借政治家的手腕让曾国藩的湘军、李鸿章的淮军心甘情愿地为她效力,成为他掌控政权的有力棋子。用汉人军队镇压汉人,让人民自相残杀,在镇压了太平天国、捻军以及回民和苗民起义后,百姓死伤惨重,尸横遍野。

1866年,奕訢奏请让同文馆扩大招生计划,招收科举出身的人员学习天文、数学。大学士倭仁亲自出马去劝谏慈禧,慈禧坚决反对,她认为,让科举出身的人员向外国人学习天文、数学是斯文扫地。慈禧让倭仁保举几名精通天文、数学的人才,并让倭仁负责选定地方办一个天文数学馆与同文馆分馆互相对抗。

清廷历来都是从旗人女子中挑选后宫粉黛。八旗秀女每三年挑选一次,由户部主持,可备皇后嫔妃之选。挑选秀女的目的,除了充实皇帝的后宫之外,还可以为皇室子孙拴婚,或为亲王、郡王和他们的儿子指婚,重要性自不待言。秀女们要走进紫禁城高高的宫墙,必须经过一道道“关卡”。

先打人一巴掌再给个甜枣的事清政府是运用的驾轻就熟了,它一方面暗地里支持义和团和使馆闹腾,另一方面带着时鲜蔬菜前去使馆问候,美其名曰保护使馆,实际上不过是想靠列强帮自己解决义和团这个危害。

八国联军侵华，慈禧带着光绪，在两千余名士兵的护卫下仓皇出逃。奕劻、李鸿章留在京城，收拾烂摊子，与列强进行谈判。慈禧还把责任都推给了义和团，认为是他们挑起的事。为了给列强出气，她即刻下令严厉剿灭义和团，清政府真是六月的天，脸说变就变。

清政府与外国列强签订协议自然要大当家的点头才敢应允，李鸿章把和洋人谈判结果告知慈禧，没想到慈禧大为高兴，下诏"量中华之物力，结与国之欢心"。为尽快达成协议，慈禧要求列强的一切要求全部应允，《辛丑条约》就在这样的情况下签订了。

慈禧被称为"老佛爷"是她和李莲英搞的鬼。一次，慈禧太后转到三世佛后，见一慈眉善目的观世音坐在殿中央，此时方丈住持，还有慈禧的文武大臣也在这里，李莲英喊道："老佛爷到。"其他人即刻跪伏高呼："恭迎老佛爷！"慈禧见状明白了一半，但她故作不解地问道："你们迎接的是哪位老佛爷呀？"李莲英他们答道："就是迎接太后老佛爷您呀！"

慈禧沿长河前往昆明湖时，坐在船上，要百官沿河两岸跪送，不料她在半路上遇见一个"破车瘦马穷河官"。此人家里窘迫，用有色纸糊了一套朝服穿在身上。没想到这天连绵小雨把假朝服冲洗得红红绿绿，慈禧一见很是扫兴，想大发雷霆，又怕张扬出去只好假装没看见。就这样，小河官拣了一条命。

慈禧出京的时候，张勋随从保驾，"回銮"后，慈禧召见他。张勋上殿跪下说了一个"臣"字，一时忘掉了自己的姓名。随即他抬头看见殿上匾额写着"仁寿殿"，就说"臣仁寿殿……"，这是失礼，应受处罚，慈禧却若无其事地问他几句话便让他回去了。

慈禧退帘后就想到去宫外休养享受，想到当年圆明园中的美景，她就向同治提起心中构想。即使母子不和，但毕竟是自己老

妈,哪有不尽心之理,于是同治下令重整圆明园。可是花销从哪里来?亏大臣们想得出来,上至王公下到大臣量力而行,纷纷向太后表示自己的衷心,向皇帝意思一下。

同治六岁到十四岁期间,每天应景做皇帝,到养心殿摆样子,两宫皇太后垂帘听政。同时他还要抽出半天时间,到弘德殿读书。同治从小没有得到严父的教育,母后皇太后与圣母皇太后都没有文化,不能教育皇子读书的要领。她们常在重华宫漱芳斋办事、传膳、听戏,没有给同治以文化的熏陶。

同治贪玩,不爱读书,“见书即怕”,不好学习,没有长进。他的师傅教他学习看奏折,但他“精神极散”;听讲奏折,也极不用心。他的伴读奕详、奕询,本意在陪同读书、互相激励、彼此切磋,实际上是代其受过,起到“杀鸡儆猴”的作用。在课堂上,同治“无精神则倦,有精神则嬉笑”,实在是一个顽皮的学生。

同治的皇后阿鲁特氏秀外慧中,“美而有德”,并且文采很好。皇后小时在家受到很好的教育,崇绮亲自当她老师。而皇后本人又爱读书,十行俱下,知书达理,为人勤俭持家,女工一流,是个典型的大家闺秀。她被册为皇后,同治帝很喜爱她,也很敬重她。

慈禧皇太后不喜欢皇后这个儿媳妇,常找碴儿难为这位小皇后。慈禧不许她与同治皇帝同房,而要同治对慧妃好。同治帝不敢违抗,但也不喜欢慧妃,只好赌气一个人住在养心殿,生活得寂寞寡欢。因为慈禧处处刁难,皇后日子过得很不舒心。到最后同治病重,皇后在旁边伺候,还常遭到慈禧的责怪。

同治生活放纵,同家庭关系不和谐有关。据说同治既近女色,或着微服冶游。有人给他进“小说淫词,帝益沉迷”。他常到崇文门外的酒肆、戏馆、花巷。据记载:“醇亲王曾经泣谏其微服出行,同治质问从哪里听来的?醇亲王怫然语塞。”同治又召恭亲王,问微

行一事是听何人所言？答："臣子载澄。"

同治也是个可怜的人，幼年丧父，更可怜的是小小年纪就被放到龙座上，不能享受童真之乐。六岁的孩子，周岁才五岁，放到那座上，不能动，大臣的奏章他又不懂，真是一种莫大的痛苦和折磨。再加上有个女人当家——他老妈慈禧，这个国家真的是乱了套。如此一来，这个可怜的小皇帝不短命才怪呢！

同治期间先后彻底地镇压了太平天国起义、捻军起义、云南回民起义、贵州苗民起义，而对外国势力却是一再低头。外国侵略势力由于二次鸦片战争得到很多好处，清政府又是霜打的茄子好欺负，如此国内外局势稍趋平和。而实际上同治帝在此期间只是读书，并未参与任何军政。

有人说同治是死于梅毒，因为同治曾微服出去，想到前门外八大胡同。但是，同治又不可能到那儿，因为那个地方太招眼，他会到崇文门里，崇文门有几家私院，由太监引导他去。如此，就招上病了。可怜的短命皇帝啊，就这样死了。

有人说同治死于天花。当时宫里挂红帘避邪，官员穿花的衣服，讲究前三后四，就是穿七天花衣服，因为患天花最危险的时间有七天，但是同治规定是十二天，就是穿花衣服十二天。官员们从大光明殿请痘神娘娘进了皇宫，把它供奉起来求神保佑，两宫太后也是祈求祖先来保佑同治，但是同治还没有救过来就死了。

有人说同治死于天花加梅毒，两个病并发，所以既有天花的症状，长了水痘、麻点，也有梅毒的特征，两种病加在一起，最后不治而死。

第十一章

向女人叫爸爸的无权皇帝

——清德宗光绪帝时期

同治十年(1871年),爱新觉罗·载湉出生于北京宣武门太平湖畔醇王府,其父奕譞是道光帝的第七子,其母是慈禧的胞妹,这种特殊的家庭背景,使他在同治病故之后被指定为皇帝。

光绪元年(1875年)正月,光绪帝于太和殿即位。

光绪九年(1883年)五月,法军进攻越南河内的纸桥,挑起中法战争。

光绪十年(1884年)八月,法舰炮轰福建马尾造船厂,挑起马尾海战。

光绪十三年(1887年)正月,光绪帝始亲政。

光绪二十年(1894年)七月,日军在丰岛海面突然袭击中国运兵船,中日甲午战争爆发。

光绪二十一年(1895年)三月,李鸿章代表清廷在日本马关议和,签订《马关条约》。

光绪二十四年(1898年)四月,召见康有为,命充总理各国事务衙门章京。颁布《定国是诏》,开始百日维新。八月,慈禧太

后复垂帘于便殿训政。诏康有为结党，夺职下狱。康有为逃，杨锐、谭嗣同等戊戌六君子下狱处斩。光绪帝被禁瀛台，懿旨一切复旧。

光绪二十七年(1901年)七月，奕劻、李鸿章在北京与十一国公使订立《辛丑条约》。

光绪三十年(1904年)四月，英军入侵西藏，西藏人民展开江孜保卫战。六月，英军攻陷拉萨。

光绪三十一年(1905年)七月，孙中山在日本成立中国同盟会，提出"驱逐鞑虏，恢复中华，建立民国，平均地权"的纲领。

光绪三十四年(1908年)十月，光绪帝逝于瀛台涵元殿，年三十八。次日，慈禧逝。

光绪，名叫爱新觉罗·载湉，是慈禧太后的外甥。年轻的同治帝死后，慈禧太后为了继续掌握政权，就让当时只有四岁的光绪继承皇位，由她再度进行"垂帘听政"。直至光绪长到十九岁时，慈禧太后才声称"撤帘归政"，但是她仍操纵实权不放。

光绪帝的父亲是道光帝的第七子，"光绪"是他的年号。光，光大；绪，未竟之功业。"光绪"即"光大未竟之功业"。这个年号反映了清廷虽是腐朽不堪但仍有重振国力的愿望。可惜，真实的情况并没有遂人愿。

光绪帝是个痴情的皇帝。珍妃十三岁入宫时，光绪对她一见钟情。光绪对珍妃是痴情一片，集万千宠爱的珍妃自然忽视了外人的目光，不知收敛，以至不知原因地得罪了太后。光绪二十六年，八国联军进北京，珍妃被慈禧投入井里，死时年仅二十五岁。

人们一般都觉得大内宫廷里的女子个个有沉鱼落雁之貌。其实,靓丽的容貌并不是得登龙庭当选秀女的主要标准。清朝选秀公开的两条标准是品德和门第。光绪皇帝的皇后隆裕就"相貌奇丑",但她是慈禧的侄女,因而成了皇后。

光绪皇帝所钟爱的珍妃,也出自一个高门第的家庭。被光绪皇帝视为红颜知己的珍妃入选时,她的老爹是侍郎长叙,爷爷是曾任总督的裕泰,伯父是广州将军长善,长善又是大学士桂良的女婿,是恭亲王奕訢的连襟,因此入选。

清末维新派黄遵宪,在戊戌变法失败后,被清廷解职,押解还乡软禁。临终前黄遵宪重病缠身,但志仍不衰。他写了一副很妙的对联,寄寓自己的政治信念:"药是当归,花宜旋复;虫还无恙,鸟莫奈何。"联中用了药名、花名、虫名、鸟名,一语双关,结构独特,政治色彩鲜明,既表示了对清政府迫害的蔑视,也对变法的胜利充满了信心。

英、法等八国联军攻占北京时,慈禧太后携光绪帝仓皇离京,逃往西安。慈禧离开北京之前,任命崇绮为留京办事大臣。崇绮终因实力不济,败退到保定。洋人的残酷杀戮让他觉得光复失地无望,于是留下难当大任的遗书自尽身亡。崇绮的长子及其全家也继老爹之后自杀身亡。

左宗棠是清末时期的一位爱国的忠臣。光绪九年,中法战争爆发,左宗棠竭力争取誓死抗战。第二年六月,他被调到福建处理军政事务。他一到目的地,左宗棠就筹划当地的长久治安,处理闽南海防,并且派兵到安南边境,同时还关注台湾的领土收复,即使生病也没有任何的松懈,一直坚持到底。

一个女人靠什么统治大清四十八年?慈禧太后并非腹中无书,处于当时那种险恶政治斗争环境中,在一群拥有智谋的男人

中间斡旋并且要操纵这些全中国混得最好的精英们，没有手腕几乎不能生存，更别说当这么大的集团的总裁了。

对于慈禧这样一个权倾朝野的女人，别人诚惶诚恐还来不及，有谁敢当面揭短，叫她“老寡妇”？这个人却敢并且做了，原因很简单，她也是个寡妇，不过辈分上比慈禧小一辈，还是慈禧的干女儿，她就是清末赫赫有名的大公主——固伦荣寿公主。要不是这层关系，恐怕这个不知天高地厚的小丫头也要遭殃了。

公使克林德是被误杀，还是被谋杀？此问题有许多回答，西方列强推算主谋是慈禧，为此有人叫嚣要拿慈禧来抵命。当时的清政府没办法，只能死马当活马医，派深受八国联军瓦德西宠幸的北京名妓赛金花派上场。赛金花认为立贞节牌坊是对女人最大的肯定，于是建议德国向满廷提出建一座牌坊，以表示歉意。

慈禧太后专政时期的总管小德张，未出宫前就讨过一房妻子又纳过两个妾。隆裕太后死后，没了靠山的小德张离开清宫，买了一名为张小仙的女子为妻。此时的小德张早已家资巨万，他在河北省静海县置地十余顷，在南苑置地二十顷，在天津英租界置楼房十二座。

慈禧太后专政时期的总管李莲英，坐拥着万贯的财宝，万顷的良田，多处的房产，娶了多名妻妾，但却极为低调。李莲英曾给隆裕太后贡献过珠宝玉器八方盘，他的义子义女更是大获其利！虽说有个太监爹不太能装脸面，可行行出状元，人家的爹可是太监行里的状元！

作为画家，慈禧还算不得专业画家，她更像个业余的爱好者。如果她可以全身心地学习绘画，肯定会名列一流。她下笔有力干净利落，她对艺术有着很高的鉴赏能力，可惜没有人替她分担军国大事，让她自由地去发挥自己的艺术才华。

据说满清宫中挖有地道，里面有室有户有床有凳有椅有灯，如遇到紧急情况，皇帝往往会带领众多嫔妃和皇子躲进地道。地道外面则有一个最忠实的太监，给里面的人报平安。光绪末年，仇满排满之风日盛，宫中疑惧不已，当时慈禧太后就带着光绪帝和后妃躲进地道好几天。

太监也有慷慨国事、大义凛然的。光绪二十二年，储秀宫慈禧太后身边年仅二十岁的小太监寇连材因甲午战败，国势日危而上书慈禧太后，死谏国事，随即以"犯法干政"的罪名押赴菜市口斩首示众。维新派领袖梁启超在《戊戌政变记》一文中曾为寇连材立传，称赞他是"烈宦"，把他归到维新志士的行列之中。

余庄儿是京城名优，相貌惊人，歌喉婉转，演技出众兼挟技击功夫。一次，余庄儿演新剧《十粒金丹》后被光绪皇帝召入殿内。光绪对皇后说："这等人物真是文武全才啊！"隆裕皇后一时性急，怒声说："皇上，戏子何能近御前如此！"光绪发现余庄儿佩了一把倭刀，随口吩咐："送刑部！"可怜一代优伶，平白无故被关入牢中。

据说甘肃的布政使衙门有一个笔帖式，说这个笔帖式就是慈禧的老爹惠征，因此慈禧出生在甘肃兰州。不错，慈禧的老爹做过笔帖式，但是慈禧出生的时候，慈禧的老爹是在吏部衙门做笔帖式，没有在甘肃布政使衙门做笔帖式。

清末余杭士子杨乃武中考考上了重点中学。房客葛小大妻毕秀姑人称"小白菜"，曾在杨家帮佣，与杨乃武早有情愫。余杭知县刘锡彤贪赃枉法被杨乃武上书告发，心怀怨隙，他儿子刘子和用迷药奸污了毕秀姑，又把她丈夫葛小大毒死。刘锡彤为保住儿子性命，便对杨乃武严刑逼供，以"谋夫夺妇"问成死罪。

1895年，裕庚被清廷任命为出使日本的特命全权大臣，德龄随父亲到日本东京赴任，裕庚去世后，德龄结识了美国驻沪领事

馆副领事怀特并于1907年在上海结婚。作为精通八门外语的慈禧女翻译，德龄于1915年随夫赴美，开始英文创作，署名“德龄公主”，成为当时美国著名作家之一。

慈禧太后很“臭美”。化妆品一大堆的慈禧总是先梳头后洗脸，如果太监梳得不合适，她就会像个小姑娘一样大惊小怪地指出来。她有几十种瓶瓶罐罐，装满了各种香水和香粉以及很多香皂。洗完脸，慈禧会先拿一块软毛巾轻轻擦干，然后再洒上用蜂蜜和花瓣制成的花露水，扑上一种粉红色香粉，甚是仔细。

最后一个从大清门入宫的末代皇后隆裕太后是慈禧太后的内侄女，也是历史上最后一个皇太后。隆裕太后，名静芬，小名喜子，被姨妈慈禧看中。但因为长得并不好看加上又没过人才识，并没得到光绪的疼爱，所以作为权力的牺牲品，在宫中郁郁而生。

慈禧为什么很痛恨光绪？因为光绪帝不是很听话，一心想自有作为，不甘心受慈禧指使，后来又弄维新，企图改变太后的统治。而慈禧，只是想找一个傀儡皇帝，让国事由自己做主。两者在利益和政权上起了冲突，慈禧怎能不恨？其实光绪小时候刚进宫时，慈禧是很爱他的，生病时，慈禧曾整夜不睡为他擦拭、喂约。只可惜，儿大不由娘，何况只是过继的儿子。

清朝帝王之所以用“老佛爷”这个称呼，是因为满族的祖先——女真族首领最早被称为“满柱”。“满柱”是佛号“曼殊”的转音，意为“佛爷”、“吉祥”。后来，有的显赫家族，世袭首领，起名就叫“满柱”。满清建国后，将“满柱”汉译为“佛爷”，并把它作为皇帝的特称。“老佛爷”的称呼不是慈禧专用的，清朝各代皇帝的特称都叫老佛爷。

光绪为什么要叫慈禧“亲爸爸”？慈禧实行了同治、光绪两朝的“垂帘听政”，实际处于太上皇的至高地位，所以慈禧喜欢光绪

以男性的称呼来叫她,以显示她的尊贵、威严与亲热,所以历史上才会出现这种不寻常的叫法。

慈禧太后擅长满文吗?慈禧太后不太认识字,满文不认识,汉文小学一年级水平,而且慈禧太后说汉语也不是很地道。有史料证明,慈禧说汉语的速度非常慢,而且语法错误百出,但是慈禧太后非常善于说旗话,也就是满语。德龄公主曾经写过,太后的汉语并不好,满语却十分精炼,可她不认识满文。

珍妃和慈禧的婆媳关系不好。有一次,光绪一时高兴,赏给珍妃坐八人抬的大轿,被慈禧碰到了。慈禧不仅把珍妃痛斥了一番,还为了警告珍妃,把轿子给毁了。这件事本由光绪起,所以光绪得知后也很尴尬。当隆裕为此事在光绪面前说起珍妃的不是时,光绪不由得大为恼怒,把怨气全撒到了隆裕的头上,甚至动手打了隆裕。

慈禧不喜欢珍妃这个媳妇,常常找机会整治珍妃。光绪用库存的珍珠和翡翠做成了一件珠光宝气的旗袍,偷偷送给了珍妃。不想珍妃穿着与光绪在御花园里散步时,竟然被慈禧撞见了。慈禧大为生气,因为珍妃的等级是无论如何也不能穿如此珍贵的服装的。慈禧不仅让太监脱掉了珍妃的这件外套,还杖责了珍妃三十下,慈禧就是要借此给珍妃点颜色看。

一个叫耿九的人,希望谋取粤海道官职,还有一个叫宝善的人,希望出钱免罪,于是他们向与珍妃较为亲近的两个太监行贿,指望疏通珍妃之后,她能找机会在光绪面前美言自己几句。珍妃毕竟太年轻,做了一生中最愚蠢的事情:答应替他人跑官,结果得罪了以慈禧为首的利益集团。

慈禧也是个自恋狂。八国联军侵华以后慈禧太后对西方国家的重视程度大大加深。有些人建议让西方国家通过她的画像来认

识她,从而改变外界对她的看法。慈禧认为肖像画远不如相片真实,所以就向各国驻京公使和各国领袖送去了自己的照片。美国使馆也得到两张照片,其中一张送给了罗斯福总统。

慈禧的弟弟桂祥有一个女儿,嫁给了孚郡王之子载澍,这个女儿的人品完全遗传于爹妈,与老公偶尔口角便回娘家告状。桂公爷夫人则更加蛮不讲理,非要让大姑子太后把女婿以大逆不道罪处死。在恭亲王和醇亲王的苦苦哀求下,载澍好不容易才捡了一条性命,被发往宗人府圈禁,如此慈禧的侄女和寡妇没有不同。

1859年9月16日，袁世凯生于河南省项城市王明口镇袁寨村一个世代官宦的家族,父祖多为地方名流。袁家在清道光年间开始兴盛,袁世凯的叔祖父袁甲三曾署理漕运总督,是淮军重要将领,对袁世凯有深刻影响,对袁世凯走上军政道路起到重要作用。

袁世凯自幼过继给袁保庆做继子，少年时随继父先后到济南、南京等地读书。袁保庆死后,又随户部侍郎袁保恒到北京就读,求学之路可谓走得辛苦。两次中考落地的他觉得自己可能天生就不适宜从文,毅然到山东投靠自己的拜把兄弟,走上了军旅生涯。

袁世凯六岁时养父袁保庆替他找了个启蒙老师袁执中教他四书五经。但是调皮的袁世凯似乎对于这些东西并没有兴趣,只是苦于老爹逼迫而学习。后来他随老爹到了南京,认识一习武老师,学了一些简单的拳法,袁世凯还特别喜欢兵法,立志长大要做一个万人敌。

光绪二年秋,袁世凯与一个姓于的女人结婚,那时他才十七岁。后来他回到北京,一边读书一边去叔父那里帮忙办事,学得不少官场本领。两位堂叔夸奖他"办事机敏",是"中上美材"。当时华北大旱,叔父奉命要去黄河一带,就带着袁世凯一同前去了。

袁世凯并非人们想像的“大老粗”。袁世凯在洹上的那段时间，兄长袁世廉也恰好身体虚弱解职在家。袁世廉下身有较严重的半身不遂，袁世凯整天陪着袁世廉，扶杖漫步，下棋聊天；或者和妻妾子女共享天伦之乐；或者与几个文人骚客，吟诗斗酒，听戏，风花雪月……在洹上，袁世凯写了不少诗。

1878年，袁保恒感染时疫去世，袁世凯返回项城，移住陈州。此时，正在陈州授馆的徐世昌与袁世凯结交，成了拜把兄弟，毕生为袁世凯办事，深得袁世凯信任。后来袁世凯的姑丈负责处理筹集灾款的事务，就给袁世凯派发了一个地方，而袁世凯的作为让人大为惊讶，被任命官职。

袁世凯所走的道路，并不是只是受他的性格或者是接触的朋友的影响，更是由社会环境造就的。当时正是洋务运动的风起云涌之时，作为年轻人自有热血沸腾的时候，而中考失意让他厌倦了学习这条路，他个人又很钦佩李鸿章，希望可以投靠李鸿章的淮军。

吴长庆和袁保庆关系特别的铁。袁保庆在南京时，认识吴长庆，两人相见恨晚，成了莫逆之交，所以袁保庆死时，吴长庆亲自渡江前来慰问，料理他的后事，后来，袁世凯来到南京后，吴长庆更是特别相信，照顾有加，在袁世凯政治生涯的前期，他也为提拔袁世凯做过很多努力。

1884年，金玉均等“开化党”人士发动甲申政变，试图推翻为“事大党”及闵妃所把持的政权，驻朝日军亦趁机行动想要挟天子以令诸侯，但却打错了算盘，伤害了朝鲜的主权，最后朝鲜请求清政府派兵镇压，袁世凯平复了这场叛乱，在一定程度阻止了日本的疯狂举动。

袁世凯在朝鲜期间，时常出入朝鲜宫廷，并且让朝鲜高宗按

照藩国礼仪迎接满清钦差，明确清朝和朝鲜的从属关系。他还吃多了没事乱操心，不许朝鲜向外国派使者之类的行为，令人家的反感，在国内也有人在背后捅他刀子，觉得他太多事。

1894年，朝鲜爆发东学党起义，袁世凯看到形势不好，好汉不吃眼前亏，君子能屈能伸，化成平民从仁川逃回了中国。他在朝鲜的表现，得到了北洋大臣的特别赏识，李鸿章等保荐袁世凯负责督练新军。

在督练新军过程中，袁世凯特聘一批具有先进军事培养才能的洋人充当教官，又从各级学堂挑出有才干的人担任各级的领导，自己也刻意去培养一批亲信，加强对于全军的控制，这些人不乏优秀人才，对以后袁世凯的发展都有莫大的影响。

戊戌政变前，维新派人物曾寄望于袁世凯的新军，谭嗣同就当面劝袁世凯出兵围攻颐和园实行兵谏，但袁世凯阳奉阴违，变法失败，光绪被慈禧软禁瀛台。

义和团在山东攻打西方教堂，洋人就对清廷施加压力，清政府不得不罢免治理不力的山东巡抚以结四方之好，另外派袁世凯出任山东巡抚。这是袁世凯首次委以重任，压力和希望并存。有了动力，干劲便更足。袁世凯认为义和团是邪门歪道要严加镇压，这导致义和团被迫转向京津地区。

慈禧太后本来是想利用义和团运动来折腾一下洋人，没想到激化了矛盾，导致京津乱成一团。袁世凯在山东的高压政策使得山东暂时比较平静。

《辛丑条约》签订后，已经颜面尽丧的清政府决定痛定思痛改变现状，实行新政，这得到了袁世凯的大力拥护。他在山东建立了山东大学堂同时还兼新军，第二年在保定训练北洋常备军，由于和部队一步步接近，他渐渐掌握了一部分军务大权。

袁世凯是颇有政治才能的。袁世凯还兼任多个重要职务。在此期间，他在很多方面颇有建树，修铁路、创办巡警、整顿地方政权及开办新式学堂等，传播了自己的名声。通过实行新政，袁世凯得以“内结亲贵，外树党援”，很快形成了一个以他为首的庞大的北洋军事政治集团。

袁世凯是个精明的主儿。袁世凯北洋集团势力的扩张，使掌握中央政权的满族亲信大臣甚为担忧，他们害怕位高权重的袁世凯会危及到自己的统治利益。面对利益，每个人都是自私的，于是大臣们在慈禧面前打袁世凯的小报告。留得青山在还怕没柴烧，袁世凯主动请退，辞去一切职务，以退为进，以表忠心。

1908年11月光绪帝和慈禧太后相继病死，年幼的溥仪即位，其父载沣为摄政王。载沣对袁世凯百般刁难，迫使其放弃所有职务引归故里，暂时离开了中央政权。

谭嗣同，汉族，湖南浏阳人，是中国近代资产阶级著名的政治家、思想家，维新志士。他主张发展民族工商业，学习西方资产阶级的政治来繁荣中国，公开提出废科举、兴学校、开矿藏、修铁路、办工厂、改官制等变法维新的主张，曾写文章抨击清政府的卖国投降政策，1898年变法失败后被杀。

谭嗣同的父亲谭继洵曾任清政府甘肃道台、湖北省巡抚等职。生母徐氏出身贫寒，作风勤朴，从小就教育谭嗣同好好学习天天向上。十岁时，嗣同拜浏阳著名学者欧阳中鹄为师。在欧阳中鹄的影响下，他对王夫之的思想产生了兴趣，受到了爱国主义的启蒙。

谭嗣同读书喜欢广泛涉猎，好讲经世济民的学问，文章写得很有才华。他对传统的时文八股非常反感，曾在课本上写下“岂有此理”四个字。他仰慕那些锄强扶弱的草莽英雄，曾和当时北京的

一个“义侠”大刀王五结交，成为生死不渝的挚友。

1884年，谭嗣同离家出走，游历直隶、甘肃、新疆、陕西、河南、湖北、江西、江苏、安徽、浙江、山东、山西等省，观察风土，结交了很多好朋友，开阔了视野，也助长了自己的维新变法心理。

中国战败，签订了丧权辱国的《马关条约》。康有为联合在京参加科考的一千多名学生游行抗议清政府签订合约。深重的民族灾难，焦灼着谭嗣同的心，他对帝国主义的侵略义愤填膺，坚决反对签订和约，同时对清政府“忍心割舍掉台湾这块骨肉”的妥协行径极为愤慨。

1897年夏秋间，谭嗣同的第一本著作《仁学》出版发行，这是维新派的第一部哲学著作。谭嗣同认为物质性的“以太”是世界万物存在的基础，世界万物处于不断运动变化之中，而变化的根源在于事物的“好恶攻取”、“异同生克”。他把“以太”的精神表现规定为“仁”，而“仁”的内容是“通”，“通之象为平等”。

在1894年中日甲午战争中，清军惨败，丧权失地，群情愤慨。谭嗣同痛感自己把精力投入到陈规的教条书本当中是在浪费青春扼杀生命，决心致力于维新变法，于是和唐才常等在浏阳合资办学校，开始了维新变法的宣传工作。为追求时髦理论，学习新知识，他出国留学，对资本主义生产方式和自然科学发生了兴趣。

1898年6月11日，光绪帝下诏宣布变法。谭嗣同被人举荐奉命见驾，参与新政。以慈禧太后为代表的封建顽固派，反对新政。谭嗣同等幻想得到袁世凯对变法维新的支持，但迅即被袁世凯出卖。慈禧太后于9月21日发动政变，对维新派进行残酷镇压。谭嗣同拒绝出走，9月24日，被捕下狱。

谭嗣同从小饱读经书，知识广博，武艺精湛，少年有志。一次，谭嗣同到古战场井陉关去游览，想起韩信出奇兵大败赵军的史

实，心中荡起无限的激情。面对祖国大好山川，缅怀古人，抒发爱国壮志，他写下了铿锵的诗篇："平生慷慨悲歌士，今日驱车燕赵间。无限苍茫怀古意，题诗独上进陉关。"

谭嗣同在北京结识了康有为的大弟子梁启超，两人谈得十分相投，结为莫逆之交。以后，谭嗣同积极宣传科学，得到湖南巡抚陈宝箴和按察使黄遵宪的欣赏。不久，谭嗣同在南学会当了学长，起着总负责人的作用，他经常进行慷慨激昂地演说，气势磅礴，观点新颖，深受听众欢迎。

谭嗣同曾经自题一联："惟将侠气流天地；别有狂名自古今。"他在北京时曾将自己的住所命名为"莽苍苍斋"。还自题门联，上联是"家无儋石"，下联是"气雄万夫"。

谭嗣同等在湖南维新变法运动中的激进表现，遭到湖南顽固势力的仇视，顽固势力不会轻易放他一马。南学会被解散，《湘报》主笔被殴打，一些维新派人士被迫离开湖南。面对这种局面，谭嗣同毫无畏惧，他在给老师欧阳中鹄的信中表示，为了变法维新，不怕"杀身灭族"。

谭嗣同进京后不久就被光绪皇帝接见，他向皇帝表明了自己的思想见解。光绪皇帝对他很赞赏，于是就下令破格授予他与杨锐、林旭、刘光第以"军机章京上行走"的四品衔，时称"军机四卿"。军机处是清政府的国务院，一切国家的重大决策，包括人事任免，都由该处官员参与制定和决定。

政变发生后，谭嗣同曾同大刀王五策划过劫救光绪皇帝，但未成事。其后，王五劝他出逃，并自愿充其保镖，可谭嗣同决心已定，拒绝出走，他取下随身所带的"凤矩"宝剑赠给王五，希望王五继承其维新事业，以实现其酬报"圣主"的遗志。后来，又有一些人劝谭嗣同出逃，均被他一一拒绝。

谭嗣同知道自己大难临头了。谭嗣同在自己的住处收拾东西，将自己多年来所写的诗文稿件、来往书信，装了满满一箱子。他来到梁启超避居的日本使馆，和梁启超说："我们想救皇上，没能救成。现在，一切都无济于事，只好受死。你快到日本去，我只要你把我这箱东西带去，就没其他的挂怀了！"

戊戌变法失败后，梁启超曾经劝说过谭嗣同。梁启超给他讲了"留得青山在，不怕没柴烧"的道理，劝他一起到日本去。谭嗣同却说："不有行者，无以图将来；不有死者，无以酬'圣主'"。他愿梁启超充当"行者"，"以图将来"，而自己以死来报答光绪皇帝。

1898年9月28日，古老的北京城笼罩在一片阴沉昏暗的风沙里。宣武门外菜市口刑场上，竖立着六根木柱，木柱上绑着六位爱国志士，维新变法的闯将，谭嗣同、刘光第等人。以慈禧为首的顽固派，怕外国干涉，怕人民起而抗议，决定处决这些人以绝后患。

清朝晚期，日本一直窥探中国这块肥肉，并悄悄地在各个地区安插了不少间谍，其间谍机关的总部设在北京，总头目是青木宣纯。青木宣纯于1884年奉命到中国进行谍报活动，化名广濑次郎。他先在广东活动三年，后调到北京收集情报，并绘制了精密的北京郊区地图。这是日本第一次得到北京郊区图。在上海，日本间谍藤岛武彦化装成和尚，刺探福建舰队的军情，并绘制地图。后藤岛在镇海被抓获处死。

在这一系列日本间谍活动中，最诡计多端的是在天津的神尾光臣。甲午战争前夕，大本营给神尾光臣一个特殊任务，除了搞绝密情报外，还要他发回一些中国正积极备战的假消息，激起日本国民的战争情绪。神尾光臣心领神会，歪曲事实不断发回中国准备对日开战的假情报，致使1894年7月12日，日本内阁以"中国在平壤集结大军，欲与日本一战"为由，向中国发出第二份绝交书。

清政府被迫排兵布阵，准备战事。

1886年春，日本陆军参谋本部派荒尾精秘密潜到中国刺探情报。此时日本间谍愈加疯狂。他们将在中国各地搜集的情报分门别类整理，编纂成三大册两千多页的《清国通商综览》。这是一部有关中国的百科全书，这部书为日本军政当局侵华提供了大量的第一手资料。

到清朝中后叶，岭南五大名拳洪拳、刘拳、蔡拳、李拳、莫拳已经形成。武术社馆在辛亥革命之后陆续出现，包括蔡李佛馆、惠东林家武馆等等。据清光绪年间出的《大清缙绅全书·御前侍卫》统计，当时岭南两广籍的“大内高手”达六十二名，其中广东就占了五十三名，可见当时岭南尚武风气很盛。

1897年，李伯元创办《游戏报》，创刊号便以将开花榜为号召，呼吁读者写信推荐实行“海选”。不久，又制定出所要遵循的选秀标准，即所谓“花榜格”：第一，要求一定的品质；二，要有一定美色不能让人倒胃口；第三，要通晓琴棋书画善于应酬。

1875年初，年仅四岁的光绪，刚刚被扶上皇帝宝座，北方很多地区先后呈现出干旱迹象。当年，京师和直隶地区一直到冬天，仍然雨水稀少。一年后，旱情加重，以直隶、山东、河南、山西为主要灾区，北至辽宁、西至陕甘、南达苏皖，形成了一片前所未有的广袤旱区，百姓生活在水深火热之中。

1878年，中国大旱已经持续三年，而旱灾带来的各种人间惨剧，更为严重了。河南境内，侥幸活下来的饥民大多奄奄一息，一些气息犹存的灾民，倒地之后被饿犬、野狼残食。在直隶河间府，一些壮年饥民竟在领受赈济的时候死在地上。

“丁戊奇荒”迫使大批山西百姓背井离乡，北上长城口外的蒙古另谋生路，人称走西口。山西北部向来土地贫瘠，自然灾害频

繁,生存环境恶劣。"河曲保德州,十年九不收。男人走口外,女人挖野菜"的民谣,便是当时社会状况的写照。每遇灾欠,人们不得不流离失所。

清光绪二十九年夏,美国年轻画家卡尔由美国驻华公使康格的夫人引荐,在颐和园为慈禧绘画肖像。画像完成后,于光绪三十年运至美国圣路易斯博览会上展出,让世人第一次目睹了清朝皇太后慈禧的仪容。圣路易斯博览会结束后,清政府将该画像赠与美国。

光绪五年,俄国侵占新疆伊犁,清政府派昏庸无知的崇厚和俄国交涉归还伊犁的事项,与俄国签定了丧权辱国的《里瓦几亚条约》。这个条约是捡了芝麻丢了西瓜,让清政府损失了很多领土。

在中法战争中,张之洞筹备军饷运载军械,很是尽心负责,同时他还开办学堂民用工业、军用工业,除了贴补军用外,还可以赚个私房钱以备资金不足无法运转。

光绪十二年,张之洞在广州创办广雅书局和广雅书院。广东原有端溪书院,在肇庆,张之洞聘请梁鼎芬当端溪书院校长,后来梁鼎芬率师生来到广雅书院。张之洞又聘朱一新到广雅书院担当特约教授。当时梁鼎芬获罪,朱一新降职。张之洞不怕非议,敢于延聘他们,显示了他的不凡气度。

光绪十五年,张之洞建议朝廷修条卢沟桥到汉口的铁路,以贯通南北。他认为修铁路好处很多,最重要的是有利于百姓南北交流互通货物,征兵、运响之类的功用倒是其次。朝廷最后同意了这件事,张之洞又为百姓做了一件好事。

张之洞是一个实干家。光绪十五年冬,张之洞到了湖北,花了很大的精力办起军用工业和民用工业。他首先筹建了汉阳铁厂。

汉阳铁厂是一个钢铁联合企业，光绪十九年建成，包括炼钢厂、炼铁厂、铸铁厂大小工厂十个、炼炉两座，工人三千。

张之洞创办了湖北织布局，可惜千疮百孔的清王朝连“实业救国”也救不活了，只能等死了。张之洞于光绪十八年在武昌开车，有纱锭三万枚，布机一千张，工人两千。织布局是盈利的，但是张之洞却将织布局的盈利去弥补铁厂、枪炮厂的亏损，使织布局一直处在高利贷的压迫下，无从发展。

张之洞对商机一向瞄得特别准，他看到棉锭十分盈利就决定开设两个纱厂。他致电驻英国公使薛福成，向英商订购机器，并于光绪二十三年建成北厂，有纱锭五万多枚，为湖北纺纱局。南厂一直没有建成，机器停放在上海码头任凭风吹雨打，后来被张謇领去办了南通大生纱厂，光绪二十八年转租给广东的应昌公司承办。

张之洞出国留学没有白喝洋墨水，的确学到了不少东西，学成之后非常实干。张之洞还创办了制砖、制革、造纸、印刷等工厂，以及湖北枪炮厂。他在湖北还注重兴修水利，于光绪二十五年前后修了三条堤：一条是武昌武胜门外红关至青山江堤三十里，一条是省城之南的堤坝，自白沙洲至金口江堤五十二里，一条从鲇鱼套起至上新河为止的十余里堤岸。

张之洞在湖北的任期中，张之洞十分重视湖北、江苏的教育，创办和整顿了许多书院和学堂：在湖北，有两湖书院、经心书院、农务学堂、工艺学堂、武备自强学堂、商务学堂等；在南京，设储才学堂、铁路学堂、陆军学堂、水师学堂等。

张之洞也算得上是一个改革家。张之洞还曾派遣留学生到日本留学。在学堂、书院的学习科目方面，他针对社会需要有所改革，添增了一些新的学科。张之洞也注意到了训练军队的问题，在

两江总督任职期内，他曾编练过江南自强军，人数一万，地点在徐州，军官全部由德国人担任，采用西法操练。

甲午战争失败后，张之洞上书《吁请修备储才折》，希望朝廷总结失败教训，变法图治。由于他慷慨激昂讨论国家振作，主张反抗侵略，又办洋务企业，因此维新派首领康有为在《公车上书》中称张之洞“有天下之望”，对这位封疆大吏抱有很大的希望。

光绪二十二年到二十三年，维新派在上海创刊《时务报》，梁启超主笔，汪康年为经理。张之洞以总督的名义，要湖北全省各州县购阅《时务报》，捐款千元，给予报纸以经济上的支持。后来，《时务报》发表了关于中国应争取民权的文章，使张之洞不大高兴。

陈宝箴任湖南巡抚后，在湖南掀起了维新运动。他在湖南的新政，包括办厂、改革教育等，得到了张之洞的赞同。在张之洞的影响下，陈宝箴也命令全省各州县书院的学子阅读《时务报》。此后，陈宝箴于湖南成立南学会，创办《湘学报》、《湘报》，张之洞利用政治力量，推销《湘学报》于湖北各州县。

光绪二十六年，中国北方掀起了义和团运动。一开始，张之洞便主张坚决镇压。他先后镇压了湖北天门县、荆州府等地人民焚烧教堂、医院的行动，还会同沿江各省奏请力剿“邪匪”，严禁暴军，安慰使馆，致电各国道歉。

戊戌变法失败后，各方势力基本都是按兵不动。唐才常等人联络会党和清军部分官兵组织自立军，准备在南方几省起义，张之洞得知消息却适当地装了一下傻。这时，英国正在撺掇香港议政局议员何启等拉拢孙中山，准备在华南忽悠李鸿章“独立”。

光绪三十一年六月，张之洞又被任命张之洞管理粤汉铁路的事件。粤汉铁路的筑路权早在七年前就被美国所控制。光绪二十四年，美国合兴公司同清廷签订《粤汉铁路借款草合同》，控制了

粤汉铁路的筑路权，光绪二十六年又订立续约，但并没进行招标，其实是一种变相的垄断控制。

回民起义被镇压后，新疆问题摆在了统治者的面前。朝野上下出现了两种声音，以李鸿章为代表的声音要求扩大对北洋舰队的扶持力度，联俄抗日；而左宗棠为维护湘军地盘，主张出兵收复新疆。在国内舆论支持下，清朝为了维护“天朝尊严”，采取左宗棠的主张，决定出兵收复新疆。

1875年5月3日，清廷任命左宗棠为钦差来督办新疆事务。第二年，左宗棠率部队进入新疆采取“先北后南”、“缓进速战”的战略，相继收复天山北路、南路，几乎全数剿灭了阿古柏势利，迫使阿古柏自杀，同时乘胜收复伊犁。左宗棠收复新疆的胜利，沉重地打击了俄英的侵略势力。

丁汝昌是何许人也？丁汝昌，原名先达，字雨亭，号次章。丁汝昌的老爹以务农为生，生活贫苦。丁汝昌幼年曾入私塾读了三年书，因家境贫穷，自十岁起失学。穷人的孩子早当家，失学后，丁汝昌帮人放牛、放鸭、摆渡船等，以补贴家用。咸丰三年十二月丁汝昌参加太平军，后随太平军驻扎安庆，成为程学启的部下后叛投湘军，不久改隶淮军。

光绪二十年七月初一，甲午战争爆发。战争爆发后，光绪皇帝在清流党人的怂恿下，情绪激动。数日间，连发电报指责当时任北洋海军提督的丁汝昌，不断给丁汝昌施压以期待其有出色表现，却不顾清廷命令的混乱，导致战场上战略失误，错过战机，连连失败。

甲午中日战争爆发后，清政府所下命令大都前后矛盾，混乱不堪，既要丁汝昌远行寻找日本舰队决战，又命令其必须保护大沽、山海关、旅顺、威海等地万无一失，舰队不得远离，“倘有一舰

闯入，定将丁汝昌从重治罪”。之后，丁汝昌被革职留任。

丁汝昌当时所处环境虽十分艰难，但仍力图振作，召集诸将，筹商水陆战守事宜。光绪二十年十二月二十五日，日军在山东荣成登陆。三十日，即光绪二十年除夕，日本联合舰队司令长官伊东佑亨递送劝降书，丁汝昌不为所动，决心死战到底。当日，他对家人说“吾身已许国”，并将劝降书上交李鸿章，以明心迹。

光绪二十一年正月十五，日军舰艇四十余艘排列于威海南口外，势将冲入，日本陆军也用陆路炮台的火炮向港内猛轰。丁汝昌登“靖远”舰迎战，击伤两艘日本军舰，“靖远”舰也被炮弹击中。丁汝昌欲与船同沉，被部下誓死救上小船。十七日，丁汝昌获悉陆路援军彻底无望，北洋舰队已被国家抛弃，当晚，服鸦片自杀。

丁汝昌死后，清政府内的清流、顽固党人交相攻击。光绪下旨对丁汝昌“籍没家产”，不许下葬。丁汝昌的子孙辈被迫流落异乡。直至宣统二年，经载洵及萨镇冰等人力争，清廷才为丁汝昌平反昭雪。

章太炎学问渊博，是一代国学大师。他持论偏激，行为怪诞，自称“章神经”。早年他在日本，东京警视厅让他填写一份户口调查表，这原是例行公事，可章太炎却十分不满，其所填各项为：“职业——圣人；出身——私生子；年龄——万寿无疆。”这与英国文学家王尔德有异曲同工之妙。章太炎说：“除了天才，别无他物！”真是神气非凡。

袁世凯弄权，为了拉拢这位“章疯子”，曾经聘他为“总统府的高等顾问”，并颁发勋章给章太炎。然而袁世凯很快就发现自己看走了眼，章太炎并不是一个好利用的人。而章太炎在袁世凯手下做了一阵“官”以后，逐渐认清了袁世凯的为人。他发觉袁世凯是一个居心叵测、想要葬送民国恢复封建专制的野心家。处处听来

和看到的袁世凯龌龊事，让章太炎决定去找那位独夫民贼好好理论一番。

章太炎的确是个行为怪异的人。一天，大冷的天气，章太炎蹬一双破棉靴，穿一领油油的羊皮袄，手中拿一把鹅毛扇，扇坠吊着袁世凯颁给他的大勋章，直闯总统府。接待员不让他进去，一怒之下，骂道："向瑞琨，一个乳臭未干的小孩子见得，难道我见不得？"他径直往里闯，警卫阻拦，双方立刻起了冲突。章太炎索性一不做、二不休，操起桌上的花瓶朝大总统画像猛力掷去，随后又将接待室中的桌椅板凳一应摆设砸了个稀烂。

袁世凯厌恶章太炎的行为，可迫于舆论的压力，不好给章太炎派罪名，就定了个"疯子病发违禁"的滑稽名目，将章太炎幽禁在北京钱粮胡同的新居。章太炎在钱粮胡同的居所，无法出门，就在八尺见方的宣纸上大书"速死"二字，悬挂于厅堂正中，然后满屋子遍贴"袁世凯"字样，以杖痛击，称之为"鞭尸"。

"章疯子"也有不疯的时候。日军侵华，他说："日本侵略者想要灭亡中国，中国人应当加紧研究本国的灿烂文化，发扬民族主义精神，唤起爱国主义思想。"1936年夏，章太炎给学生讲课，但是在开讲以后不久，他的气喘病发作了。病得最严重的时候，饮食都难以下咽，却还是挣扎着给学生授课。他的夫人劝阻他，他回答说："饭可以不吃，书仍然要讲。"讲完最后一堂课以后，他倒在床上不能起来了，卧床不到十天，便与世长辞。

章太炎四十四岁时原配过世。很多人给他提亲，问他择偶的条件，他说："别人娶妻当饭吃，我娶妻当药用。两湖人最好，安徽人次之，最不适合的是北方女子。广东女子言语不通，如果是外国人，那是最不敢当的。"

后来他在《顺天时报》等京沪几家报纸上都登了征婚广告，除

了上面的要两湖籍外，对女方还有三条要求：一、文理通顺，能作短篇；二、大家闺秀；三、有服从性质，不染习气。在晚清，没有大家闺秀敢应征。后来，还是蔡元培给他介绍了符合各项条件的汤国黎女士，最终两人结为伉俪。

吴昌硕出生在浙江安吉一个风景清幽的山村里，十几岁在私塾里念书时爱好刻印，书包里经常带着刻印工具，一有空就拿出来磨石奏刀。塾师怕他耽误功课总加以阻止，但他还是背着老师痴迷于刻印。吴昌硕的父亲也爱刻印，见此情况就加以鼓励指导，吴昌硕对篆刻的爱好真可说是到了废寝忘食的地步。

吴昌硕幼时学习刻印，因为家境贫苦，困难很多。家里买不起石章，他有时只能以砖头、瓦片等代用，偶尔弄到几方石章会视同珍宝，反复磨刻，直到剩下薄薄的一片。

没有印床，吴昌硕就用手握石奏刀。一次他不小心刻伤了左手无名指，伤口很深流血不止，但他为了学艺，并不因此而放松刻印。后来伤口虽然结了痂，指甲却从此脱落不再重生，这成了他勤学苦练的纪念。

三十多岁时，吴昌硕始以作篆籀的笔法绘画，苦无师承，后经友人高邕之介绍，求教于任伯年。任伯年要他作一幅画看看。他说："我还没有学过，怎么能画呢？"任伯年道："你爱怎么画就怎么画，随便画上几笔就是了。"于是他随意画了几笔，任伯年看他落笔用墨浑厚挺拔，不同凡响，不禁拍案叫绝，说道："你将来在绘画上一定会成名。"吴昌硕听了很诧异，还以为任伯年跟他开玩笑。任伯年却严肃地说："即使是现在看，你的笔墨也已经胜过我了。"此后两人成了挚交。

吴昌硕毕生从事艺术研究和创作，专心致志，数十年如一日。晚年，他在艺术创造等方面虽都有很高深的造诣，但不仅绝不骄

矜，反而比先前更加谦虚。他时常对人说：“我学画太迟，根底不深，天资也不高，仅仅做到了多看、多画而已。”又说，“学画未精书更劣，似雪苔纸拼涂鸦。”

吴昌硕自奉俭约，待人却一点也不吝啬，乐于助人。居苏州时，有一次，他从友人家里回来，途中遇雨，在一个废园中避雨，遇到一个卖豆浆的人，交谈之下，卖豆浆者知道他是一位画家，就要求他为自己作一幅画，他慨然允诺。过了几天，卖豆浆者到他寓所里取画，他果然早已认真地为他绘了一幅，并且题一首诗，叙述这次邂逅经过，以作纪念。

一次，吴昌硕的老友朱砚涛在酒宴之后，拿出一方白芙蓉佳石求他当众制印纪念。可是吴昌硕没有带刻刀，不知哪一位灵机一动，取来一枚大铁钉要老先生试试。只见吴昌硕一思索，便挥“刀”刻了起来，顷刻之间就刻成了一方不同寻常的佳作，接着他又用剪刀在印上刻下几行苍劲的边款文字，在座的客人无不赞叹吴昌硕炉火纯青的刻印功力。

吴昌硕对贫苦的青年艺人很乐于掖助。他认识了一个青年，在一家药铺里当学徒。这个年轻人爱好刻印却苦于所见不广又无人指点。看了他的篆刻作品，吴昌硕觉得他很有才华，便授以刻印要诀，并且把他介绍到老友沈石友家住了几年，这让青年所见既广、艺事大进。经过长时期的刻苦钻研，青年终于成为一位知名的篆刻家，而这青年就是别号泥道人的赵石农。

清代杭州人丁敬自幼家贫，原以造酒为业。他终生不愿当官，而博学好古，到处搜集古代文物、珍本图书。因为见多识广，凡名迹到他手中他都能立辨真伪。丁敬从不整理书籍，所以其藏书常堆积如山。他常埋头考证并深入名山胜迹，亲手摹拓碑刻名迹。在篆刻上，他倡导学习传统，推陈出新，成为浙派的“西冷八家”之

首。他不轻易为人篆刻，遇达官贵人求之，也绝不肯随便答应。如果强求，他会痛骂对方一顿，弄得对方十分尴尬。

某年夏天，一个风尘仆仆的少年背着两个大南瓜作为拜师礼，来杭州拜金石名家丁敬为师。这个年轻人就是后来的浙派篆刻名手张燕昌。他的一片真诚感动了年过六十的丁敬，让丁敬破例收下了这个学生，并给予悉心指授。张燕昌家境贫穷，家乡在浙江海盐。由于一无名师，二缺资料，他曾不畏艰险，渡海去宁波观摹“石鼓文”拓本，回家朝夕苦练，把自己的书斋取名为“石鼓亭”，他还搜集了几百种金石资料，写成《金石契》一书。

学丁敬而自成一家的“西泠八家”之一蒋仁，自幼过着贫穷孤独的生活。他平时不苟言笑，终生不愿为求官而死读书。蒋仁一生居住在祖传的两间屋子里，房屋倾斜破落，不能阻挡风雨，但他爱好的书籍尽在身边。尽管生活艰苦，但他热衷于金石篆刻，沉浸在艺术天地里“不知贫穷为何物”。同丁敬一样，他也不喜欢接近有财有势的权贵，一般人难求得他的印。蒋仁于五十三岁死后因无子孙，作品大多散失。

陈师曾在日本留学时，与鲁迅同在弘文学院学习，后又同在教育部社会教育司任职，所以常一起在公余到琉璃厂搜集金石碑刻片。陈师曾先后为鲁迅刻过几方印章。一次陈师曾赠一方石章送给鲁迅，并问刻什么内容，鲁迅说，你叫“槐堂”，我就叫“俟常”吧。后来，鲁迅出版过一本碑刻、画像砖文的集子，就叫《俟堂砖文杂集》。原来，当时部里有人想排挤鲁迅，“俟”即安静等待之意，表现了鲁迅对这批专门倾轧别人的官僚们的蔑视。

“岂是好舌辩，我只是不得已而已！”这是辜鸿铭喜欢引用的孟子之语。在现实生活中，他是直追东方朔的能言善辩之士，一个为中外称道的讽刺天才。在英国留学时，每逢中国传统节日，他一

定要在房间里朝东方摆个祭台，敬上酒馔，遥祭祖先。房东老太揶揄道："你的祖先什么时候会来享受你这些大鱼大肉哇？"他响亮地回敬："自然是在贵先人闻到你们在墓地敬献的鲜花花香之前！"

一次，外国友人宴请辜鸿铭，入座时大家相互推让，最后让辜鸿铭坐在了首席。席间有人问孔子之教究竟好在哪里。辜鸿铭答："刚才诸位互相推让上座就是行孔子之教，如果以西洋的'优胜劣败'为主旨，则今天势必要等到大家你死我活竞争一番决出胜败，然后才能定座动筷子。"外国人问辜鸿铭："为什么中国人都留辫子？"他反唇相讥："那为什么外国人留胡子呢？"

英国作家毛姆来中国，想见辜鸿铭。毛姆的朋友就给辜鸿铭写了一封信，请他来，可是等了好长时间也不见他来。毛姆没办法，自己跑去辜鸿铭的小院。一进屋，辜鸿铭就不客气地说："你的同胞以为，中国人不是苦力就是买办，只要一招手，我们非来不可。"毛姆极为尴尬，不知所措。

辜鸿铭在北京大学讲课时对学生们公开说："我们为什么要学英文诗呢？那是因为要你们学好英文后，把我们中国人做人的道理，温柔敦厚的诗教，去晓谕那些四夷之邦。"

辜鸿铭一生主张皇权，可慈禧太后过生日，他却赋诗道："天子万年，百姓花钱。万寿无疆，百姓遭殃。"可见他的铮铮傲骨，以及不为世俗所压迫的高洁情操。

有一次，袁世凯对驻京德国公使说："张中堂是讲学问的，我是不讲学问的，我是办事的。"辜鸿铭听后讽刺道："当然，这要看所办的是什么事，如是老妈子倒马桶，自然用不着学问；除倒马桶外，我还不知道天下有何事是无学问的人可以办到的。"

一代鸿儒沈曾植曾当众羞辱辜鸿铭："你说的话我都懂，你要

懂我的话，还须读二十年中国书。”自此辜鸿铭更是发愤用功。十数年后他公然向沈曾植挑战：“请教老前辈，哪一部书老前辈能背，我不能背，老前辈能懂，我不懂？”

辜鸿铭说，作为外国人，在日本居住的时间越长，就越发讨厌日本人。相反，在中国居住的时间越长，就越发喜欢中国人。中国人给人留下的总体印象是“温良”，“那种难以言表的温良”，中国人以成年人的智慧过着孩子般的生活——一种心灵的生活。

辜鸿铭用毛笔来喻示所谓中国心灵生活与精神文化的智慧：“中国的毛笔或许可以被视为中国人精神的象征。用毛笔书写、绘画非常困难，好像也不容易精确，但一旦掌握了它，就能得心应手，作出美妙优雅的书画来，而用西方坚硬的钢笔是无法获得这种效果的。”

有一件事，足可见辜鸿铭受外国人钟爱的程度。中国人讲演从来是不卖票的，可辜鸿铭在六国饭店用英文讲演《中国人的精神》时，却公开卖票。当时梅兰芳的戏，最高票价不过一元二角，而辜鸿铭讲演门票则售价两元。

李鸿章在清末的官僚当中，在访问外国时受到的礼遇，是任何一位官员都无法比的。1896年8月28日，直隶总督兼北洋大臣李鸿章乘“圣·路易斯”号油轮抵达纽约，开始对美国进行国事访问。李鸿章在美国受到了总统克利夫兰的接见，并和美国一些要员见面，受到了“史无前例的礼遇”。9月2日，李鸿章在纽约华尔道夫饭店召开了记者招待会。

清朝的闭关锁国，闹了不少笑话。一次，记者问李鸿章对美国哪里最感兴趣。李鸿章说“我对在美国见到的一切都很喜欢，所有事情都让我高兴。最使我感到惊讶的是二十层或更高一些的摩天大楼，我在中国和欧洲从没见过这种高楼。这些楼看起来建得很

牢固,能抗任何狂风吧?但中国不能建这么高的楼房,因为台风会很快把它吹倒,而且高层建筑没有你们这样好的电梯配套也很不方便。"

李鸿章在与日本商讨《马关条约》问题时,差点被人杀死。一天,李鸿章的轿子快到驿馆时,人群中突然蹿出一名日本男子,向李鸿章开了一枪!李鸿章头部中弹,当场昏厥过去。李鸿章的随员们赶快把他抬回驿馆,由于有随行医生的急救,子弹又没有击中要害,不久李鸿章就苏醒过来。面对着血迹斑斑的朝服,李鸿章长叹说:"这血应该能够报效朝廷了!"

李鸿章只不过是清政府的一枚棋子。清政府在李鸿章遇刺的第二天给李鸿章来电,除慰问伤势之外,还指示他据礼力争,争取更多的权益。3月28日,日本天皇下令停战;4月17日,李鸿章与日本代表签订了《马关条约》,刻下了泱泱大国在清廷黑暗无能统治下的永远伤痛。其实,作为任人摆布的棋子,李鸿章又能如何呢?

清末的戊戌变法,风雷激荡,神州震撼。谭嗣同就义前用煤屑在墙上题诗:"望门投止思张俭,忍死须臾待杜根;我自横刀向天笑,去留肝胆两昆仑。"这个"两昆仑"就是指康有为和王五。王五是地道的绿林豪客,不但武功好,而且结交广泛,上到王公显贵,下到街头混混。所以王五武功与事迹的传说最广,传奇色彩浓厚。

王五和谭嗣同是莫逆之交,谭嗣同曾师从王五学习剑术。从现存谭嗣同的一张照片来看,他披着大氅,腰结宽带,说明他不仅是个文人,也是个武士。戊戌变法失败后,谭嗣同曾把心爱的"凤矩"宝剑赠给王五留作纪念。

谭嗣同就义后王五冒着被杀头的风险去收尸,赵炳麟《柏岩文存》记载当时情况说:"戊戌时,谭嗣同被斩的事都没人敢提起,却有一位侠客伏尸大哭,洗净他的尸体收殓了他。见到的人有认

识的，都说是剑师王五。”

王五的一生很有传奇色彩。十二岁时他在一家烧饼铺当学徒，爱好武术的他有空便到附近“盛兴镖局”看镖师练武，被总镖头李凤岗看中，遂收为徒弟。王子斌拜“双刀李”为师，师兄弟中排行第五，又因以大刀见长，故江湖上称之为“大刀王五”。

戊戌变法失败后，帝国主义更加疯狂侵略中国。1900年8月，八国联军攻到北京城下，德军统帅瓦德西特许军队公开抢劫三日。面对帝国主义强盗对中国人民的抢夺，王五再也不能按捺自己胸中的怒火，率领属下镖客、徒弟几十人，自发在北京城内与侵略军展开斗争，他们利用熟识地形的优势，夜晚出击，有力地打击了外国侵略者。

“昏睡百年，国人渐已醒……”听到这首歌，人们就会想起津门大侠霍元甲。霍元甲，字俊卿，静海县小南河村(现天津西郊)人，生于1868年。天津在建城之初就是一座兵城，尚武之风兴盛，这个风气逐渐传到了民间。在天津的市井村镇到处都可以看到习武的人。霍元甲就出生在这样的尚武环境中。

霍元甲幼年身体瘦弱，常受乡里顽童欺负，在弟兄十人中常被取笑。他的父亲霍恩第心中大为不悦，怕有损家风，便禁止霍元甲练武，而让他去读书。这大大刺伤了性情刚毅的霍元甲的自尊心，此后霍元甲偷着练武，暗中和兄弟们比赛。

小南河村有个枣树林子，是一块坟地，平时人迹罕至。霍元甲每每偷偷向父亲和兄弟们学个三招五式，便到枣林深处练习，边练边揣摩，进步很快。后来，他练武的事被父亲知道了，遭到了训斥。但霍元甲答应父亲不与任何人较量，不丢霍家的面子。

1890年的秋天，霍家来了一个武林好汉，说是久仰霍家“迷踪拳”的大名，其实是来比武的。言语之间，他侮辱了霍家父子，霍元

甲三弟元卿与之较量,哪知三个回合便败下阵来。霍恩弟正要亲自上场,霍元甲已经旋风般地一跃而出。老人家一看是他,拦阻已经来不及,两人已经动起手来。只几个回合,霍元甲就抓起对手扔出丈余远,把对手的腿摔折了。这出人意料的一幕,使大家又惊又喜,霍元甲"武艺高强"的名声也传扬了出去。

光绪二十二年,山东大侠刘振声慕名来津,求拜于霍元甲门下。霍元甲见他忠厚正直,就收为弟子。光绪二十四年,谭嗣同变法遇难,大刀王五避难津门,与霍元甲一见如故,遂成至交。后王五在京遇难,被八国联军枭首示众。霍元甲与刘振声潜入京城,盗回首级,并取得《老残游记》作者刘鹗协助,将义士身首合葬,尽了朋友之义。

礼亲王世铎老了便糊涂了,不识时务。临近新年,他的儿子、侄子从欧洲游历回来去拜见他,世铎见面后问道:"洋鬼子的国家也下雪吗?"孩子们回答说:"中国与外国同处一个天地之间,所以都有风霜雨雪。"世铎听后很是怀疑,却没有说什么。

李伯元于《南亭笔记》中记道:"主持戊戌六君子之狱的赵舒翘深恨洋务。一次与幕友闲谈,幕友谈及'檀香山'三字,赵问:'这座山在哪里?'幕友害怕他发脾气,就将愚就愚,打着官腔说:'这山在西藏,西藏人好佛,这山上净长檀香,给人家敬佛用。'"

写下"我劝天公重抖擞,不拘一格降人才"的龚自珍不仅才学出众,而且忧国忧民,非常爱国。他曾著文指出:"英夷最为狡猾奸诈,你拒绝他,他就要求开关通商,而你一接近他,他就蚕食毁害你的家国。"应该说他对帝国主义侵略者,对于英国这个殖民主义大国的野心,看得最为清晰。

林则徐到广东禁烟时,龚自珍不但赋诗壮行、鼓舞士气,还出谋划策,多所建言。他哪里想到,他的儿子龚半伦偏偏当了英国殖

民主义者的谋主,做出想出恶主意并引领英法联军火烧圆明园的无耻行径,被人视为汉奸。凡读近代史知道这个诗坛翘楚之子的行径的人,无不切齿痛骂。

龚半伦的名字是有来历的。龚半伦,名橙,字孝棋,又名孝拱,半伦是他晚年人们送他的号。所谓“半伦”,是指其无君臣、父子、夫妻、兄弟、朋友之道,只守着一个小老婆,五伦去了四伦半,所以叫半伦。他生性冷僻少言寡语,好邪游狎妓,中年落魄,以卖书为生。

龚自珍死后,龚半伦就拿出他的文稿,随意改动。每当改稿之时,都预先将其老爹的灵牌放在桌上,每改动一字,便用竹鞭敲击灵牌道:“某句不通,某字不通。因为你是我的父亲,我才为你改正,使你不致欺蒙后人。”他和妻子十多年同城而居,却从不和她见面,也不闻不问。他的两个儿子,偶尔去看望他,他就大声斥骂孩子,把他们赶走。

龚半伦和他的同母弟龚念瓠,也是多年不来往,形同路人。晚年的龚半伦穷困潦倒,却依然挥霍放诞,和往日没什么两样。当时李鸿章刚好也在上海,可怜他的境遇,便每月派人送去二百两银子。拿这二百两银子,龚半伦吃喝嫖赌。后来不知通过什么关系,他结识了英国公使,被其招到幕府,周旋于旅居上海的外国人中,洋人皆称他为“龚先生”。

八国联军攻占北京,龚半伦为了趁乱捞取好处,发国难之财,竟对英军汇报说:“大清国的精华,值钱的东西,都在圆明园。”而后自告奋勇,将联军引进圆明园,并且抢先一步单骑直入,取金宝重器而归。

英国公使威妥玛在礼部大堂议和时,龚半伦也赫然在座,席间他对大清的谈判代表恭亲王奕訢百般刁难。恭王气愤不过,质

问他道:“你世代受国家恩惠为什么今天却在这里为虎作伥?”谁知龚半伦并不尴尬,反而厉声说:“我现在靠外国人糊口,朝廷于我有什么关系?”

科举制度害人匪浅。清朝光绪年间,中山石岐有位文人,姓严名少陵,他饱读诗书,曾设馆授徒,人人称他为“严老师”。严少陵曾到广州考举人,落第后深受刺激,致使精神失常,终日疯疯傻傻。疯傻的严少陵会穿着一件满布油渍的长衫,满脸胡须,披头散发,终日在石岐街市踱来踱去,靠乞食度日。

严少陵发疯之后,做的事情更是奇异。每年春节,他一定会在街上看各家门口贴出的对联,看到好的他就低头沉思,看到不好的就哈哈大笑着离去。严少陵沿街乞食的时候,身边只带一双筷子,从不带碗。有人问他为何不带碗,他说:“我的碗是四季碗。”原来他春季取椰菜叶,夏季取莲叶,秋季取蕉叶,冬季取生菜叶来包饭吃。

在考试的时候,唱唱高调是比较讨皇帝喜欢的。有一年,殿试的时候,有个人叫骆成骧,此人热血爱国,在试卷里写下了“主忧臣辱,主辱臣死”的句子。光绪帝一见,大为感动,点他为状元。

晚清状元骆成骧长得五大三粗,史料说他“腰十围”,而且满脸麻子。殿试夺魁之后,朋友们都劝他在北京再娶一房小妾,安个家。骆成骧同意了,开始张罗此事。北京城西徐家有个女儿,文静贤淑,有文采喜欢看书。看那些小说、戏剧多了,徐氏便以为状元都像书里写的那样,文质彬彬,相貌英俊,风流倜傥。所以有人介绍,虽说是做妾,她也欣然同意了。

乱世出英雄,乱世也出怪事。骆成骧结婚那天,很是开心,便多喝了些酒,很晚才踉踉跄跄地来到洞房,什么也没说倒头便睡。徐氏女一见他的容貌,心就凉了大半截。到了半夜,这骆状元酒往

上翻，忍不住哇哇大吐，吐得满床满枕都是，徐氏女更是神伤，呆坐到四更时分，竟然上吊自杀了。

光绪二十年十月初十，是慈禧的六十岁生日，她准备在颐和园大规模地进行庆祝。正当那时中日战争爆发，军队需要大批银两来维持战争，可是慈禧却为了自己生日挪用军款，天大的事都要为太后祝寿让步，可想而知，慈禧过的那个气派的生日是战场上多少士兵的血和泪换来的！

慈禧太后六十大寿那一年，有一个高考高生也跟着沾了光。光绪年间，有个考生名叫王寿彭，参加殿试的时候成绩一般，但最后被点为状元。原来，当时正值慈禧的六十大寿，主考官觉得如果状元的名字带“寿”字，老佛爷岂不是会很高兴？王寿彭因此得中。

名字起的比较合时宜，也是很沾光的。光绪三十年，最后一科的状元刘春霖殿试的时候，皇帝见他名字叫“春霖”，非常喜欢。原来，这两年大旱成灾，皇上一筹莫展，现在见到这么好的名字，怎能不大笔一挥，钦点为状元？

国难当头，什么事都不再是事了，有人提出停止颐和园工程，将修园款移作军费时，慈禧非常生气，她说：“今天谁让我不高兴，我就要他一辈子不高兴。”后来，清军在朝鲜战场上接连失利。为了不影响自己的六旬庆典，慈禧支持李鸿章避战求和的方针，但后来，她不得不改变原来的计划，可仍在宫中举行庆典。

慈禧可不是那招安的主儿，对待义和团，她是恨之入骨，恨不得扒他们皮喝他们血，但是历史并不是她能控制的，义和团的发展犹如星星之火，已经烧到了天津，一场小风就可以把它刮到北京，而使馆人员肆意的炮杀义和团和中国居民，加剧了矛盾，清廷不得不用“软化剂”，招安了义和团。

慈禧打着光绪的旗号发布了向各国宣战的诏书。但是，似乎

有人做决定就有人反对，慈禧的决定，遭到了刘坤一、张之洞等地方督抚的反对。不要小看蝼蚁之力，千里之堤溃于蚁穴，地方联名力主剿团乞和，并积极活动，与列强订立条约，实行"东南互保"。慈禧的决心就这么动摇了。

慈禧太后和光绪在政治上产生了冲突。慈禧太后代表保守派握有实权，光绪在维新派康有为、梁启超、谭嗣同的推动下，一则想利用维新派来获得军政实权，二则也想通过维新运动来改革吏治，挽救清王朝的腐败统治，因而于光绪二十四年推行了维新变法，历史上称之为"戊戌变法"。

变法失败后，光绪被囚禁起来。囚禁光绪的地方主要有两处：一是玉澜堂，二是中南海的瀛台。光绪被关了整整十年，公元1908年慈禧太后死的前一天，她狠毒地将光绪害死在瀛台。是时，光绪年仅三十八岁，死后葬于清西陵的崇陵，庙号德宗。

慈禧太后作主立自己的外甥载湉即位，遭到大臣的反对，御史吴可读竟以"尸谏"明志，他先吞食了生鸦片，再对慈禧作出劝谏："你立载湉为王，你得以听政而已。我心知你定会以酷刑来折磨我，但我已吞食了生鸦片，马上就要死了。我临死前也跟你说个明白，你立载湉为帝是为天下人所共恨！"

据传光绪帝的死与慈禧有关。1908年10月，光绪在日记中写道："我身患重病，但心中总觉得老佛爷定会比我早死。若是如此，我要下令斩杀袁世凯与李莲英。"可是，这篇日记的内容被李莲英获知，李莲英向慈禧汇报。慈禧听后气上心头，她随即下令改由李莲英来侍候光绪的饮食、医疗等事。天下午，光绪因病情恶化而去世。

慈禧太后又称"西太后"、"那拉太后"、"老佛爷"，死后上谥号为"孝钦慈禧端佑康颐昭豫庄诚寿恭钦献崇熙配天兴圣显皇后"

总共二十五字，是有史以来皇后死后哀荣之最。

慈禧怎么死的？慈禧应该是在光绪皇帝死之前就得病了，而且病得很重。有一种说法是慈禧怕光绪皇帝在她死后掌权，所以害死了光绪皇帝，在光绪死的第二天慈禧便扶持宣统皇帝即位，而后自己就死了，所以估计她是病死的。

光绪三十四年十月，慈禧太后和光绪同时生了重病。在光绪皇帝临死前一天，慈禧太后也行将不起。由于光绪皇帝无后，慈禧太后便与众大臣商量立储人选，军机大臣认为内忧外患之际，当立年长之人。慈禧太后听后勃然大怒，最后议定，立三岁的溥仪为帝，并让溥仪的亲生老爹载沣监国。

慈禧太后死后葬入清东陵普陀峪定东陵。她的陪葬品之奢华早已闻名于世。公元1928年7月，国民党杂牌军孙殿英“慕名而来”，率部炸开了慈禧的陵墓，盗走了其中的大量珍宝，而慈禧的尸骨被弄了个乌七八糟。看来，陪葬再多的东西，也不过是生不带来死不带走啊。

有一种说法是光绪帝死于李莲英之手，因为这位大太监怕光绪帝复起后报复。但据更多的记载来看，李莲英很圆滑会做人，早给自己留下了退路，虽然迎合慈禧，却也时时向光绪帝示好。慈禧太后因此渐渐宠信另一个大太监崔玉贵。珍妃投井时向李莲英呼救，就表现了他对光绪的示好态度。

“女人不可预闻国政”是慈禧太后的临终遗言，令世人震惊，也给历史留下了一团迷雾。人们一直不明白这样一个铁血女人，这样一个有效控制大清王朝长达半个世纪的铁腕太后，何以最后留下这样的遗言？是什么导致她写下这样的遗言，她的统治是因为自己的权力欲望还是有不可告人的苦衷？

第十二章

最后的皇帝

——清宣统帝溥仪时期

光绪三十二年(1906年)正月,爱新觉罗·溥仪生于北京什刹海边的醇王府。道光皇帝的曾孙,光绪皇帝胞弟载沣的长子。

光绪三十四年(1908年)十月,光绪帝病危。光绪帝逝世于瀛台涵元殿,年三十八岁。次日,慈禧太后病逝。十一月,溥仪即位于太和殿,以明年为宣统元年。

宣统二年(1910年)三月,革命党人汪兆铭等刺杀摄政王,事发被捕下狱。

宣统三年(1911年)三月,辛亥革命爆发。1912年12月12日,隆裕太后被迫代溥仪颁布了《退位诏书》,宣告了满清王朝的灭亡和延续了两千多年的封建帝制的结束。

溥仪是光绪皇帝的弟弟载沣的长子。光绪三十四年(1908年),溥仪在太和殿即位,后改元“宣统”。1912年2月12日,溥仪被迫退位,清王朝灭亡,延续了两千多年的封建帝制也宣告结束。

婉容是中国历史上最后一位皇后。她吸毒是她的老爹和哥哥给她出的主意，在私通问题上，她也受过她哥哥的鼓励。在她那次离京去大连的路上，她的哥哥由于要换取某种利益，便把自己的妹妹卖给一个同行的日本军官了。有这种父亲和哥哥，中国历史上最后一位皇后也真够悲催了。

中国历史上最后一位皇后的结局非常悲惨。婉容有了私生子后，被溥仪软禁在“内廷”，后来经过“满洲国”、日本投降及解放战争等变迁，流落到吉林省敦化。是时年仅四十多点的她，瘦得皮包骨头，两眼目光呆滞，脸色青白，一口黄牙，完全没有了模样。1946年婉容病死，其尸葬于何处无人确切知晓。

1931年的溥仪早已被冯玉祥的国民军逐出了紫禁城，住进了天津租界。而他的淑妃文绣接触了外界的新思想，顶住了来自各方面的压力，竟请律师出面，用这种现代的方式与“皇帝”溥仪离了婚，逃出了这个“活棺材”，得到了自由。后来，她在天津当了一名小学教师，直到1950年去世。

溥仪后来被关押在抚顺战犯管理所接受人民政府的改造，1959年获特赦，成为一个普通公民。经过五丨多年的人世沧桑，特别是十年的关押改造，他感到建立一个以感情为基础的平常家庭是多么重要。在很多新女性中，他选择了一位只有高小文化程度，每月只拿五十多元工资的女护士为妻，她就是李淑贤。

清朝皇帝为何大多死于冬天？翻开卷帙浩繁的清宫医案，可以发现一个现象：清朝入关后的十位皇帝，大都死在严寒的冬天，过不了正月头。这一现象与北京严冬的气候条件有关，也与他们自身的生活方式和身体素质有关。

曾国藩的岳父欧阳老先生对学生曾国藩很赏识，帮他联系到一家姓王的大户人家结亲。王家开始同意了这门亲事可后来又反

悔了。欧阳先生就对曾国藩说:“我家里倒有个女儿,今年十八了,除了长得难看点,没有太大缺点。你要是不嫌弃就娶过去吧。”曾国藩求之不得,于是欧阳家的小姐就这样成了曾家媳妇。

中国最后一位格格金默玉是末代皇帝的侄女、川岛芳子的亲妹妹,留过洋、享过福,也坐过牢、吃过苦。金默玉的父亲是爱新觉罗·善耆,清朝八大世袭亲王之一的第十世肃亲王。金默玉满族姓名为爱新觉罗·显琦,出生于旅顺,生母是肃亲王的四侧妃。

辛亥革命爆发后,各省独立之声此起彼伏,北洋新军成为清政府唯一一个可以和革命相抗衡的军事力量,于是袁世凯被再次启用,并且被委以重任。此时的袁世凯利用外交手段,一方面用武力镇压南方革命,另一方面暗中和革命军谈判,让革命党认为袁世凯是个不错的政治领袖。

1913年2月,依据临时约法,举行了中国历史上第一次国会选举。国民党所得议席最多,按约法应由该党理事长宋教仁出任内阁总理。3月20日,宋教仁却在上海遇刺身亡,全国大哗。革命元勋孙中山、黄兴等怀疑是袁世凯所为,但袁世凯予以否认。

1913年7月孙中山组织了中华革命党,发动二次革命,用武力讨伐袁世凯,结果失败,革命党已无力阻止袁世凯疯狂的脚步。随即袁世凯于北京故宫太和殿就任中华民国大总统。11月4日,袁世凯下令解散中国国民党,国会因人数不足而无法开会,不久制约他权力的议会也被他剔除。

1916年1月12日,袁世凯政府公布《传染病预防条例》,这是管理公共卫生事业的一大进步。后来迫于舆论压力袁世凯取消帝制,因为全国革命形势发生了逆转,革命党人连大总统都不让袁世凯当了。

袁世凯好谈鬼神,特别偏好风水,认为袁氏家族,父之辈官运

财运亨通，都得益于墓园坟山和寨子宅第风水。可是1878年袁保恒死后，他又觉得以自己命相，风水之运所得还太少，所以回陈州府城袁家大宅后，他并不急着回项城的袁寨，而是忙着请堪舆家、地理先生、风水先生。

传说袁世凯出生后，哭声洪亮，天庭饱满，头圆鼻隆，家人专门从城内请来的几位相士，都断言此孩前程无量。有一个瞎子算命先生，由一个十岁孩子用一根小竹竿牵入袁寨，听了报上来的袁世凯的生辰八字，以四柱法推算近半个时辰，将其命宫、流年和大运都说完后，加了一句话："诚是大富大贵之相，可又损于大福大贵！"

正是袁家不论阴宅阳宅风水都好，袁世凯命相又有福，所以袁世凯一生相信术数和术士，这直接影响到他的生活，乃至军政决策。袁世凯从小就不喜欢辛辛苦苦地念书，而是沉溺纵马飞驰，游山玩水，只任"命运"来博取日后的前程和功名。

康有为，字广厦，号长素，广东南海人，人称"康南海"，出生官宦世家，是个才气出众又有内涵的人，很多名门都希望可以攀到康家的亲戚，并且对康有为在理学上的成就颇为欣赏赞誉。

康有为最早的老师是他的祖父康赞修。十九岁时康有为拜南海有名的学者朱次琦为师。康赞修、朱次琦都崇信宋明理学，因此，康有为在宋明理学的影响下，鄙弃所谓汉学家的烦琐考据，企图开辟新的治学道路。但学习一段时间的理学之后，他对理学也不认可了。

1882年，康有为到北京应试，回来时路过上海，偶然地接触到了资本主义。年轻人对待外来事物向来有一种神秘的求知欲，此后他收集了很多资本主义的书籍，在对比了没落的清政府的封建统治后，他进一步肯定了西方上升的资本主义的好处，立志要学

习西方。

1888年，康有为到北京参加顺天的招生考试，结果没考上，但是这并不能阻止他学习西方的脚步，他甚至还向光绪帝上书要求实行维新变法，不过他似乎打错了算盘，找错了主，站错了队，光绪没实权，谈何变法？

为了组织和壮大维新派，康有为在北京组织了强学会。强学会成立之后，举行例会，相互讨论“中国自强之学”，批判顽固派的投降卖国。这就惹怒了李鸿章等人，他们下令封闭了这个学会。在这个学会被封闭之前，康有为已感到形势紧张，后离京南下在上海组织了强学分会，不久也被封闭。

1898年强学会成立时，康有为在北京创办《中外纪闻》，开始印一千份，后来加印三千份。当时许多官员都能看到，一时间在朝廷内外影响很大。同年，康有为又在上海组织发行了《强学报》。改良派通过报纸媒体的力量，扩大了自己的阵地，也使自己的粉丝增加了不少。

康有为通过一系列的政治实践，使自己迅速蹿红，连光绪帝都成了他的铁杆粉丝，但由于顽固派的恶意阻挠导致两人的见面会被迫取消，光绪很是生气便下令说，以后康有为如有奏折，即日呈递。康有为和他的同事们总算参与了变法维新的机要，他们根据皇帝的授意，发布了不少实行新政的诏书。

康有为等人以为只要抓住了皇帝就能无事不成，但其实，光绪皇帝只不过是个空架子，实权完全掌握在慈禧太后手里。正当康有为等踌躇满志的时候，反对派发动“戊戌政变”，把改良派打了下去。光绪皇帝被囚禁，谭嗣同等人被杀，康有为、梁启超逃往国外。

辛亥革命后，康有为于1913年回国，主编《不忍》杂志，宣扬尊

孔复辟的思想理念。作为保皇党领袖，他反对共和制，一直谋划清废帝溥仪复位。1917年，康有为和效忠前清的北洋军阀张勋发动复辟，拥立溥仪登基，不久即在当时北洋政府总理段祺瑞的讨伐下宣告失败。

1923年，康有为迁居青岛汇泉湾畔，购宅居住，题其宅为“天游园”。初居青岛时，其有意兴建大学，并拟好大学章程，后因胶澳商埠督办高恩洪先行一步而作罢。晚年，康有为为青岛的优美风光写下了不少诗作，其中若干诗词刻石已成为崂山景点的组成部分。

康有为对立宪模式的选择在戊戌变法前后有所变化。戊戌变法以前，他提倡集权制的君主立宪，以日本和德国为模板。但是戊戌变法之后，他提倡虚位君主，以英国为模板。戊戌变法时期，他认为“变法”应“以俄国大彼得之心为心法，以日本明治之政为政法”。

康有为的事业成就涉及多方面，仅著述就有七百多万字，一般人难以望其项背。他的文学成就主要是诗歌创作，作品想象奇特，辞藻瑰丽，具有浓郁的浪漫主义特色。其所有作品辑成《南海先生诗集》，代表诗篇有《出都留别诸公》五首，其中对国家命运十分关切，意气豪迈。

康有为以晚清书法巨子身份，对帖学一系作全面否定，大肆鼓吹“尚碑”意识，造就一代新风，提出“卑唐”，将有唐数百年来的书家创作一笔抹杀。大凡有成就的理论家很难成为创作大家，因为理论和实践之间既有相辅相成的一面，也有矛盾对立的一面。

1911年6月7日，康有为应梁启超的邀请，从新加坡移居日本，在日本经人介绍雇了一名十六岁的神户少女市冈鹤子作女佣。鹤子见来康家的客人都是气度不凡的中国人和日本名流，常坐下便

与康有为谈笑风生，语出惊人，所以对康有为的好感是与日俱增。

1913年2月，康有为正式告知了鹤子他们即将归国的决定。康有为见鹤子不舍，就对她说："鹤子，你如果舍不得和我们分开，那就和我们一道生活吧？"随即向她提出将她纳为康氏第四妾并一同回到中国的想法。在辛家花园的游存庐，康有为和鹤子举行了婚礼。从此鹤子正式成了康有为的第四妾。

鹤子由于不能与康氏大家庭协调方方面面的关系，终于产生了归国之心。1924年晚秋，鹤子尽管已有身孕，仍决定回国，遂与康有为挥泪告别，怆然回国。她这一走便成了与康氏的永诀。1927年3月8日，康有为在上海做七十大寿回到青岛，31日黄昏，猝死于青岛"天游堂"居室。

鹤子归国不久，生下一个女儿凌子，后获悉康有为猝死于青岛的噩耗，遥望中国，痛不欲生。

至民国五六年间，在国外似乎混不下去的康有为回到了中国，在上海麦家圈交通路转角开了一家《国是报》，发表的言论竭力主张尊孔，关于民国问题绝口不谈。到了张勋复辟，他于事前秘密北上，参与逆谋，做了一回短期的议政大臣。直至复辟被消灭，他又溜到外国去做寓公，鼓吹尊孔的《国是报》也就收场关门。

童年的梁启超聪明过人，才思敏捷，爷爷梁延十分喜欢他。梁启超五岁时开始读《四书》、《五经》，八岁学为文，九岁已经能够写超过千字的文章，十二岁成为县里的高考状元。四邻八舍的人都称他为神童。

梁启超很小就显示出出人头地的锋芒了。一天，梁启超爬上竹梯玩耍。爷爷怕他有危险，急叫道："快下来，快下来！会跌死你的……"梁启超看见爷爷急成那样子，竟又往上再攀一级，还念出两句："有人在平地，看我上云梯。"爷爷不由开心大笑，觉得乖孙

非比寻常。

梁启超很小就很有才学。一次，梁启超的老爹吟上联："袖里笼花，小子暗藏春色。"梁启超仰头凝思，瞥见对面厅檐挂着的"挡煞"大镜，即念出下联："堂前悬镜，大人明察秋毫。"旁边的李兆镜拍掌叫绝："让老夫也来考一考贤侄，'推车出小陌'，怎样对？"梁启超立刻对上："策马入长安"。"好，好！"李兆镜连声赞好。

梁启超比康有为小十几岁，可是从小聪明好学，十五岁就考上大学，人们夸他是"神童"。他很赞成康有为维新变法的主张，慕名去拜访康有为，想要拜康有为为师。康有为说："您是学士学位，我是一大专文凭；你学位比我高，干吗非得来我这呢？"梁启超说："先生学位虽低但有真材实料，怎是我这个书呆子能比上的？"

康有为见他心意诚恳，就问他读过什么书，梁启超颇自得地说："我从小熟读四书五经。"没料到，康有为却摇摇头说："你读的都是些乱七八糟没用的东西，污染眼球。"接着，康有为谈起俄国和日本如何变法等，梁启超从来没有听过，觉得眼界大开。从这以后，梁启超接受康有为的学说，很快成了老师的得力助手，为实现变法而奔走。

梁启超是一个教子有方的家长。作为文坛大儒、政界先锋的梁启超，在家庭教育中注重全方位精心教子，使得九个子女人人学有所长，个个都是国家的栋梁之才。在风云变幻的中国，梁启超始终关心孩子们的前途，对孩子们进行言传身教，是个成功的家长。

梁启超对他孩子们的影响是言传身教、潜移默化的。孩子们小时，梁启超常常让孩子们围坐在小圆桌旁，而自己一边怡然自得地喝着酒，一边绘声绘色地讲中外历史上爱国英雄的故事。他还通过面对面地谈话和书信等方式，和他们平等地讨论国家大

事、人生哲学，讲解治学的态度，做学问的方法，向他们倾诉生活中的苦乐悲欢，将做人的道理融入其中。

梁启超有很多至理名言。梁启超告诫儿女："生当乱世，要吃得苦，才能站得住。一个人在物质上的享用，只要能维持着生命便够了。至于快乐与否，全不是物质上可以支配。能在困苦中求出快活，才真是会打算盘。""我自己常常感觉我要拿自己做青年的人格模范，最少也要不愧做你们姊妹弟兄的模范。"

兴趣是最好的老师。梁启超在教育子女时，特别强调趣味教育。他在《学问之趣味》一文中说："凡人必常常生活于趣味之中，生活才有价值。若哭丧着脸捱过几十年，那么生命便成为沙漠，要来何用？"他十分尊重孩子们的个性和意愿，因材施教，鼓励孩子"趣味转过新方面，便觉得像换个新生命，如朝旭升天，如新荷出水。"

1927年，梁启超的次女思庄在加拿大麦基尔大学已学习一年，该选学具体专业了。梁启超考虑到现代生物学在当时的中国还是空白，希望她学这门专业。思庄选择了生物学，但对生物学无兴趣，十分苦恼，就向大哥思成说了此事。梁启超知道后，赶紧写信给思庄。在父亲的鼓励下，思庄改学图书馆学，最终成为我国著名的图书馆学家。

为了充实子女们的国学、史学知识，从1927年下半年起，梁启超就聘请他在清华大学国学研究院的学生谢国桢来做家庭教师。梁启超在家中办起了补课学习组，课堂就设在饮冰室的书斋里，课程包括国学、史学、书法等，每周有半天休假。经过一年多的学习，兄妹几人国学、史学水平均有了很大的提高。

梁启超的子女个个都是"芝兰玉树"。梁氏的九个子女多从事科学工作，其中有三位院士：建筑学家梁思成、考古学家梁思永当

选中国科学院首届院士，航天专家梁思礼1993年也当选为中科院院士。对如此的“满门俊秀”而言，梁启超作为老爹的言传身授功不可没。

梁启超并不是一个惟师命是从的保皇党。康有为逃亡到日本后，手捧光绪皇帝缝在衣服里的所谓的“诏书”，继续宣传他的保皇主张。起初，梁启超像从前一样，惟师命是从。可渐渐地，他的政见发生了显著变化，从保皇转向革命。这段时间，他与孙中山、陈少白等革命党人的来往开始密切，有时甚至在三更半夜还拥被长谈，有了合作组党的计划。

梁启超召集其他同学，联名致函康有为，劝他退休。康有为得知梁启超倾向革命的思想之后，非常生气，立即严令梁启超离开日本到檀香山办理保皇会事宜，并狠狠斥责了梁启超一顿。

武昌起义爆发后，康梁之间的矛盾越来越大。在致康有为的信中，梁启超说：“数月来，和您议论起时事，总是出现矛盾，很难领会您的意思，最后只能在表面上答应，回到家后，头痛目眩。您从来不让别人发表意见，自己的观点又不能让弟子心悦诚服，我们真不知道该怎么办才好。”

1912年元旦，民国成立。对于民国成立后出现的许多问题，康有为触目惊心，非常看不惯。与康有为积极复辟相反，梁启超坚决维护民主共和。张勋复辟一发生，梁启超立即随段祺瑞誓师马厂，参加武力讨伐。

梁启超不仅代段祺瑞起草了讨逆宣言，而且以个人名义发表反对通电，斥责康有为是“大言不惭的书生，对政局丝毫不清楚”。据说通电写好之后，有人担心此举会破坏师生友谊，梁启超却理直气壮地回答道：“政治主张则不妨各异，我不能与老师共为国家罪人！”

康有为在张勋复辟失败后，不仅不反省自己的过失，反而将怨气发泄在梁启超身上，咒骂他为“梁贼启超”，还写诗将他比喻为专食父母的枭獍。师徒关系闹到这地步，真是可悲到了极点！

康梁公开辩难及交恶之后，刘海粟等人积极从中斡旋，二人关系才有所缓和。1927年3月31日，康有为逝世于青岛。4月17日，梁启超联合康门弟子，在北京设灵公祭，含泪宣读悼文。在这篇情深义浓的悼文里，梁启超肯定了康有为早年的历史贡献，但也委婉地批评了他在复辟帝制上的错误。

宣统元年，英国大力士奥皮音在上海登广告，在广告中，他竟然侮辱中国人是“东亚病夫”。霍元甲知道以后义愤填膺，毅然赴上海约期比武。慑于霍元甲的威名，对方百般刁难，不愿比武，提出要先交一万两白银作抵押，霍元甲在友人志士的支持下，筹措钱款，答应愿出万金作押。

对方还是一再拖延，霍元甲就在报上刊登广告说：“外国人侮辱我们国家是病夫国，我就是病夫国中一病夫，愿与天下自以为健壮的比试一下。“并声言”专打外国大力士，就算他是铜筋铁骨，在下毫不在意！”霍元甲的声威使奥皮音未敢交手就破胆而逃了，连公证人、操办者也都逃之夭夭。

1910年，霍元甲在农劲荪等武术界同仁协助下，在上海创办了“中华精武体操会”(后改名“精武体育会”)。孙中山先生赞扬霍元甲“欲使国强，非人人习武不可”的信念和将霍家拳公诸于世的高风亮节，亲笔写下了“尚武精神”四个大字，惠赠精武体育会。

1910年9月，日本柔道会会长率十余名技击高手与霍元甲较艺，败在霍的手下。赛后，日方设宴招待霍元甲。席间，日本人知道霍元甲有点咳嗽，就介绍一个叫秋野的医生为之看病。哪知服药后，病反而逐渐恶化，仅月余，一代武术大师就含恨离开了人间。

事后朋友们把药拿去化验，才知霍元甲服用的是一种慢性烂肺药。

霍元甲遇害后，精武会推崇的尚武精神并没有消失。霍元甲的儿子霍东阁虽然年仅十五岁，但秉承了父志，与叔父霍之卿毅然前往上海，使精武会备受鼓舞。霍东阁和其父一样武艺高强，而且能写善画。由他们主持的精武会迅速发展，而后有十几个城市相继成立精武会分会，使中华武术得到了发展。

黄飞鸿原名叫黄锡祥，字达云，道光二十五年生于广东佛山。黄的老爹黄麒英是一位拳师，黄六岁起就跟随老爹习武。当时因家境贫寒，幼小的他就经常跟着老爹在广州、佛山等地卖武售药。十三岁的黄在佛山卖武的时候遇到了铁桥三的首徒林福成，林见他禀赋奇佳，非常喜爱，传给他铁线拳、飞铊等绝技，这为黄飞鸿奠定了日后成为洪拳大家的基础。

1863年，黄飞鸿和老爹移居广州。因为他们爷儿俩武艺高强，好打抱不平，所以非常受拥戴，当地铜铁行的工人们自愿集资，为他们在广州西关第七甫水脚开设武馆。因为黄飞鸿的名气，前来报名学艺的人络绎不绝。从此，他广收弟子，结束了卖武流浪的生涯。次年，因为信服他的人品和武艺，广州果栏、菜栏、鱼栏三栏行中人联名聘黄飞鸿为行中的武术教练。

1866年，广州西樵官山墟的一家当铺在深夜被一伙歹徒打劫，谁知歹徒正逞凶之时，恰好碰到了黄师傅。黄飞鸿一人奋起搏杀，竟把这几十人全部击退，在当地传为佳话。附近村镇地方的人们听说后仰慕不已，纷纷请他到自己那里教拳授徒。

1868年，在香港水坑口大笪地，小贩被当地的恶霸欺凌，摊子被踢，人也被打得遍体鳞伤。黄飞鸿正好路过，见到以后自是伸手相助。恶霸随即召来几十个同伙，手拿刀棒等凶械围攻黄飞鸿，黄

飞鸿又怎么会惧怕他们？他赤手空拳，闪展腾挪之间把这帮人打得丢盔卸甲、仓皇逃窜。

黄飞鸿是一个武艺精湛的武师。1869年在佛山平政桥斗蟀场，正在为卢九叔做现场保镖的黄飞鸿被一伙歹人围攻，他大施拳脚予以严惩；有拳师向他挑战，黄飞鸿以一套"四象标龙棍"大胜对手的"左手钓鱼棍法"，此后又以礼相待，令对方心悦诚服……

不仅在民间，就是在当时的清廷，黄飞鸿也是声名远播。1873年，广州水师聘他为水师武术教练。随后提督吴全美聘他为军中技击教练。1888年，黑旗军首领刘永福赏识黄飞鸿武艺高强、精通医术，聘他为军医官和福字军技击总教练，还向他赠送"医艺精通"的匾额。

黄飞鸿弃武从医是有原因的。1894年，刘永福率领军队赴台湾抗击日本侵略军，黄飞鸿就随福字军一起抵台，驻守在台南。刘永福护台湾失利之后，黄飞鸿自台湾返回广东。从此之后，在自己开设的医馆"宝芝林"门前，贴出了这样的告示："武艺功夫，难以传授，千金不传，求师莫问。"从此之后，他只行医不授武。

黄飞鸿的晚年生活非常坎坷。1919年，黄飞鸿的次子黄汉森被人暗算惨死。这种老来丧子的打击，使得黄飞鸿再也不向其他儿子传授武功，以防他们因此招致祸端。后来因暴乱，"宝芝林"被毁于一场大火，黄飞鸿积累一生的资财也灰飞烟灭。更糟糕的是他的大儿子黄汉林又因战争失业。因过分牵挂家国之事，黄忧郁成疾，于1925年病逝于广州。

1917年6月，张勋带领辫子军入京，和康有为等保皇党一起，在7月1日宣布溥仪复辟。1924年11月5日，冯玉祥派鹿钟麟带兵入紫禁城，逼溥仪离宫，历史上称之为"逼宫事件"。溥仪逃进日本公使馆。不久，被日本人护送到天津。1932年3月1日，日本扶持溥仪

为日本傀儡政权“满洲国”的执政。

1945年8月15日，日本战败投降。8月17日，溥仪在沈阳准备逃亡时被苏联红军俘虏，被带到苏联。1950年8月初其被押解回国，在抚顺战犯管理所学习、改造。

据传，溥仪也有戏耍人的爱好。有一天，溥仪叫了两个大夫诊脉。诊毕，溥仪心血来潮，命太监把御医带进犹如迷宫一般的养心殿西暖阁，并在外面反锁了门。结果，两位大夫在拐弯抹角的小房间之中，左冲右突，屡屡碰壁，就像两只迷途的羔羊。等到两位连“太医”身份也顾不得，急得大哭时，溥仪这才传谕送他们出去。

溥仪很爱恶搞人，连他的同胞兄弟也不放过。溥仪派人把一个包裹送到醇王府，郑重其事地宣布“赐”给溥杰，溥杰磕头拜受，然后高高兴兴地打开包裹。他左一层右一层地剥开，又剥去几层纸，觉出是个软糊糊的东西。剥到最后，忽然臭气扑鼻，只听溥杰“哎呀”一声便把“赐物”摔到地上了，原来该物竟然是一泡大便。

溥杰在他十七岁时就与满洲贵族唐怡莹结婚。婚后两人没过几天好日子就开始闹不和，溥杰忍受不了唐的蛮横霸道与故作娇嗔，更容不下她与张学良的私情；而唐怡莹这种不安分的女人觉得溥杰不能满足她的各方面无理的要求，所以两人分居很久，是有其名无其实的婚姻。虽然在分居期间两人均提出过离婚，但终因唐怡莹索要的赡养费太高而不能实现。

日本人掌控伪满洲国政权的时候为了进而控制整个中国，实现他们“大东亚共荣圈”的野心。日本一直想给溥仪选个日本妃子，以图让一个有一半日本血统的皇帝继承帝位。于是日本人害死溥仪的妃子谭玉玲，希望在溥仪无妃的当口乘虚而入，但溥仪先下手为强，命心腹在东北农村弄了个“荣贵人”挡住了日本人野心。

贪婪的日本人是什么事情都干的出来的。在日本了解到溥仪

不能生育的实情后，决定转移目标，以溥杰为突破口，打算为他选一个日本妃子，然后顺利生子，再按照伪满洲国的规定将溥仪赶下台来，扶正溥杰，走曲线达到预期目的。

溥杰和他老婆唐怡莹的婚姻最后是日本人破坏的。日本为了给溥杰配个日本老婆，以达到自己的目的，当时任“御前挂”的吉冈安直带着全副武装的日本士兵，气势汹汹地闯进唐怡莹的家，用刺刀抵着她，逼她在事先准备好了的离婚协议书上签了名，又把当地警察署长请来，在这份离婚证书上签字画押。至此，关于这场政略婚姻的男方工作已成功告一段落。

溥杰的老婆是日本人给他找的，日本这么做是另有目的的。日本人在逼着唐怡莹与溥杰离婚后，吉冈安直又匆匆返回日本，由本庄繁大将和陆军大臣南次郎出面，在日本女子中为溥杰寻觅未来的“新娘”。最后，他们选中了嵯峨家族的小姐嵯峨浩。1937年1月18日，在嵯峨浩的外祖父容所的家里，溥杰和嵯峨浩进行了第一次相亲。

溥杰和嵯峨浩是在日本结婚的。1937年2月6日，伪满洲国驻日本大使馆发表了溥杰和嵯峨浩订婚的消息，3月6日两人正式举行了订婚仪式。此后两人交往日渐频繁，溥杰和嵯峨浩的感情突飞猛进，吉冈的工作也有条不紊地进行，终于于1937年4月3日，两人在日本东京军人会馆正式完婚。

日本人“好心”地给溥杰找老婆，是想让溥杰取代溥仪的。溥杰与嵯峨浩婚礼后，开始了一周的新婚旅行，然后回到东京。然而，好景不长，嵯峨浩怀了孕。按照《帝位继承法》，如果嵯峨浩真的生下男孩的话，溥仪就得被迫退位，这不单关系到个人利益，还关系到伪满洲国的基业。溥仪虽然没有回天之力，但总还是有点民族气节的。

嵯峨浩这个日本女人，还是有些良心的。为了让溥仪安心，减少他们兄弟间的矛盾，嵯峨浩大义凛然地主动和关东军谈判，要求申请伪满洲国籍，让日本人的计划即使成功也显得不够名正言顺。1938年2月26日，嵯峨浩在新京市立医院生下了一个女儿。溥杰为她取名“慧生”，取其“智慧高深”之意。

1945年8月8日，苏联对日宣战。8月18日凌晨一点，溥仪正式宣布退位，伪满洲国持续了十三年零五个月后土崩瓦解。溥杰刚逃到日本就被逮捕，先后被关在伯力特别收容所和抚顺战犯管理所，接受社会主义改造。溥杰出狱后，在周恩来的帮助下，嵯峨浩终于在1961年来到了中国并加入了中国的国籍，与溥杰相依相伴直至终老。